ユーキャンの

製作・造形
なんでも
大百科

くまがいゆか 著

Contents

ページの見方 7
● はさみとのりの使い方 8

第1章 季節の製作

4月
花とテントウムシ 10
スタンプのイチゴ 11
貼り絵の花 12
デカルコマニーのチョウ 13

5月
こどもの日
シースルーこいのぼり 14
カタカタ描きこいのぼり 15
にじみこいのぼり 16
貼り合わせこいのぼり 17
スクラッチこいのぼり 18
こすり出しこいのぼり 19
母の日
折り紙のミニフレーム 20
色つき粘土のペンダント 21
紙皿のフレーム 22
歯ブラシカーネーション 23

6月
ちぎり貼りのアジサイ 24
スタンプのアジサイ 25
時の記念日
モールの針の時計 26
割りピンで作る時計 27
父の日
カップの小物入れ 28
発泡トレーのフレーム 29
粘土レリーフの肖像 30
しましまフレーム 31

7月
七夕
タンポの魚と星 32
つなぎ飾り 33
紙テープの吹き流し 34
たたみ染めの短冊 35
ちょうちん飾り 36
スポンジで描く天の川 37

発泡トレーの魚 38
スズランテープのプール 39

8月
ゆらゆらスイカ 40
ヒマワリのレリーフ 41
はじき絵の花火 42
芯で作る夏の虫 43

9月
指スタンプのブドウ …………………… 44
十五夜
お月見の絵 ………………………………… 45
敬老の日
写真立てカード …………………………… 46
牛乳パックの小物入れ …………………… 47

10月
はじき絵のキノコ ………………………… 48
コラージュの赤トンボ …………………… 49
グラデーション落ち葉 …………………… 50
いもほり
クラフト紙のサツマイモ ………………… 51

11月
どんぐりケース …………………………… 52
松ぼっくり人形 …………………………… 53
ゆらゆらミノムシ ………………………… 54
七五三
切り紙のあめ袋 …………………………… 55

12月
クリスマス
シール&タンポのツリー ………………… 56
キラキラオーナメント …………………… 57
かさ袋のリース …………………………… 58
ステンドグラスツリー …………………… 59
足形サンタとトナカイ …………………… 60
クラフト紙のリース ……………………… 61

1月
タンポの雪だるま ………………………… 62
お正月
色合わせカルタ …………………………… 63
貼り絵のすごろく ………………………… 64
切り紙のこま ……………………………… 65

2月
節分
エアパッキンのつの ……………………… 66
ひらひら鬼のお面 ………………………… 67
毛糸コラージュのお面 …………………… 68
貼り絵の鬼のお面 ………………………… 69
フリンジの鬼のお面 ……………………… 70
紙袋の鬼のお面 …………………………… 71

3月
ひな祭り
デカルコマニーのおひなさま …………… 72
芯材のおひなさま ………………………… 73
野菜スタンプおひなさま ………………… 74
ちぎり貼りのおひなさま ………………… 75
たたみ染めびな …………………………… 76

第2章 通年の製作

おもちゃ

- スケルトンバッグ ……… 78
- かくれんぼ ……… 79
- 起き上がりこぼし ……… 80
- でんでんだいこ ……… 81
- 封筒パペット ……… 82
- 発泡トレーの船 ……… 83
- 牛乳パックのトラック ……… 84
- 輪ゴムギター ……… 85
- 時計＆ブレスレット ……… 86
- コロコロめいろ ……… 87
- ダンス人形 ……… 88
- ジャンプ台 ……… 89
- おしゃれベルト ……… 90
- いないいないばぁ ……… 91
- 封筒のぬいぐるみ ……… 92
- 手足が動くトレー人形 ……… 93
- 空き箱の走る車 ……… 94

食べ物

- 段ボールのピザ ……… 95
- プラカップのパフェ ……… 96
- 紙皿のスパゲティ ……… 97
- 牛乳パックのおにぎり ……… 98
- 粘土で作るお寿司 ……… 99
- ハンバーガーセット ……… 100
- デコレーションケーキ ……… 101

描画

- 観察画 ……… 102
- 自画像 ……… 106

第3章 製作技法

- ● 絵の具について ……… 110
- ● ペンについて ……… 111

- 筆で描く ……… 112
- 綿棒で描く ……… 114
- 歯ブラシで描く ……… 116
- 割りばしペン ……… 117
- フィンガーペイント ……… 118
- はじき絵 ……… 120
- スポンジグラデーション ……… 122
- デカルコマニー ……… 123
- タンポ ……… 124
- スタンプ ……… 126
- たたみ染め ……… 129
- マーブリング ……… 130
- 色つき粘土 ……… 131
- 紙版画 ……… 132
- スチレン版画 ……… 134
- スクラッチ ……… 135
- こすり出し ……… 136
- にじみ絵 ……… 138
- たくさん切る ……… 140
- 切り紙 ……… 142
- 紙をもむ ……… 143
- 紙のコラージュ ……… 144
- 立体物のコラージュ ……… 145
- 紙を折る・丸める ……… 146
- 紙粘土 ……… 148
- つなげる ……… 150
- 回転させる ……… 152

第4章 素材あそび

- 素材あそびって？ ……………………… 154

絵の具
- 色混ぜあそび ……………………… 158
- コックさんごっこ ……………………… 159
- ペンキやさん ……………………… 160
- 色水あそび ……………………… 161
- スプレーで色あそび ……………………… 162
- ビー玉転がし ……………………… 163
- たらし絵 ……………………… 164
- ろうそくで吹き絵 ……………………… 165

墨汁
- マーブリング ……………………… 166

クレヨン
- お水がジャー ……………………… 167
- パズルあそび ……………………… 168
- 回し描き＆まとめ描き ……………………… 169

ペン
- 透明素材に描こう ……………………… 170
- ティッシュアート ……………………… 171

新聞紙
- はらぺこ怪獣 ……………………… 172
- ニョロニョロ大蛇 ……………………… 173
- 宝探し ……………………… 174
- 大きな新聞紙 ……………………… 175
- 輪投げ ……………………… 176
- ボーリング ……………………… 177
- コスチューム作り ……………………… 178

紙
- ふわふわバルーン ……………………… 179
- 共同コラージュ ……………………… 180
- みんなの町作り ……………………… 181

シール
- シール貼り ……………………… 182

芯材
- つなげて玉転がし ……………………… 183
- かみ合わせブロック ……………………… 184
- くっつき的当て ……………………… 185

ポリ袋
- 空気でっぽう ……………………… 186
- ふんわり凧 ……………………… 187

段ボール
- トンネルくぐり ……………………… 188
- 秘密基地 ……………………… 189

牛乳パック
- 積み上げブロック ……………………… 190
- ロボットあそび ……………………… 191

ペットボトル
- キラキラウォーター ……………………… 192
- 水中飛び出しあそび ……………………… 193

発泡トレー
- 水に浮かぶおもちゃ ……………………… 194
- あおぎっこ競争 ……………………… 195

スズランテープ
- ひらひらステッキ ……………………… 196
- ポンポン ……………………… 197

小麦粉粘土
- 粘土を作ろう ……………………… 198
- 色つき粘土を作ろう ……………………… 199

プラカップ
- 色のぞき ……………………… 200

第5章 折り紙

4月
チューリップ／イチゴ ……………………… 202
チョウ／チョウ／テントウムシ …………… 203
イヌ／ネコ …………………………………… 204

5月
こいのぼり／かぶと ………………………… 205
長かぶと／アヤメ …………………………… 206
かざぐるま／おうち ………………………… 207

6月
アジサイ／長ぐつ …………………………… 208
カタツムリ／雨つぶ ………………………… 209

7月
織り姫・彦星／ヨット ……………………… 210
星／魚 ………………………………………… 211
アサガオ／アイスクリーム ………………… 212

8月
おばけ／モモ ………………………………… 213
ボート／セミ ………………………………… 214
金魚／クジラ ………………………………… 215

9月
キツネ／タヌキ ……………………………… 216
ウサギ／ウサギ ……………………………… 217
リンゴ／カキ ………………………………… 218

10月
どんぐり／クリ ……………………………… 219
落ち葉／キノコ ……………………………… 220
カボチャ ……………………………………… 221

11月
ハクチョウ／とり …………………………… 222
野菜（ダイコン・カブ・ニンジン） ……… 223

12月
サンタクロース／クリスマスリース ……… 224
ブーツ／車 …………………………………… 225

1月
めんこ／鏡もち ……………………………… 226
ししまい／ミカン …………………………… 227

2月
ハート／雪だるま …………………………… 228
ペンギン／鬼 ………………………………… 229

3月
ヒヨコ／おひなさま ………………………… 230
箱／メダカ …………………………………… 231

あそべる
おうち→手紙入れ→王冠 …………………… 232
コップ ………………………………………… 233
山登り ………………………………………… 234
飛行機／ぱくぱく …………………………… 235
くるくるチョウ／帆かけ船 ………………… 236

第6章 お絵描きワーク

描く
線を描く 「雨が降ってきたよ！」 ………… 238
点を描く 「イチゴの粒をつけよう」 ……… 239
丸を描く 「シャボン玉を飛ばそう」 ……… 240
渦巻きを描く 「何味のキャンディかな？」 … 241
放射状に描く 「夜空に上がる花火」 ……… 242
模様をつける 「おしゃれなチョウ」 ……… 243

色をつける
自由に描く 「お花畑を作ろう」 …………… 244
スタンプを押す 「すてきなバッグにしよう」 … 245
色を塗り分ける 「いろいろな味にしよう」 … 246
点つなぎ・色を塗り分ける「カメのこうらを描こう」 … 247

切る
線に沿って切る 「おいしそうなピザ」 …… 248
切り込みを入れる 「タコの足を切ろう」 … 249

貼る
シールを貼る 「ケーキにトッピング」 …… 250
紙を貼る 「たてがみをつけよう」 ………… 251

年齢別 製作・造形あそびインデックス …… 252

ページの見方

ねらい
製作・造形あそびを通して、子どもが感じたり経験したりしたい事柄です。

技法の解説
登場する技法について「第3章 製作技法」で解説しているページです。

ことばかけ
あそびの前に、子どもの興味を引き出す保育者のことばを紹介しています。

製作のポイント
製作するときの注意点やアレンジのアイデアなどを紹介しています。

用意するもの
必要な材料や道具です。
（ ）で保育者が事前に準備するものや保育者だけが使うものなどを説明しています。

年齢
製作・造形あそびの対象年齢の目安を表示しています。
■：メインの年齢
■：サブの年齢

1・2章

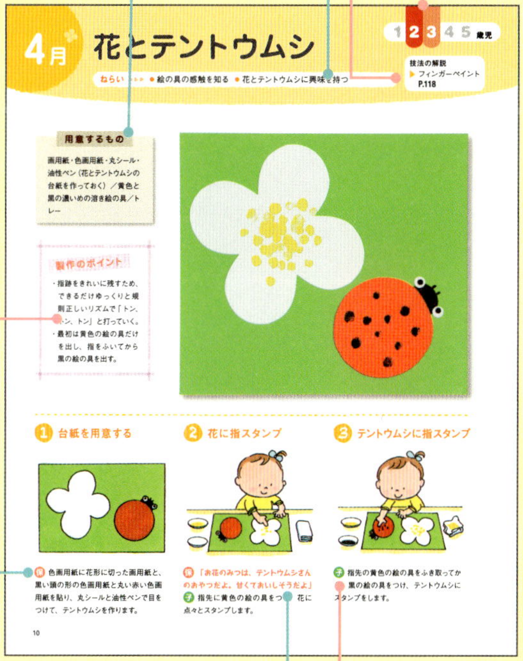

4月 花とテントウムシ

1 2 3 4 5 歳児

ねらい ▶▶▶ ● 絵の具の感触を知る ● 花とテントウムシに興味を持つ

技法の解説
▶ フィンガーペイント P.118

用意するもの
画用紙・色画用紙・丸シール・油性ペン（花とテントウムシの台紙を作っておく）／黄色と黒の濃いめの溶き絵の具／トレー

製作のポイント
・指跡をきれいに残すため、できるだけゆっくりと規則正しいリズムで「トン、トン、トン」と打っていく。
・最初は黄色の絵の具だけを出し、指をふいてから黒の絵の具を出す。

1 台紙を用意する
保 色画用紙に花形に切った画用紙と、黒い頭の形の色画用紙と丸い赤い色画用紙を貼り、丸シールと油性ペンで目をつけて、テントウムシを作ります。

2 花に指スタンプ
保「お花のみつは、テントウムシさんのおやつだよ。甘くておいしそうだよ」
子 指先に黄色の絵の具をつけ、花に点々とスタンプします。

3 テントウムシに指スタンプ
子 指先の黄色の絵の具をふき取ってから黒の絵の具をつけ、テントウムシにスタンプをします。

10

4章

新聞紙 宝探し

1 2 3 4 5 歳児

ねらい ▶▶▶ ● 紙を丸める動作を楽しむ ● 探し当てる喜びを知る

ことばかけ
新聞紙のボールの中に宝物が入っているよ！
いっぱいボールがあるけど見つけられるかな？

用意するもの
新聞紙（4分の1に切っておく）／ポリ袋／宝物（ペットボトルのふたやどんぐりなど）

1 新聞紙でボールを作る
新聞紙を丸めてボールを作ります。ペットボトルのふたやどんぐりなどを入れて丸めた宝物のボールも作ります。

2 宝物を探す
みんなが丸めたボールを集めて、ポリ袋に入れて混ぜたら、床の上に広げます。ボールを拾って新聞紙を広げ、宝物のボールを探します。

ポイント
・宝物を作る役は、順番に交代するようにしましょう。
・宝物が少なすぎると飽きてしまうので、全体の1～2割ぐらい入れておくとよいでしょう。

アレンジアイデア
当たりの宝物のほかに、外れのボールを混ぜておきます（たとえば、当たりをどんぐり、外れをペットボトルのふたにするなど）。当たりを探すときに、盛り上がります。

あ

174

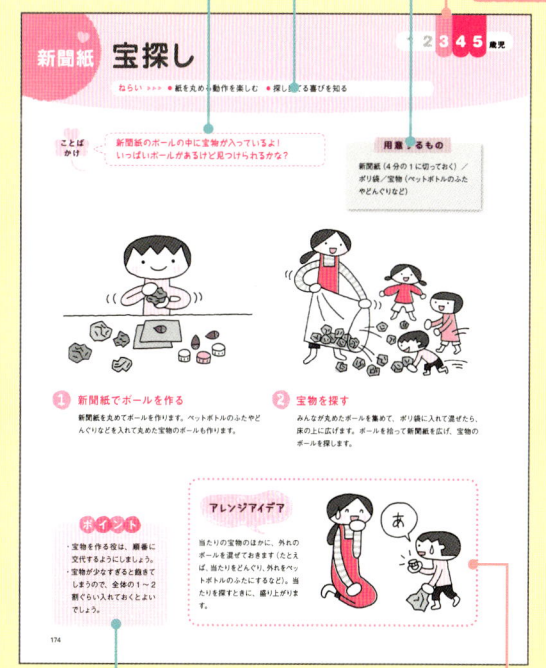

保
保育者が行うプロセスについて説明している部分です。

子
子どもが行うプロセスについて説明している部分です。

ポイント
あそびが盛り上がるヒント、注意点などについてです。

保 ことばかけ
赤の「 」で子どもに作り方をどう伝えるか、ことばかけを掲載しています。

アレンジアイデア
さらにあそびが広がるバリエーションのアイデアを紹介しています。

製作前に知っておきたい
はさみとのりの使い方

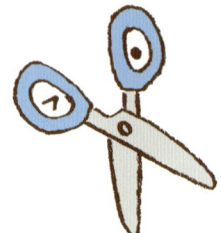

はさみの使い方

はさみの刃をくちばしに見立てて「はさみガラス」と呼んでみます。くちばしをパクパクさせる要領ではさみの動き方を覚えたら、実際に紙をたくさん切ってみましょう。

● 持ち方

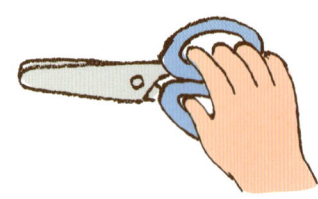

1 机に刃が左側にくるように、はさみを置く（右利きの場合）。上からつかみ取るようにして持つ。

鉛筆の線に沿って切るときは
「はさみガラスに、鉛筆の線を食べさせよう」

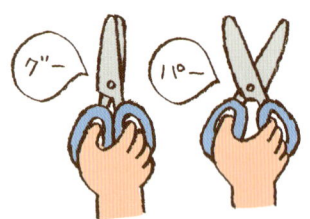

2 「グーパー」と言いながら、刃を閉じたり開いたりして動かす練習をする。

紙を切り落とすときは
「はさみガラスに、かじられた」

のりの使い方

使うのりの分量を、動物のごはんの分量にたとえてみましょう。「ちょっと、少し、たくさん」といったことばで伝えるより、子どもには伝わりやすくなります。

少しだけつけるとき
「アリさんのごはん」

中くらいの量をつけるとき
「ネコさんのごはん」

たくさんつけるとき
「ゾウさんのごはん」

のりを使った手はすぐにふけるように、そばにタオルなどを置いておきましょう。

第1章
季節の製作

❖

おなじみの行事製作から、アジサイや落ち葉など
季節を感じる製作まで12か月の月別にご紹介。
子どもに作り方をどう伝えるかのことばかけや
プロセスイラストで取り組み方をていねいに解説しています。

4月 花とテントウムシ

1 **2** 3 4 5 歳児

技法の解説
▶ フィンガーペイント
P.118

ねらい ▶▶▶ ●絵の具の感触を知る ●花とテントウムシに興味を持つ

用意するもの
画用紙・色画用紙・丸シール・油性ペン（花とテントウムシの台紙を作っておく）／黄色と黒の濃いめの溶き絵の具／トレー

製作のポイント
・指跡をきれいに残すため、できるだけゆっくりと規則正しいリズムで「トン、トン、トン」と打っていく。
・最初は黄色の絵の具だけを出し、指をふいてから黒の絵の具を出す。

① 台紙を用意する

保 色画用紙に花形に切った画用紙と、黒い頭の形の色画用紙と丸い赤い色画用紙を貼り、丸シールと油性ペンで目をつけて、テントウムシを作ります。

② 花に指スタンプ

保 **「お花のみつは、テントウムシさんのおやつだよ。甘くておいしそうだよ」**
子 指先に黄色の絵の具をつけ、花に点々とスタンプします。

③ テントウムシに指スタンプ

子 指先の黄色の絵の具をふき取ってから、黒の絵の具をつけ、テントウムシにスタンプをします。

4月 スタンプのイチゴ

1 2 **3** 4 5 歳児

技法の解説
▶ スタンプ
P.126

ねらい ▶▶▶ ● 油粘土の感触を味わう ● スタンプしたイチゴの形の違いを楽しむ

用意するもの

色画用紙（丸く切っておく）／油粘土／赤の石けん絵の具（P.111参照）／クレヨン／トレー

製作のポイント

- 自然物の形はどれも少しずつ違っていることを導入で子どもに話す。
- 油粘土は、扱いやすい大きさに保育者がちぎってから子どもに配る。

第1章 季節の製作

① スタンプを作る

保 丸く切った色画用紙と一人分の油粘土を配ります。
子 粘土の形を整えて、イチゴの形のスタンプを作ります。

② スタンプを押す

保「絵の具がよくつくように、ギューッと押しましょう」
子 丸い色画用紙に1回押すごとに絵の具をつけながらスタンプを押します。

③ クレヨンで描く

子 絵の具が乾いたら、クレヨンでイチゴの葉やつぶつぶを描きます。

4月 貼り絵の花

1 2 3 **4** 5 歳児

ねらい ▶▶▶ ●適量ののりを伸ばして塗る ●折り紙をバランスよく貼る

用意するもの

色画用紙（花芯用のものは丸く切っておく）／折り紙（縦に四等分に切っておく。子ども一人当たり2〜3色用意）／はさみ／のり／水性ペン

製作のポイント

・折り紙をきれいな放射状に貼るために、まずは横と縦をまっすぐに貼るところから始める。
・のりはつけすぎないよう、分量を調節してから塗る。

① 折り紙の帯を切る

(保) 折り紙の帯を一人に3色ずつ配ります。
(子) 折り紙の帯をさらに縦に半分に切ります。

② 折り紙を貼る

(子) まずは1枚を横に貼り、次に十字になるよう縦に貼ります。
(保)「次はバッテンに貼りましょう」
(子) 4枚が放射状になるように貼ります。

③ 花芯を貼り、ペンで描く

(子) 中央に丸く切った色画用紙（花芯）を貼り、水性ペンで茎や葉や虫などを描きます。

12

4月 デカルコマニーのチョウ

1 2 3 **4 5** 歳児

ねらい ▶▶▶ ●左右対称の模様を楽しむ ●偶然できる形のおもしろさに気づく

技法の解説
▶デカルコマニー
P.123

用意するもの
画用紙（チョウの型紙を作って、画用紙にチョウの形を描いておく）／モール／はさみ／等量溶き絵の具／筆／テープ

製作のポイント
・何度も紙を閉じ開きするので、チョウの形が複雑だと破れやすくなる。
・絵の具は少しでも乾くと写らなくなるので、描く（塗る）たびにまめに閉じ開きを繰り返す。

第1章　季節の製作

---

① チョウの形に切る

子 画用紙のチョウの線に沿って、はさみで切り抜きます。

② 模様を描いて、写す

子 絵の具でチョウの片側に模様を描き、紙を閉じ、手でこすって色を写します。
保 「乾いて写らなくなったら、また絵の具で描いてから、閉じてこすってね」

③ モールを貼る

子 よく乾かしてから、V字に折ったモール（チョウの触覚）を裏からテープで貼りつけます。

5月 こどもの日 シースルーこいのぼり

1 2 3 4 5 歳児

ねらい ▶▶▶ ●滑りのよい描き心地を楽しむ ●でこぼこしている素材の感触を味わう

用意するもの
エアパッキン・色画用紙・丸シール・テープ（こいのぼりの台紙を作っておく）／油性ペン

製作のポイント
・滑りのよいエアパッキンは、まだ手に力のない子どもでも描きやすい。
・ペンの色は、黄やピンクなどの薄い色から始めて、黒や青などの濃い色は最後に使うとよい。

1 台紙を用意する

保 平らな面を上にしたエアパッキンの両端に色画用紙をテープで貼り、丸シールを重ねて貼った目をつけ、こいのぼりの形を作っておきます。

2 薄い色の油性ペンで描く

保「ツルツルして気持ちいいね」
子 エアパッキンの平らな面に、まずは薄い色のペンで描きます。

3 濃い色の油性ペンで描く

保「たくさん塗ってきれいにしようね」
子 濃い色のペンで上から描きます。

5月 こどもの日 カタカタ描きこいのぼり

1 2 **3** 4 5 歳児

ねらい ▶▶▶ ●片段ボールの描き心地を経験する ●カタカタ鳴る音を楽しむ

用意するもの
片段ボール（こいのぼりの形に切っておく）／色画用紙（丸く切っておく）／クレヨン／のり

製作のポイント
・長い線を描くと長く音が出るので、楽しみながら線を描く練習にもなる。
・なるべく長い線を描くように伝える。

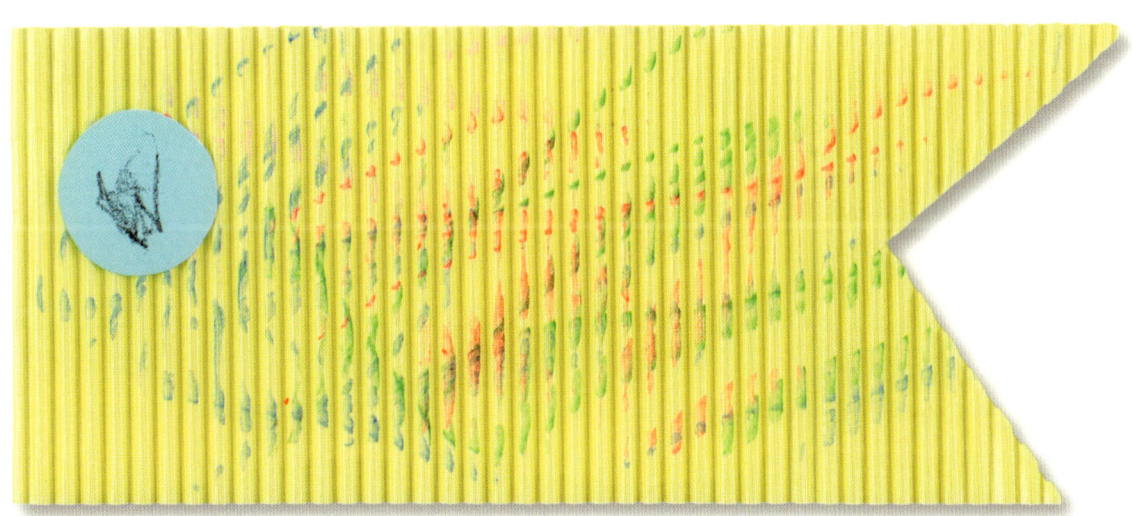

第1章 季節の製作

---

1 台紙を用意する

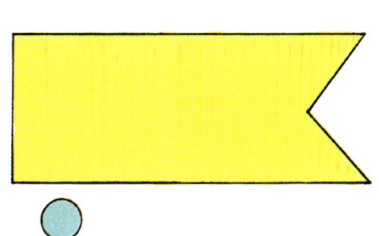

保 片段ボールをこいのぼりの形に、色画用紙を丸く切っておきます。

2 クレヨンで線を描く

保 「クレヨンがおしゃべりしているね。長い線を描くと、長くおしゃべりするよ」
子 片段ボールの上にクレヨンでできるだけ長く線を描きます。

3 目をつける

子 丸い色画用紙をのりで貼り、クレヨンで黒目を描きます。

5月 こどもの日 にじみこいのぼり

1 2 3 4 5 歳児

ねらい ▶▶▶ ●にじみでできる美しさを楽しむ ●水性ペンのインクが水ににじむことを知る

技法の解説
▶にじみ絵
P.138

用意するもの
障子紙（こいのぼりの形に切っておく）／水性ペン／筆（太くないもの）／水を入れたゼリーなどのカップ

製作のポイント
・ペン先を障子紙にしばらくそのままつけてインクを十分ににじませておくと、あとで水をつけたときににじみの色が濃くなってきれい。
・にじみの効果を観察できるよう、水は少量ずつつける。

---

1 水性ペンで描く

子 障子紙に、ところどころでペンを止めて「じゅわ〜ん」とにじませたり自由に元気よく描いたりします。

2 水をつけてにじませる

子 筆に水をつけてペンで描いたところをぬらします。
保「一気にたくさん水をつけるとインクが消えてしまうよ。少しずつゆっくりね」

3 目を描く

子 にじませたところがよく乾いてから、ペンで目を描きます。

5月 こどもの日 貼り合わせこいのぼり

1 2 **3 4** 5 歳児

ねらい ▶▶▶ ●紙を選んで組み合わせることを楽しむ　●のりを塗る場所を理解し、適量を塗る

用意するもの

包装紙や広告紙（きれいなところを正方形に切っておく）／色画用紙（丸く切っておく）／のり／はさみ／油性ペン

製作のポイント

・包装紙や広告紙は正方形に切って使うと、自由な向きで組み合わせることができる。
・のりは、紙の端に適量塗り、横につなげていくことを伝える。

第1章 季節の製作

1 紙を貼りつなげる

子 好きな紙を選んで、のりを塗り、貼ってつなげていきます。
保 「紙の端っこにだけのりを塗ろうね」

2 尾びれをV字に切る

子 どちらが頭かを決めて、尾びれの部分をV字に切り落とします。

3 顔を作る

子 目の色画用紙をのりで貼り、黒目をペンで描きます。口を描く場合は、包装紙などはツルツルして描きにくいので油性ペンで描きます。

5月 こどもの日 スクラッチこいのぼり

1 2 3 **4 5** 歳児

技法の解説
▶ スクラッチ
P.135

ねらい ▶▶▶ ●クレヨンで描くと削れることを知る ●デザインすることを楽しむ

用意するもの
牛乳パック（洗って開いておく）／クレヨン／割りばし（短く切っておく）／テープ／はさみ／新聞紙（下敷き用）

製作のポイント
・牛乳パックは必ず洗剤で洗ったものを使う。水洗いだけだと表面に乳脂肪分などが残ってしまうので使いにくい。
・下図を参考に、保育者が、模様を描く面と顔を描く方向を確認する。

反対側は…

① クレヨンで模様を描く

(保) 牛乳パックの色を塗る面と顔を描く方向を、一人ひとり確認しておきます。
(保) **「あとで削れるように、濃く塗ろう」**
(子) クレヨンで模様を描きます。

② 割りばしで削る

(子) 色を塗った部分を割りばしでこすって削り、クレヨンで顔を描きます。

③ 三角に組み立てる

(子) 三角になるように組み立てて、テープでとめます。尾びれの部分を三角に切り取ります。

5月 こどもの日 こすり出しこいのぼり

1 2 3 4 **5**歳児

技法の解説
▶ こすり出し
P.136

ねらい ▶▶▶ ●思いがけない模様を発見する　●ふだんと違うクレヨンの使い方を知る

用意するもの
コピー用紙／色画用紙／紙を取ったクレヨン／はさみ／のり／こすり出すもの（ザル、カゴ、床板や壁紙、ブロックなど）

製作のポイント
・同じ素材でも色をかえてこすり出すと新鮮に見えて楽しい。
・紙を取ったクレヨンを紙に寝かせて、押しつけるようにしてこすり出す。

第1章　季節の製作

---

① こすり出しをする

子 好きな素材にコピー用紙を当てて、クレヨンでこすり出します。
保 「クレヨンを横に寝かせて、ブルドーザーみたいに押して塗るよ」

② コピー用紙を切り抜く

子 こすり出しした模様の好きな部分を、好きな形に切り抜きます。

③ 台紙に貼る

子 色画用紙をこいのぼり形に切り、②で切り取った模様をのりで貼っていきます。
保 「目や口にはどの部分を使おうか？考えながら貼ってみてね」

5月 母の日 折り紙のミニフレーム

1 **2 3** 4 5 歳児

ねらい ▶▶▶ ●シール貼りを楽しむ ●飾ることに関心を持つ

用意するもの

折り紙（裏にして縁を折り、フレームを作っておく）／丸シール／毛糸／写真／水性ペン／のり・テープ（保育者用）

製作のポイント

・両面折り紙や包装紙でフレームを作ってもカラフルできれい。
・フレームの中央にシールを貼らないように見守る。

●フレームの作り方●

---

1 シールを貼る

（保）「ペタペタしようね、おもしろいね」
（子）折り紙のフレームの部分に丸シールを貼ります。一つ終わったら、もう一つ同じように丸シールを貼ります。

2 水性ペンで描く

（子）片方のフレームの中央部分に、自由に水性ペンで描きます。

3 写真を貼ってつなげる

（保）もう片方のフレームは、中央部分に子どもの写真を貼ってメッセージを書きます。二つをつなげて、上の部分に毛糸をテープで貼ります。

5月 母の日 色つき粘土のペンダント

1 2 **3** 4 5 歳児

技法の解説
▶色つき粘土 **P.131**

ねらい ▶▶▶ ●粘土に自由に色をつけるのを楽しむ ●粘土を練り込む経験をする

用意するもの
紙粘土／絵の具／ゼムクリップ／リボン／毛糸／竹ぐし

製作のポイント
・子どもの力では大きな粘土を練り込むのは難しいので、小さな作品のほうが取り組みやすい。
・マーブル模様のものは混ぜすぎると模様がなくなるので気をつける。

第1章 季節の製作

① 色つき粘土を作る

保「いろいろな色の粘土に変身するよ」
子 手のひらにのる量の紙粘土に絵の具を混ぜて練り込みます。

❋ マーブル模様のときは

子 違う色の絵の具を足して、絵の具が混ざりきる前にとめるとマーブル模様になります。

② リボンや毛糸を通す

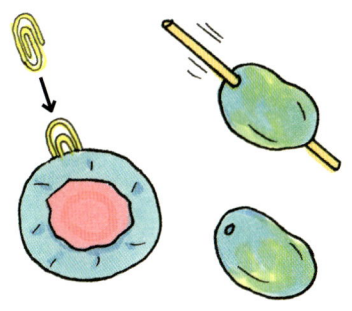

子 粘土にゼムクリップを差し込んで、リボンを通して結びます。または、竹ぐしで粘土に穴を開けて、毛糸を通して結びます。

5月 母の日 紙皿のフレーム

1 2 **3 4** 5 歳児

ねらい ▶▶▶ ●紙皿が製作に利用できることを知る ●プレゼントを作る楽しみを感じる

用意するもの

紙皿／色画用紙／毛糸（先端一方を輪にして結んでおく）／メッセージカード（色画用紙に書いておく）／クレヨン／はさみ／のり／テープ

製作のポイント

・顔の大きさはどのくらいがちょうどいいか示すため、保育者が大きさ見本を作って見せるとよい。
・先に色画用紙に輪郭（丸でもよい）を描き、ちょうどよい大きさに描けたら顔の形をはさみで切る。

おかあさん
ありがとう

① 顔を作り、毛糸を貼る

子 色画用紙に顔の輪郭を描いてから切り、髪の毛を貼って、クレヨンで表情を描きます。裏に毛糸をテープで貼ります。

② 紙皿にクレヨンで描く

保「贈り物だから、心を込めてきれいに塗ろうね」「お母さんはどんな色が好きかな？」
子 紙皿にクレヨンで模様を描きます。

③ 紙皿に顔をくっつける

子 紙皿の上部に切り込みを入れ、先を輪にしてある毛糸を引っ掛けて紙皿の裏からテープで貼ります。保育者の書いたメッセージカードもつけます。

5月 母の日 歯ブラシカーネーション

1 2 3 4 **5** 歳児

技法の解説
▶綿棒で描く P.114　▶歯ブラシで描く P.116

ねらい ▶▶▶ ●歯ブラシで描く体験をする　●カーネーションらしさを表現する

用意するもの
画用紙／色画用紙／折り紙／トイレットペーパー芯／歯ブラシ／綿棒／等量溶き絵の具／はさみ／のり／ゼリーなどのカップ／ペットボトルのふた／観察用のカーネーションの生花

製作のポイント
・本物のカーネーションを見せて、花びらのギザギザや大きなガク、細い葉などについて伝える。
・花を描くときは、太陽を描く要領で放射状に描く。
・絵の具は、歯ブラシのときはカップ、綿棒のときはペットボトルのふたに入れる。

第1章　季節の製作

① 花を描く

子 歯ブラシに絵の具をつけ、まずは小さな丸を描き、そこを中心に歯ブラシを外に向かって動かし、花びらを描きます。
保「おひさまの光と似ているよ」

② 茎や葉を描く

子 絵の具が乾いたら、綿棒に絵の具を吸わせて茎や葉やガクを描きます。
保「きれいなお花が汚れないように、ゆっくり優しく描こうね」

③ 台紙に貼る

子 トイレットペーパー芯に折り紙を巻いて貼り、軽くつぶして花瓶にします。絵が乾いたらはさみで切り抜いて、花瓶にさすように、色画用紙の台紙に貼ります。

6月 ちぎり貼りのアジサイ

1 2 **3 4** 5 歳児

ねらい ▶▶▶ ● ちぎり絵でアジサイを表現する ● ちぎることで指先の巧緻性を高める

用意するもの

画用紙（色鉛筆で円を描いておく）／折り紙（花用のものは、八等分の帯状に切っておく）／クレヨン／はさみ／のり

製作のポイント

・円を描く色鉛筆の色と、ちぎり貼りする折り紙の色を合わせておくと子どもが理解しやすい。
・ちぎった紙の大きさが揃っているほうがきれいな花になる。

① 折り紙をちぎる

子 折り紙の帯を、できるだけ大きさを揃えてちぎります。
保 「きれいなお花になるように、気をつけてちぎりましょう」

② のりで貼る

子 画用紙の円の中にのりを塗って、その中にちぎった折り紙を置くようにして貼っていきます。
保 「お花がたくさん集まるときれいだね」

③ 茎や葉を描き、鉢を貼る

子 クレヨンで茎や葉っぱを描きます。折り紙を鉢の形に切り、貼ります。

6月 スタンプのアジサイ

1 2 3 **4 5** 歳児

技法の解説
▶ スタンプ
P.126

ねらい ▶▶▶ ● スタンプの効果を知る ● アジサイ特有の四角い花の形を表現する

用意するもの

色画用紙（丸く切っておく）／画用紙／緑の折り紙／発泡トレー（平らな部分を正方形に切っておく）／鉛筆／ペットボトルのふた／ガムテープ／石けん絵の具（P.111参照）／筆／はさみ／のり／クレヨン

製作のポイント

・スタンプを押すときは、紙の下にタオルなどを敷いておくと写りがよくなる。
・1回ずつ筆で絵の具をつけてスタンプを押す。

第1章 季節の製作

---

1 スタンプを作る

ペットボトルのふた
ガムテープ
裏返す

子 発泡トレーに鉛筆で十字を描き、溝を作ります（力を入れすぎると割れるので注意）。裏に、ペットボトルのふたを輪にしたガムテープで貼ります。

2 スタンプを押す

子 筆で絵の具を塗って紙にスタンプします。1回ごとに色を塗り、繰り返します。
保「端っこは指で軽く押すときれいにスタンプできるよ」

3 台紙に貼る

子 折り紙を切って葉っぱを作り、画用紙の台紙に花と葉っぱを貼りつけます。クレヨンで葉の筋や雨などを描き足します。

6月 時の記念日 モールの針の時計

1 2 3 **4 5** 歳児

ねらい ▶▶▶ ●製作を通して、時計に親しむ ●文字盤を楽しくデザインする

用意するもの
紙皿／モール／ティッシュ箱／折り紙／はさみ／のり／油性ペン／割りばし（4cm程度に切っておく）／目打ち（保育者用）

製作のポイント
・丸シールに1～12の数字を書いて貼ってもよい。
・モールを活用して、針が動かせるしくみを作る。

針を動かすと…

---

1 文字盤を作る

子 紙皿にペンで上下左右の順にマークを描き、間の残りを描きます。

2 ティッシュ箱を飾る
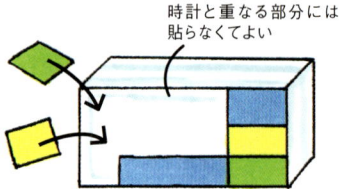
時計と重なる部分には貼らなくてよい
子 ティッシュ箱に折り紙を貼って飾ります。

3 紙皿をティッシュ箱に貼る

子 紙皿の裏にのりを塗り、箱に貼ります。
保 「ちゃんと立つかどうか確かめてみて」

4 穴を開ける

保 紙皿の中央に目打ちで穴を開け、箱もいっしょに貫通します。

5 時計の針を作る
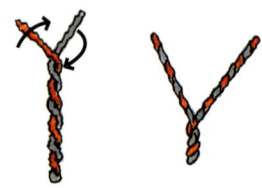
子 2本のモールをねじり合わせて、時計の針を作ります。

6 針を取りつける
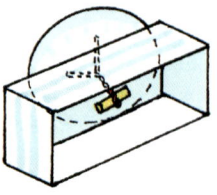
保 モールを割りばしに巻きつけて、短針長針とし、箱の内側から穴に通します。

6月 時の記念日
割りピンで作る時計

ねらい ▶▶▶ ● 文字盤の書き方を知る ● しかけをくふうするおもしろさを知る

技法の解説
▶ つなげる
P.150

用意するもの

画用紙（円を描いておく）／色画用紙（針用のものは帯状に切り、2枚重ねて穴を開けておく）／割りピン／鉛筆／ペン／のり／はさみ／目打ち（保育者用）

製作のポイント

・文字盤は、紙の折り目を利用して、決まった順で書くとうまくいく。

・窓を閉じたままのりを塗ると、窓が開かなくなるので注意。

窓を閉じると…

第1章 季節の製作

1 円を切り抜く

子 画用紙に描かれた円を切り抜き、縦横に十字の折りすじをつけます。

2 数字を書く

子 書き順に従って鉛筆で数字を書きます。
保 「2はこの辺がちょうどいいね」

3 文字盤を貼る

子 色画用紙の上半分に文字盤を貼ります。
保 文字盤の中央に目打ちで穴を開けます。

4 針を取りつける

子 針の色画用紙と文字盤の穴に割りピンを通し、裏返してピンの先を開いてとめます。

5 窓を作る

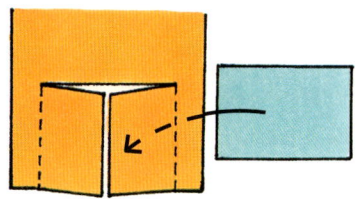

子 色画用紙の下半分を図のようにはさみで切り開き窓を作り、窓の裏から別の紙を貼ります。

6 絵や模様を描く

子 文字盤の周りや窓の中に、ペンで自由に絵や模様を描きます。

27

6月 父の日
カップの小物入れ

1 **2** 3 4 5 歳児

ねらい ▶▶▶ ●カップの面に沿ったなぐり描きを楽しむ ●実用品を作る楽しみを感じる

用意するもの

ヨーグルトなどの空き容器／ビニールテープ（適当な長さに切っておく）／厚めの画用紙（容器の口と同サイズに切っておく）／色画用紙（小さい円に切っておく）／丸シール／油性ペン／のり／モール／目打ち（保育者用）

製作のポイント

・ビニールテープは扱いやすい長さに切り、下敷きなどに貼っておくと製作がしやすい。

開けると…

---

❶ カップを飾る

㋙ カップの周りにビニールテープを貼り、内側にペンで自由に描きます。
㋬ 「お父さんは、この中に何を入れるのかなあ。楽しみだね」

❷ ふたを飾る

㋙ ふたになる厚めの画用紙にペンで描きます。色画用紙にお父さんの顔をシールで貼りつけたものを、ふたの画用紙に貼ります。

❸ ふたとカップをつなぐ

㋬ 目打ちでふたの画用紙とカップ本体に穴を開けます。モールを通してふたと本体をつなぎます。

6月 父の日 発泡トレーのフレーム

1 **2 3 4** 5 歳児

ねらい ▶▶▶ ●発泡トレーに描くのを楽しむ ●「喜ばせたい」という気持ちを盛り立てる

用意するもの

発泡トレー／色画用紙／ひも／油性ペンや水性顔料系マーカー／布ガムテープ（輪を作っておく）／目打ち（保育者用）

製作のポイント

・トレーに描くときは、しっかり色がつくようにゆっくりと描く。
・描画の代わりにスナップ写真を貼ってもよい。

第1章 季節の製作

---

1 絵を描く

子 色画用紙にペンで、お父さんの似顔絵などを描きます。絵を発泡トレーの中央に輪にしておいた布ガムテープで貼ります。

2 トレーにペンで描く

子 発泡トレーの余白部分に、油性ペンで色を塗ったり模様を描いたりします。
保「ゆっくり描くときれいな色が出るよ」

3 ひもを通す

保 目打ちで発泡トレーの上部に2か所穴を開け、ひもを通して結びます。

6月 父の日
粘土レリーフの肖像

1 2 3 **4 5** 歳児

技法の解説
▶ 紙粘土
P.148

ねらい ▶▶▶ ●ちぎり、丸め、ひも状に伸ばすといった、粘土造形の基礎的な技法を学ぶ

用意するもの
紙粘土／段ボール／ボタン／綿ロープ（適当な長さに切っておく）／折り紙／綿棒／木工用接着剤／等量溶き絵の具／筆

製作のポイント
・ひも状の粘土に木工用接着剤を塗るのは難しいので、先に段ボールに木工用接着剤で円を描いておき、その上に貼るとよい。
・長いひも作りは難しいので短いものをいくつかつなげてもよい。

❶ 輪郭を作る

保「粘土をコロコロ転がすとヘビさんに変身します。やってみよう」
子 粘土でひもを作り、大きな輪になるよう木工用接着剤で段ボールに貼ります。

❷ 顔を作る

子 紙粘土や綿ロープ、折り紙を貼ったり、綿棒で穴を開けたりして顔を作ります。ボタンは木工用接着剤を多めにつけて、粘土に埋め込むようにします。

❸ 絵の具で塗る

子 段ボールや紙粘土に絵の具で色を塗ります。

6月 父の日 しましまフレーム

1 2 3 4 **5**歳児

ねらい ▶▶▶ ●折り紙を折りすじどおりに切る ●色の組み合わせを考える

技法の解説
▶紙のコラージュ
P.144

用意するもの
折り紙（白と各色）／画用紙（フレームの大きさに切っておく）／リボン／はさみ／のり／クレヨン／テープ

製作のポイント
・折り紙を切るとき、「ていねいに切ると、あとですき間のないきれいなフレームができるよ」と話す。
・実際に貼る前に「どんなふうに組み合わせると、きれいな枠ができるかな？ 試してごらん」と試し置きして貼る場所を確かめる。

第1章 季節の製作

1 折り紙の帯を作る
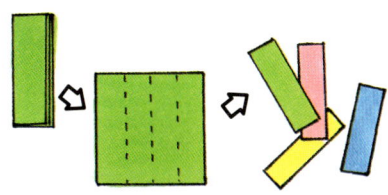
子 各色の折り紙を折りすじをつけてから、4分の1の帯状に切ります。

2 しましまを作る

子 白い折り紙の全面にのりを塗り、しましまになるように折り紙の帯を貼ります。

3 四等分に切る

子 2回折ってすじをつけ、しましまが四等分に分かれるよう、はさみで切ります。

4 枠を作る

子 画用紙の台紙に試し置きして、しましの組み合わせを考えてから枠に貼ります。

5 絵を描く

子 中央にクレヨンでお父さんの似顔絵やメッセージなどを描きます。

6 リボンをつける
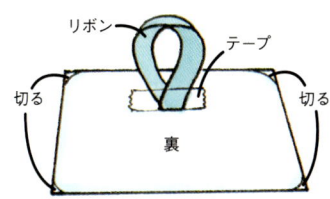
子 裏の上部にリボンをテープで貼ります。フレームの角を切ります。

7月 七夕 タンポの魚と星

1 **2** 3 4 5 歳児

ねらい ▶▶▶ ●布が水を吸う性質を生かす ●力を入れて押し、きれいな色を写す

技法の解説
▶タンポ
P.124

用意するもの
画用紙（魚と星の形に切っておく）／折り紙／タンポ／等量溶き絵の具／のり（保育者用）／トレー／水を入れた容器

製作のポイント
・タンポは水を吸わせて、絞ってから使う。
・タンポの写りは、タンポが含む水分の量と押す力によってかわる。
・写りが悪いときは絵の具に水を足してゆるめる。

1 タンポに水を吸わせる

子 水をはった容器にタンポを入れて水をよく吸わせます。
保 子どもの握力が強ければタンポを固めに絞り、弱ければゆるめに絞ります。

2 絵の具をつけて押す

子 タンポに絵の具をつけて、魚や星の形の画用紙に押します。
保 「ポンポン楽しいね。ギュッと押すときれいね」

3 折り紙に貼る

保 絵の具が乾いたら、折り紙の台紙に貼ります。

7月 七夕 つなぎ飾り

1 **2 3** 4 5 歳児

ねらい ▶▶▶ ●のりの適量を学ぶ ●色の組み合わせのきれいさを感じる

用意するもの
折り紙（帯状のものと、星や丸などいくつかの形で切っておく）／はさみ／のり

製作のポイント
・「のりの量はアリさんのごはんくらい」（P.8参照）とわかりやすく、のりの適量を伝える。
・のりは端っこに塗ることを確認してから塗って貼る。

第1章 季節の製作

---

1 折り紙の帯を半分に切る

保「長い折り紙は、はさみのごはんだよ。いただきまーす、パッチン！」
子 帯状の折り紙を横にはさみで切り、二つに短く切り分ける。

2 のりを塗る

保 のりを塗る位置を確認します。
保「のりをどこに塗ったらいいかな？指でさしてごらん」
子 折り紙にのりを塗ります。

3 飾りをつなげる

子 帯と飾りを色や形を混ぜながら、貼ってつなげます。

33

7月 七夕 紙テープの吹き流し

1 2 **3** 4 5 歳児

ねらい ▶▶▶ ●ひらひらした動きを楽しむ ●物をはさんで貼ることを知る

用意するもの
紙テープ／色画用紙（同じサイズの丸に切っておく）／金銀の折り紙（帯状に切っておく）／リボン／クレヨン／のり／テープ（保育者用）

製作のポイント
・色画用紙の形は、丸のほかに星形や三角形などでもよい。
・紙テープの本数が多すぎると、はさめなくなるので気をつける。

❶ 紙テープをはさんで貼る

子 丸い色画用紙の全体にのりを塗って、紙テープを貼り、もう1枚の丸を上から貼ってとじます。
保 「サンドイッチ貼りだよ」

❷ 金銀の折り紙を飾る

子 金銀の折り紙をちぎります。円のふちにのりを塗り、ちぎった折り紙を貼っていきます。

❸ 真ん中に絵を描く

子 色画用紙の中央にクレヨンで絵を描きます。
保 リボンを裏にテープで貼ります。

7月 七夕 たたみ染めの短冊

1 2 3 **4 5** 歳児

ねらい ▶▶▶ ●染めという技法を知る ●染まってゆくようすや色合いを楽しむ

技法の解説
▶たたみ染め
P.129

用意するもの

障子紙（絵の具の吸い具合をあらかじめ確かめておく）／薄めの溶き絵の具／プラスチック容器／新聞紙（下敷き・乾燥用）

製作のポイント

・絵の具は薄く溶き、多めに作っておく。プラスチック容器などに入れて使うと、倒れにくく作業がしやすい。
・絵の具を吸わないタイプの障子紙もあるので、事前に試しておく。

第1章 季節の製作

---

① 紙を折りたたむ

子 障子紙を図のようにじゃばらに折りたたみます。

② 絵の具で染める

子 たたんだ紙の角やふちに絵の具をつけて染めていきます。2～3色の色を使い、薄い色から始めます。
保 「絵の具につけるのは◯秒までね」

③ 広げて乾かす

保 「どんなふうに染まったかな？　破れないようそうっと広げてみよう」
子 新聞紙の上に障子紙を広げて乾かします。

7月 七夕 ちょうちん飾り

1 2 3 **4 5** 歳児

ねらい ▶▶▶ ●立体物に描く経験をする ●テープの貼り方を学ぶ

用意するもの

透明のプラカップ2個（一つは底に穴を開けておく）／色画用紙（ひし形に切って、上の部分に穴を開けておく）／ひも／テープ／油性ペン／クレヨン

製作のポイント

・「水性顔料」と記されたペンはつるつるした面に描くと、こすれや引っかきで色が落ちることがあるので、「油性」と記してあるペンを使用する。

表　　裏

① 絵を描く

保「穴が開いているほうが上だよ」
子 紙の両面にクレヨンで描きます。

② ひもを通す

子 ひし形の紙にひもを通し、図のようにテープでとめます。

③ カップにひもを通す

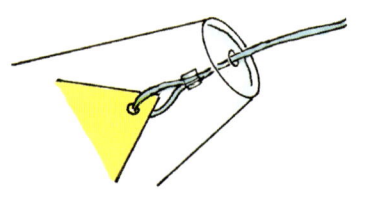

子 プラカップの内側から穴にひもを通し、飾れるように先端は輪に結んでおきます。

④ カップを貼り合わせる

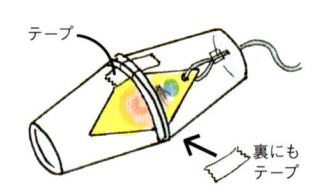

テープ／裏にもテープ

保「テープは縦に貼ります。一つ貼ったらその反対側にもう一つ貼ろうね」

⑤ 黒い色画用紙を巻く

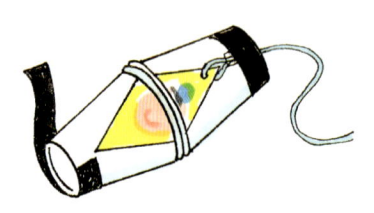

子 プラカップの上下に、黒い色画用紙を巻いてテープでとめます。

⑥ 油性ペンで描く

子 油性ペンでプラカップに模様を描きます。

7月 七夕 スポンジで描く天の川

1 2 3 **4 5** 歳児

技法の解説
▶ スポンジグラデーション
P.122

ねらい ▶▶▶ ●グラデーションの美しさを感じる ●スポンジが製作に生かせることを知る

用意するもの
色画用紙／スポンジ／金と銀の絵の具／水を入れたトレー／クレヨン

製作のポイント
・金銀の絵の具の間に白や黄色の絵の具を置いてもきれい。
・つきが悪いからと何度も往復させると、色が均一に混ざってしまいグラデーションではなくなるので注意する。

第1章 季節の製作

---

① 色画用紙に絵の具を出す

(保) 色画用紙のふちにチューブから直接絵の具を絞り出します。

② スポンジで絵の具を伸ばす

(保)「スポンジをゆっくり滑らせよう」
(子) 水に浸して軽く絞ったスポンジを、ゆっくり動かし、絵の具を伸ばします。つきが悪かったらもう一往復します。

③ クレヨンで描く

(子) 絵の具が乾いたら、クレヨンで描きます。

7月 発泡トレーの魚

1 2 **3 4** 5 歳児

ねらい ▶▶▶ ●穴を開ける動作を取り入れることで造形的な楽しみを感じる

用意するもの

発泡トレー／色画用紙（細く切って白目を貼っておくものと、尾びれの形に切っておく）／クレヨン／つまようじ（先を切っておく）／テープ

製作のポイント

・事故防止のため、つまようじの先端は切り落として使う。
・つまようじは使う直前に配り、使い終わったらすぐに回収する。

1 発泡トレーに穴を開ける

子 発泡トレーに、つまようじで穴を開けます。
保 「ぷすぷす音がしておもしろいね。何て言っているのかな？」

2 クレヨンで塗る

子 穴を開けた発泡トレーにクレヨンで塗ります。
保 「いろんな色をたっぷり塗って、おしゃれにしてあげよう」

3 頭と尾びれをつける

子 頭と尾びれの色画用紙をテープ（つかないときはガムテープ）で貼ります。黒目をクレヨンで描きます。

7月 スズランテープのプール

1 2 3 **4 5** 歳児

ねらい ▶▶▶ ● 素材の質感を生かす ● プールの楽しい情景を思い浮かべて取り組む

用意するもの

画用紙（細長く切っておく）／青か水色のスズランテープ／クレヨン／テープ／はさみ

製作のポイント

・水面をイメージしやすいように、なるべく横長の紙を使う。
・できあがりを見ないと作り方を理解しづらいので、前もって保育者は見本を用意しておき、導入で見せるようにする。

第1章 季節の製作

---

① 人を描く

子 画用紙にクレヨンで人を描きます。
保 「人を小さく描くと、水（テープ）に隠れてしまうから、背を高く描いて、水から顔が出るようにしてあげよう」

② スズランテープを貼る

子 絵の上からスズランテープを重ねて両端を折り、裏でテープで貼ります。スズランテープを重ねて貼り濃淡をつけたりしても。

③ 別の紙に人を描く

保 「しっかり貼れたら、破いてみよう！」
子 スズランテープを破きます。別の画用紙に人を描いて切り抜き、破いたスズランテープの間に差し込みます。

8月 ゆらゆらスイカ

1 2 3 4 5 歳児

ねらい ▶▶▶ ●リズムよく点を打つことを楽しむ ●揺らしてあそぶおもちゃを作る

技法の解説
▶綿棒で描く
P.114

用意するもの
色画用紙（緑と赤を丸く切っておく）／綿棒／黒の等量溶き絵の具／ペットボトルのふた／のり（保育者用）

製作のポイント
・色画用紙を貼り合わせたら、しばらく厚い本などで重しをしておくと波打ちにくい。

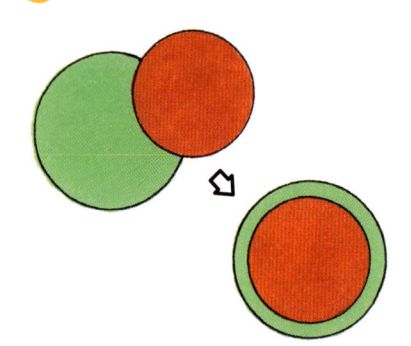

---

❶ 台紙を作る
(保) 緑と赤の色画用紙を丸く切り（緑を赤よりも半径2cmほど大きめに）、重ねて貼り合わせてスイカの台紙を作ります。

❷ 種を描く
(子) 綿棒に黒い絵の具をつけ、「トン、トン、トン」とリズムを刻みながら点を打ちます。
(保) 「トントントン、楽しいね」

❸ 半分に折る
(保) 絵の具をよく乾かし、半分に折ります。
(保) 「おいしそうなスイカができたね」
(子) 指でつつき、揺らしてあそびます。

8月 ヒマワリのレリーフ

1 **2** **3** 4 5 歳児

技法の解説
▶ 紙粘土
P.148

ねらい ▶▶▶ ●紙粘土の感触を味わう ●綿棒で穴を開けることを楽しむ

用意するもの

紙粘土／折り紙（黄色を❸の図のように折りたたんで花の形に切っておく）／綿棒／筆／木工用接着剤／等量溶き絵の具

製作のポイント

・綿棒で開けた穴の中に保育者が木工用接着剤を入れ、子どもがビーズなどを埋め込んでもよい。

第1章 季節の製作

❶ 紙粘土をつぶす

子 紙粘土を平らな円になるように、丸めてからつぶし、形を整えます。
保 「おまんじゅうみたいにコロコロしてから、おせんべいみたいにぺたんとしてね」

❷ 穴を開け、絵の具で塗る

子 紙粘土に綿棒で穴を開け、筆で絵の具を塗ります。

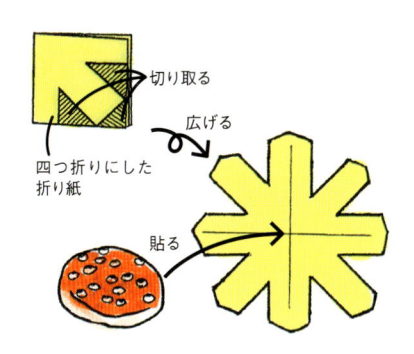

❸ 折り紙に貼る

切り取る
広げる
四つ折りにした折り紙
貼る

保 折り紙を四つ折りにして、花の形に切っておきます。
子 花形の折り紙の中央に木工用接着剤を塗り、紙粘土を貼りつけます。

41

8月 はじき絵の花火

1 2 3 **4** 5 歳児

ねらい ▶▶▶ ●黒地に浮かぶ色の美しさを感じる ●はじき絵の技法を経験する

技法の解説
▶はじき絵
P.120

用意するもの

画用紙／クレヨン／太めの筆／墨汁／ゼリーなどのカップ／ティッシュ（保育者用）／新聞紙（下敷き用）

製作のポイント

・クレヨンで描くときに筆圧が弱いと、十分に墨汁をはじくことができず、絵が隠れてしまうので、描くときは強めに描くように話す。
・上から墨汁で塗るので、クレヨンは明るい色を使うほうが映える。

❶ クレヨンで描く

子 画用紙にクレヨンで絵を描きます。
保 「夜になったときにもよく見えるように、力を入れてしっかり描いてね」

❷ 墨汁を塗る

子 筆に墨汁をつけ、絵の上から塗っていくと、クレヨンが墨汁をはじいて、絵が浮かび上がります。

❸ 墨汁をふく

保 絵が墨汁で見えなくなってしまった場合は、ぬらしたティッシュで墨汁をふき取ります。

8月 芯で作る夏の虫

1 2 3 **4 5** 歳児

ねらい ▶▶▶ ●のりをよく伸ばして塗る ●昆虫への関心を高める

用意するもの
トイレットペーパー芯／折り紙／色画用紙／はさみ／のり／クレヨン／テープ

製作のポイント
・製作前に図鑑などで虫をよく観察して、足の数や形、目の位置などを意識できるようにする。
・芯に紙を巻くときは、のりを塗った折り紙の真ん中辺りに芯を置いてから両側を貼るようにするとずれにくい。

カブトムシ

クワガタ

第1章 ❋ 季節の製作

---

1 芯に折り紙を巻く
子 折り紙全体にのりを塗り広げてトイレットペーパー芯に巻き、軽くつぶします。
保 「パンにジャムを塗るときみたいに、全体によく伸ばしてね」

2 足を作る
子 色画用紙を細く切って足を作り、テープで貼ります。図鑑を参考に足を折り曲げます。
保 「上の二つの足だけバンザイだよ」

3 つのを作る
子 色画用紙を切ってつのを作り、のりで貼ります。クレヨンで目や羽などを描きます。

9月 指スタンプのブドウ

1 **2** 3 4 5 歳児

技法の解説
▶ フィンガーペイント
P.118

ねらい ▷▷▷ ●絵の具の感触を味わう ●一粒ごとに指でスタンプすることを楽しむ

用意するもの

コピー用紙（ブドウの茎を描いてコピーしておく）／濃いめの溶き絵の具／トレー／ペン（保育者用）

製作のポイント

・台紙は、画用紙にクレヨンで茎を描いて用意してもよい。
・大きい実は、指でグリグリと丸を描くようなつもりでスタンプすると大きさに変化がついて楽しい。

1 ブドウの茎の台紙を用意

(保) コピー用紙にペンでブドウの茎だけを描いて、人数分コピーしておきます。

2 小さい実をスタンプする

(子) 指先に絵の具をつけてスタンプします。
(保)「まずはブドウの赤ちゃんから。とっても小さいね」

3 大きい実をスタンプする

(子) 指をぐりぐりして、大きさに変化をつけます。
(保)「だんだん大きくなります。ブドウのお兄さん、お母さん、お父さんだよ」

9月 十五夜 お月見の絵

1 2 **3** 4 5 歳児

ねらい ▶▶▶ ●綿の質感を雲に見立てて楽しむ ●お団子をたくさん描く

技法の解説
▶ 立体物のコラージュ
P.145

用意するもの

色画用紙（細長く切っておく）／黄色の折り紙（丸く切っておく）／綿／クレヨン／木工用接着剤／のり（木工用接着剤で代用してもよい）

製作のポイント

・月の高さが感じられるよう、できるだけ縦長の紙を使うとよい。
・子どもはお団子をたくさん描くのが好きなので、お団子をきっかけに製作への意欲を高める。

第1章 季節の製作

① 月を貼る

子 折り紙の月を黒い色画用紙の上部にのりで貼ります。
保 「お月さまが落っこちないように、裏にきちんとのりを塗っておいてね」

② 綿を貼る

子 色画用紙の上に木工用接着剤を塗って広げ、その上に綿を置くようにして貼ります。

③ クレヨンで描く

子 クレヨンで絵を描きます。
保 「お月さまに、おいしいお団子を描いてお供えしよう。お供えは『どうぞ食べてください』ってプレゼントすることよ」

45

9月 敬老の日 写真立てカード

1 2 **3** **4** 5 歳児

ねらい ▶▶▶ ●愛情や感謝の気持ちを込めてカードを手作りする

用意するもの

2色の色画用紙（❶の図のようにカードを作っておく）／画用紙／写真／水性ペン／のり・はさみ・カッター（保育者用）

製作のポイント

・クレヨンで描くとカードを閉じたときに絵が汚れてしまうのと、油性ペンでは裏写りすることがあるので、水性ペンを使う（色鉛筆でも可）。

表紙を開くと…

さらに開くと…

❶ カードを用意する

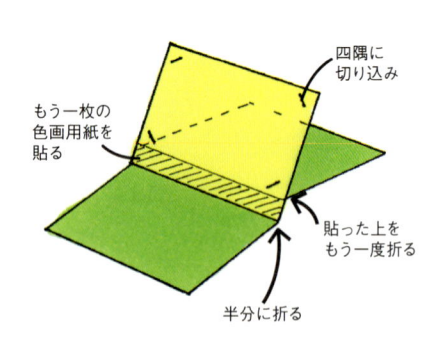

- もう一枚の色画用紙を貼る
- 四隅に切り込み
- 貼った上をもう一度折る
- 半分に折る

(保) 図のように、2色の色画用紙で写真立てカードの台紙を作ります。

❷ 水性ペンで描く

(子) カードの中面にペンで絵を描きます。
(保)「すてきな絵が描いてあると、おじいちゃんやおばあちゃんがきっと喜んでくれるよ」

❸ メッセージと写真をつける

(保) メッセージを聞き取り、画用紙にメッセージを書いて貼ります。
(子) メッセージの横に自分の顔を描きます。
(保) 切り込みに写真をはさみます。

9月 牛乳パックの小物入れ

敬老の日

1 2 3 **4 5** 歳児

ねらい ▶▶▶ ●実用品を手作りする ●ふたの開閉のしくみを学ぶ

技法の解説
▶つなげる
P.150

用意するもの

牛乳パック2個（500mℓでも1ℓでも可。❶の図a、bのように切っておく）／色画用紙／折り紙／木工用接着剤／ガムテープ／ペン／はさみ／カッター（保育者用）

ふたを開けると…

製作のポイント

- 折り紙を切り貼りするだけでなく、ペンで描いて飾ってもよい。
- 折り紙は水性ペンのインクをあまり吸わないので、描くときは、油性ペンや水性顔料系マーカーが向いている。

第1章 季節の製作

---

❶ ふたと本体を作る

牛乳パックa　牛乳パックb　底の部分

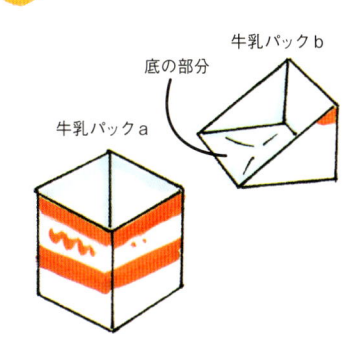

保 牛乳パックをカッターで図のa、bのように切り、セットしておく。

❷ ふたと本体をとめる

子 牛乳パックaに牛乳パックbをかぶせて、ガムテープでとめます。
保 「カバの口みたいにパカパカ開くようにしてね」

❸ 飾りをつける

子 牛乳パックに、切った折り紙やペンでおじいさん・おばあさんの顔を描いた色画用紙を、木工用接着剤で貼り、周りを飾ります。

10月 はじき絵のキノコ

1 2 3 4 5 歳児

技法の解説
▶はじき絵
P.120

ねらい ▶▶▶ ● クレヨンが絵の具をはじくことを知る ● 筆で絵の具を塗ることを楽しむ

用意するもの

画用紙・色画用紙（キノコのかさと軸の形に切っておく）／クレヨン／薄めの溶き絵の具／筆／のり／トレー

製作のポイント

・クレヨンの筆圧が弱いと絵の具をはじかないので、そのときは絵の具に水を足してゆるめに溶くとよい。
・絵の具の色によって、クレヨンを覆い隠す力が違うので、どのくらいはじくか事前に試しておく。

① クレヨンで描く

子 画用紙や色画用紙のキノコのかさにクレヨンで描きます。
保 「きれいなキノコが生えていたら、きっと動物が食べにくるよ」

② 絵の具で塗る

子 クレヨンで描いた上から絵の具で色を塗ります。

③ かさと軸を貼る

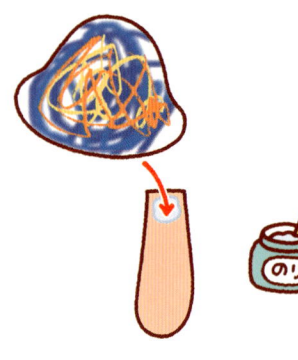

子 色画用紙のキノコの軸の上部にのりを塗って、かさを貼ります。

10月 コラージュの赤トンボ

1 2 **3 4 5** 歳児

技法の解説
▶ 立体物のコラージュ
P.145

ねらい ▶▶▶ ●質感の組み合わせを楽しむ ●夕焼けを思い浮かべて製作する

用意するもの

割りばし（10cm程度に切っておく）／色画用紙／リボン／ボタン／不織布／木工用接着剤／油性ペン／クレヨン

製作のポイント

- 油性ペンの色を夕焼けのグラデーション（黄色―オレンジ―赤―ピンク―紫）を意識して選ぶと、統一感が出る。
- 布などが丸まって貼りにくいときは、木工用接着剤を台紙に塗り、その上に置くようにして貼る。

第1章 季節の製作

---

❶ 割りばしなどを塗る

子 割りばしとボタンに油性ペンで色や模様をつけます。 保 **「夕日を浴びた赤トンボの目は、きっとキラキラ輝いているよ。すてきな色を塗ってね」**

❷ 台紙に貼る

子 色画用紙の台紙に木工用接着剤で割りばしとボタンを貼り、リボンや不織布の羽を貼ります。

❸ クレヨンで描く

子 クレヨンで雲などを描きます。

10月 グラデーション落ち葉

1 2 3 **4 5** 歳児

ねらい ▶▶▶ ●葉の色の変化の美しさを感じる　●絵の具とダイナミックにふれあう

技法の解説
▶タンポ
P.124

用意するもの

障子紙／スポンジタンポ（布の中にスポンジを包んでおき、水に浸して絞っておく）／薄めの溶き絵の具／画用紙／はさみ／のり／クレヨン／プラスチック容器／新聞紙（下敷き用）／タオル（手ふき用）

製作のポイント

・絵の具は大量に使うので多めに溶いて深さのあるプラスチック容器などに入れておく。
・タンポで障子紙をこすると色が混ざって均一になってしまうので、そうしないように最初に話しておく。

1 障子紙を染める

子　タンポに絵の具をたっぷり吸わせ、障子紙の上でギュッと絞ります。
保　**「絵の具の雨が降ってきたよ！　紙がきれいな色にかわっていくね」**

2 色をかえて染める

子　薄い色から行い、色をかえるときは別のタンポを使います。

3 葉の形に切って貼る

子　乾いたら葉の形に切り、クレヨンで葉脈を描きます。ところどころめくれるようにして画用紙の台紙に貼り、葉の下にクレヨンで小さな虫などを描きます。

10月 いもほり クラフト紙のサツマイモ

1 2 3 4 **5** 歳児

技法の解説
▶ 紙をもむ
P.143

ねらい ▶▶▶ ●手のひらをよく使う ●実物大の立体でリアルさを感じる

用意するもの
クラフト紙（A4サイズ程度に切っておく）／新聞紙（全紙の半分）／緑の色画用紙／毛糸／木工用接着剤／テープ／筆／等量溶き絵の具／はさみ／クレヨン

製作のポイント
・実際のサツマイモの大きさぐらいに作れるように、材料を用意する。
・いもほりを体験したあとに製作すると、形や色をイメージして取り組みやすい。

第1章 季節の製作

---

❶ クラフト紙をもむ
子 クラフト紙をよくもみ、柔らかくします。

❷ 新聞紙をイモの形にする
子 新聞紙をイモの形にねじって整え、クラフト紙の上に置きます。

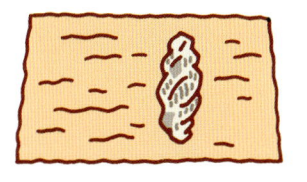

❸ クラフト紙で包む
子 クラフト紙のふちに木工用接着剤を塗り、新聞紙を巻くようにして包みます。

❹ テープでとめる
子 巻き終わったら、上下を絞ってテープでとめます。

❺ 絵の具で塗る
子 絵の具を塗ります。 保 「でこぼこして塗りづらいところもしっかり塗ろうね」

❻ 葉をつける
子 色画用紙を葉の形に切り、クレヨンで葉脈を描き、毛糸をつけてテープで貼ります。

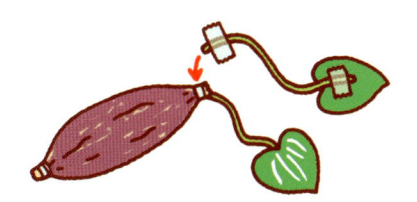

51

11月 どんぐりケース

1 **2 3** 4 5 歳児

ねらい ▶▶▶ ●指先をよく使って巧緻性を高める ●丸と四角の形の違いを楽しむ

用意するもの
透明のプラスチックケース2個（同じもの）／付せん（❶のようにaとbに切り分けておく）／丸シール／ビニールテープ・テープ（保育者用）

製作のポイント
・外側のケースの底やふたに、油性ペンで線を描いたり色を塗ったりしてもよい。

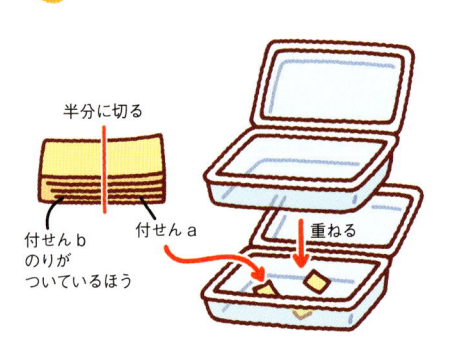

---

❶ ケースに付せんを入れる

半分に切る
付せんb のりがついているほう
付せんa
重ねる

子 一つめのケースの中に付せんaを入れます。
保 「箱の中に紙を入れてね」
保 もう一つのケースを重ねます。

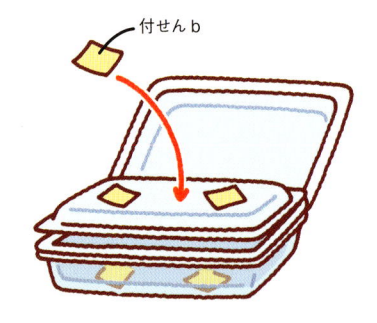

❷ ふたに付せんを貼る

付せんb

子 内側のケースのふたの上に付せんbを貼ります。
保 二つのケースのふたを合わせて、開かないようにテープでとめます。

❸ 丸シールを貼る

子 ふたの部分に丸シールを貼ります。
保 ふたを開け閉めできるようにビニールテープでとめます。

11月 松ぼっくり人形

1 2 **3** **4** 5 歳児

ねらい ▶▶▶ ●自然物の温かみを感じる ●季節に合った製作体験をする

用意するもの

松ぼっくり／毛糸（15〜20cmに切っておく）／トイレットペーパー芯（3cm程度に切っておく）／紙粘土／ビーズや小石／木工用接着剤／粘土べら

製作のポイント

・ビーズや小石をそのままつけるだけだと乾燥後にはがれ落ちるので、必ず木工用接着剤を使う。
・トイレットペーパー芯に、フェルトなどを貼って飾ってもよい。

第1章　季節の製作

1 松ぼっくりを飾る

子 松ぼっくりに毛糸をぐるぐると巻きつけます。

2 顔と芯をつける

子 紙粘土を丸めて顔を作り、松ぼっくりの先に木工用接着剤をつけ、紙粘土を押しつけてくっつけます。輪切りにしたトイレットペーパー芯の上にのせます。

3 顔を作る

子 ビーズや小石の目鼻を木工用接着剤でつけ、口は粘土べらでへこませます。
保 「かわいい顔を作ってあげよう。ビーズや小石は、しっかり押して貼ってね」

11月 ゆらゆらミノムシ

1 2 3 **4 5** 歳児

ねらい ▶▶▶ ●小さな生き物への愛情を感じながら表現する

用意するもの

折り紙（4分の1の正方形に切っておく）／色画用紙（直径2cm程度の円に切っておく）／綿ロープ（5cm程度に切っておく）／ひも／小枝／木工用接着剤／のり／水性ペン／テープ（保育者用）

製作のポイント

・導入でミノムシの写真を見せると、ミノムシが筒状の巣に入っているイメージを持って取り組める。

---

1 ミノムシを作る

子 丸い色画用紙に木工用接着剤をつけ、綿ロープを上に置いて貼ります。これを2点作ります。

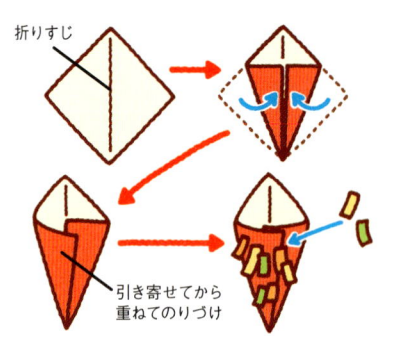

2 ミノを作る

折りすじ
引き寄せてから重ねてのりづけ

子 折り紙を図のように折ってのりづけし、周りにちぎった折り紙を貼ります。
保 「たくさん貼って、あったかいミノを作ってあげようね」

3 ミノムシを入れる

子 ❶が乾いたら、ペンで顔を描き、ミノの中に入れます。
保 ミノの裏にひもをテープでとめ、小枝に結びます。

54

11月 七五三 切り紙のあめ袋

1 2 3 4 **5** 歳児

技法の解説
▶ 切り紙
P.142

ねらい ▶▶▶ ● 折ったり切ったりする技術を高める ● 和風デザインを取り入れる

用意するもの

千代紙・金と赤の折り紙（4分の1に切り分けておく）／画用紙（裏で貼り合わせて、❸のように持ち手の穴を開けた袋を作っておく）／のり／はさみ／カッター（保育者用）

製作のポイント

・和風のテイストでまとめるために、千代紙のほかに、和菓子の包装紙などを使用してもよい。

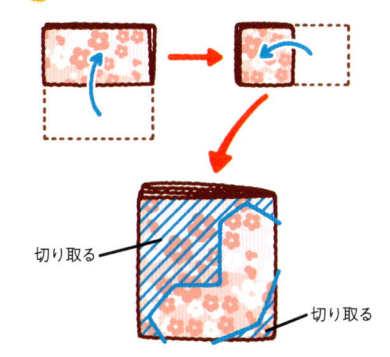

第1章 季節の製作

❶ 紙を折る

切り取る　切り取る

子 折るたびに、ていねいに指で押さえアイロンがけをしながら四つ折りにします。
保 「きれいな形を作るコツは、きれいに折ることだよ」

❷ 切り取る

そーっと…

子 折った紙の周りを自由な形に切り取り、開きます。
保 「どんな模様ができたかな。そうっと開いてみよう！」

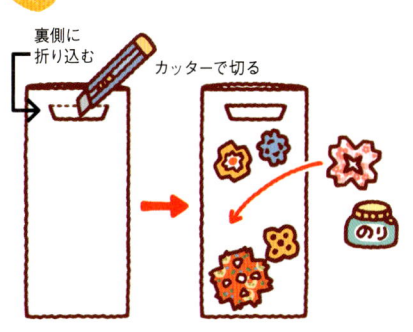

❸ 袋を飾る

裏側に折り込む　カッターで切る

のり

子 千代紙や金や赤の折り紙の切り紙を貼って、画用紙の袋を飾ります（袋はあらかじめ保育者が作っておきます）。

55

12月 クリスマス シール&タンポのツリー

1 2 3 4 5 歳児

ねらい ▶▶▶ ●指先の巧緻性を高める ●ゆらゆらする動きを楽しむ

技法の解説
▶タンポ
P.124

用意するもの
色画用紙（大・中・小の扇形に切っておく）／いろいろなシール／タンポ／金や銀の等量溶き絵の具／トレー／テープ（保育者用）

製作のポイント
・大と中の大きさの色画用紙は円すいにして重ねたときに上部が隠れるので、なるべく下のほうにシールを貼ったりタンポを押したりするようにする。

1 シールを貼る
子 大と小の大きさの扇形の色画用紙にシールを貼ります。
保 「ベタベタきれいね」

2 タンポを押す
子 タンポに金や銀の絵の具をつけて、中の大きさの色画用紙に押します。

3 円すいにして重ねる
保 色画用紙をテープでとめ、大・中・小の円すいにします。三つを重ねます。
子 揺らしてあそびます。

12月 クリスマス キラキラオーナメント

1 **2 3** 4 5 歳児

ねらい ▶▶▶ ●光沢のある素材を活用して製作する ●飾りつけを楽しむ

用意するもの

発泡トレー・アルミテープ（トレーの平らな面にアルミテープを貼り、星や三角に切り抜いておく）／丸シール／ひも／割りばし（5cm程度に切り、先を鉛筆削りなどでほどよくとがらせておく）／油性ペン／目打ち（保育者用）

製作のポイント

・アルミテープに手の油などがつくとペンのインクをはじくことがあるので注意。
・割りばしの扱いには気をつけ、必ず保育者が見守って使用する。

第1章 季節の製作

① 割りばしで引っかく

子 割りばしでアルミテープを引っかいたりへこませたりして跡をつけます。
保 「でこぼこになったね」

② ペンで描き、シールを貼る

子 油性ペンで描いたり丸シールを貼ったりして飾ります。
保 「きれいな飾りだね」

③ ひもをつける

保 上部に目打ちで穴を開け、ひもを通して結びます。

57

12月 クリスマス かさ袋のリース

1 2 **3 4** 5 歳児

ねらい ▶▶▶ ● お花紙を握ったり丸めたりして詰めることで、造形感覚を養う

用意するもの

かさ袋（50cm程度に切り、幅7cm程度になるようにテープでとめておく）／2色のお花紙／星形のシール／リボン／テープ

製作のポイント

・お花紙がなかなか入っていかないときは、かさ袋の上のほうを持って振ると落ちていく。
・いろいろな色のお花紙を用意して、子どもが色を選べるようにしても。

① お花紙を詰める

子 お花紙を適当な大きさに丸めて、色が交互になるようにかさ袋に詰めます。詰め終えたら口をテープで閉じます。

② 輪にする

保 かさ袋を輪にしてテープでとめ、リボンをテープでとめたところで結びます。

③ シールで飾る

子 かさ袋に星形のシールを貼ります。

12月 クリスマス ステンドグラスツリー

1 2 3 **4** 5 歳児

ねらい ▶▶▶ ● はさみで切り取る技術を高める ● カラーセロハンの美しさを楽しむ

用意するもの

色画用紙（緑は三角に、茶色は長方形に切っておく）／カラーセロハン（3cm×5cm程度に切っておく）／のり／はさみ／クレヨン

製作のポイント

・切り込みを入れるだけで終えてしまう場合があるので、「切り取る」とはどういうことなのかを導入のときに実演するとよい。

---

1 紙を切り取る

切り取る

子 緑の色画用紙を半分に折って、輪の部分をはさみで何か所か切り取ります。
保 「はさみで紙をかじりとって。かじりとった形を開いて見るとおもしろいよ」

2 カラーセロハンを貼る

子 穴の周りにのりを塗ってカラーセロハンを貼り、色画用紙の幹も貼ります。
保 「セロハンは少しののりでもよくつくから、うすく伸ばせばいいよ」

3 クレヨンで描く

子 裏返してクレヨンで飾りなどを描きます。

第1章 季節の製作

59

12月 クリスマス 足形サンタとトナカイ

1 2 3 **4** **5** 歳児

技法の解説
▶ 紙のコラージュ
P.144

ねらい ▶▶▶ ●素材の質感を生かす ●足形を使うことで成長の記念にもなる

用意するもの
色画用紙／ティッシュ／のり／はさみ／鉛筆／クレヨン

製作のポイント
・足をなぞるとき、鉛筆の先が足の下に入ってしまい、小さい形になってしまうことがあるので、保育者は子どものようすを見てフォローする。

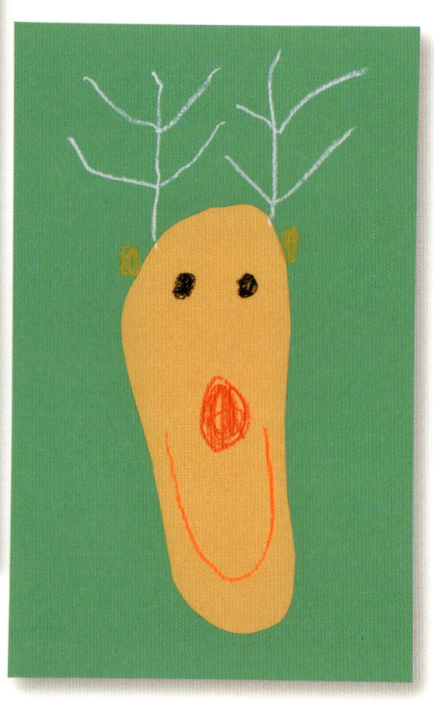

---

1 足の形をなぞる
子 靴下のまま色画用紙の上に足をのせ、鉛筆でなぞり描きをします。
保 「足の後ろはなぞりにくいので、お友だちに手伝ってもらってもいいよ」

2 台紙に貼る
子 なぞれたら足形を切り抜き、色画用紙の台紙に貼ります。サンタは、色画用紙の帽子も貼ります。

3 ティッシュを貼る
子 サンタは、あごや帽子にのりを塗り、上からちぎったティッシュを貼ります。クレヨンで表情などを描きます。

12月 クリスマス クラフト紙のリース

1 2 3 **4 5** 歳児

ねらい ▶▶▶ ●よく手を使い、造形感覚を養う ●布の温かさを楽しむ

用意するもの

クラフト紙（40cm×80cm程度に切っておく）／はぎれ（4cm×9cm程度に切っておく）／リボン／毛糸・輪ゴム（ポンポンを作っておく）／折り紙・写真（帽子の形に切り、写真を貼っておく）／テープ／木工用接着剤／タオル（手ふき用）

製作のポイント

・クラフト紙の代わりに新聞紙、布の代わりに折り紙や包装紙で作っても。
・4歳児は、布の数を減らすと取り組みやすい。
・汚れた手は、その都度タオルでふきながら繰り返す。

第1章 季節の製作

---

① クラフト紙を輪にする

子 クラフト紙を細長く巻いてからねじって輪にし、テープでしっかりとめます。
保 「手のひらに力を入れて、ギューッと絞ってね」

② はぎれを巻く

子 はぎれの裏に木工用接着剤を塗って、クラフト紙に巻きつけながら貼ります。
保 「巻いたあとは、はがれないようにギュッと手で握ってね」

③ 写真とリボンをつける

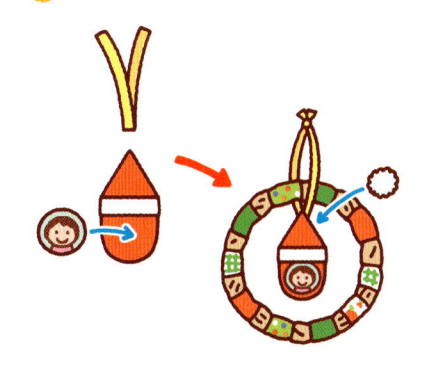

子 写真を貼った折り紙の帽子を木工用接着剤でリボンにつけます。帽子の先にポンポンをつけ、リボンをリースに結びます。

61

1月 タンポの雪だるま

1 2 **3 4** 5 歳児

技法の解説
▶ タンポ
P.124

ねらい ▶▶▶ ●タンポの質感を生かして雪を表現する ●リズミカルにタンポを押す

用意するもの

タンポ／色画用紙（鉛筆で円を二つ描いておく）／白の等量溶き絵の具／クレヨン／折り紙／のり／はさみ／トレー／水を入れた容器

製作のポイント

・タンポは、雪だるまの大きさ（タンポを押す面積）とのバランスを考慮して用意する。
・絵の具は薄いとタンポを押しやすいが、そうすると乾燥後に色が薄くなるので濃度に注意する。

① タンポを押す

子 水に浸してから絞ったタンポに絵の具をつけ、色画用紙の円の中に押します。
保 「紙に雪だるまの形が見えるね。この中に雪を降らせて雪だるまを作ろうね」

② クレヨンで描く

子 絵の具が乾いたら、クレヨンで表情などを描きます。

③ 帽子を貼る

子 折り紙を切って帽子を作り、のりで貼ります。

1月 お正月 色合わせカルタ

1 2 3 **4 5** 歳児

ねらい ▶▶▶ ● ゲームのルールを理解して、ふさわしい色塗りや描画をする

用意するもの
画用紙（八つ切りサイズを八等分に切っておく）／クレヨン／はさみ

製作のポイント
・色が読み札の代わりなので、字の読めない子でも楽しめる。
・ルールがわかりやすいよう、導入で保育者が作ったものでゲームを体験するとよい。
・すべてのカードを裏返しに置いて、神経衰弱をしてあそぶこともできる。

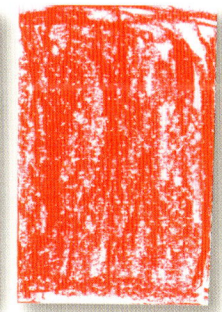

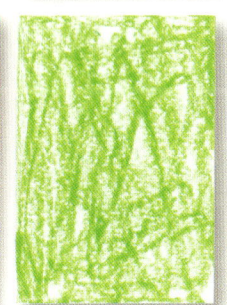

第1章 季節の製作

1 半分に色を塗る
保 誰が何色を担当するかを割り振ります。
子 画用紙を半分に折って開き、片側にクレヨンで自分の担当の色を塗ります。
保 「色は紙の半分にきれいに塗ってね」

2 半分に絵を描く
子 もう半分には、自分の担当の色のものの絵を描きます。
保 「絵が小さいとよく見えなくて取りにくいから、大きく描いてね」

3 切り離す
子 読み札と絵札に切り離します。全員分の絵札を並べて、読み札の色を読み上げてあそびます。

63

1月 お正月 貼り絵のすごろく

1 2 3 4 **5**歳児

ねらい ▶▶▶ ●おもちゃを手作りできることを知る ●ほかの人も楽しめるように考えて作る

用意するもの
画用紙／色画用紙／折り紙／のり／はさみ／油性ペンや水性顔料系マーカー（鉛筆や色鉛筆でも可）

製作のポイント
・「1回休み」や「スタートにもどる」などを多く入れると、なかなかゴールできず楽しめないので「同じ指示は1回まで」といった決まりを設けるとよい。
・指示文は子どもと相談して保育者が書いてもよい。

1 折り紙を貼る
子 折り紙を切り抜いて画用紙の台紙に貼り、コマが止まるマスを作ります。
保 「止まるところが小さいとコマを置けなくなるので、大きく作ろう」

2 指示を書き入れる
子 油性ペンでマスに指示を書き、間の道やマスに絵を描きます。
保 「まず最初に、スタートとゴールを決めておこう」

3 コマを作る
子 色画用紙に切り込みを入れて折り、ペンで描いてコマを作ります。

1月 お正月 切り紙のこま

1 2 3 4 **5**歳児

技法の解説
▶切り紙
P.142

ねらい ▶▶▶ ●こまが回るしくみを知る ●回したときの色の変化を楽しむ

用意するもの
色画用紙（一辺7〜12cm程度の正方形に切っておく）／はさみ／クレヨン／のり（保育者用）

製作のポイント
・切りすぎるとバランスを崩しやすいので注意する。
・こまがうまく回らないときは、重心がずれていないか、先端がとがっているかをチェックする。

回すと…

回すと…

第1章　季節の製作

---

1 三角形に折る
子 色画用紙を三角に3回折って二等辺三角形にします。
保 「こまをうまく回すためには、ていねいに折ることが大事だよ」

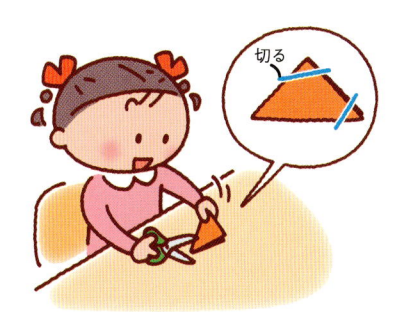

2 紙を切り抜く
切る
子 中心を切らないように注意し、ほかのところを少しずつはさみで切ります。
保 「大きく切ると、こまが回りにくいから小さく切ろう」

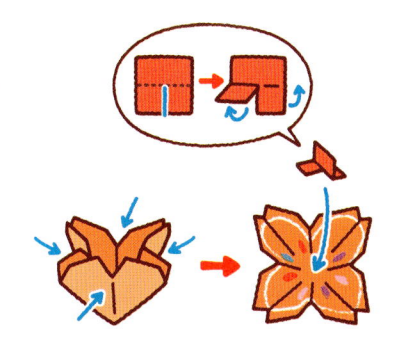

3 持ち手をつける
子 いったん広げて、クレヨンで模様を描き、折り直して先端がとがるようにします。
保 色画用紙で持ち手を作り、こまの中心に貼ります。

65

2月 節分 エアパッキンのつの

1 **2** 3 4 5 歳児

ねらい ▶▶▶ ●ツルツルした素材に描く経験をする ●節分の行事を楽しむ

用意するもの
色画用紙（半径10cm・120度程度の扇形に切っておく）／エアパッキン／油性ペン／ヘアゴム／テープ・目打ち（保育者用）

製作のポイント
- 色画用紙やペンの色を子どもが選んで作っても。
- エアパッキンの代わりに、果物の保護ネットなどを使ってもよい。

---

1 色画用紙に描く

子 色画用紙にペンで描きます。
保 「強ーい、鬼さんのつのになるよ」
保 色画用紙を円すいに丸めてテープでとめます。

2 エアパッキンに描く

子 エアパッキンの平らな面に油性ペンで描きます。
保 「何色で描こうか？ ツルツルしてるね」

3 ひもを通す

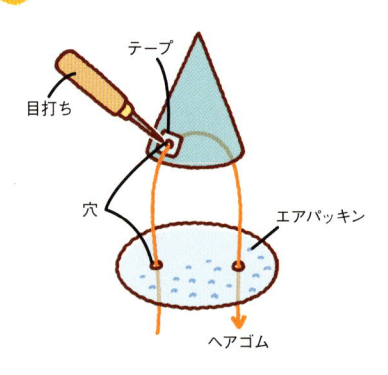

保 円すいの両端に、テープで保護してから目打ちで穴を開けます。エアパッキンにも目打ちで穴を開け、ヘアゴムを通して色画用紙とつなげて両端を結びます。

2月 節分 ひらひら鬼のお面

1 **2** **3** 4 5 歳児

ねらい ▶▶▶ ●のりで貼ることに挑戦する ●顔を描くことを楽しむ

用意するもの
色画用紙（横に半分に折っておくものと、つのの形に切っておく）／紙テープ（3〜4cmに切っておく）／丸シール（大）／水性ペン／のり／ヘアゴム／タオル（手ふき用）／穴開けパンチ（保育者用）

製作のポイント
・紙テープを貼るときは、そばに手ふき用のタオルを置いておく。
・子どもの筆圧が強くなってきたら、ペンの代わりにクレヨンを使ってもよい。

第1章 ◆ 季節の製作

① 紙テープを貼る

子 紙テープにのりを塗って、色画用紙の中央下部分に貼っていきます。
保 のりが手について貼りづらくなってきたら、タオルでふくよう伝えます。

② 顔を作る

子 丸シールと色画用紙のつのを貼り、ペンで描きます。
保 「鬼さんのお顔ができたよ。強い鬼かな？　優しい鬼かな？」

③ ゴムを通す

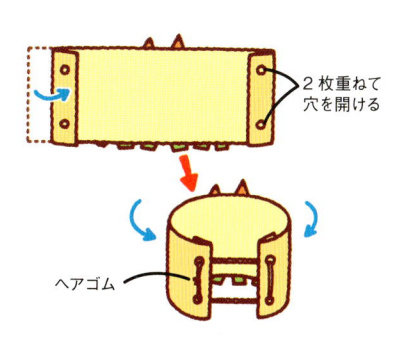

2枚重ねて穴を開ける
ヘアゴム

保 両端を3cmずつ裏側へ折り返してパンチで穴を開けます。ヘアゴムを通して結びます。

2月 節分 毛糸コラージュのお面

1 **2 3 4** 5 歳児

技法の解説
▶ 立体物のコラージュ
P.145

ねらい ▶▶▶ ●紙を折る技術を高める ●毛糸の色や質感を楽しむ

用意するもの

色画用紙（お面用は、子どもの目の位置を切り取り、鼻の部分に切り込みを入れておく）／毛糸（3cm程度に切っておく）／のり／木工用接着剤／はさみ／クレヨン／輪ゴム／タオル（手ふき用）／穴開けパンチ（保育者用）

製作のポイント

・紙の目の方向に逆らうと折りにくいので、あらかじめ調べておく。やむなく逆らって折るときは、ボールペンなどで折り線を強く描き、紙にへこみをつけておく。
・手に木工用接着剤がついていると毛糸が手についてしまうので、よくふいてから貼る。

① つのやキバを貼る

子 お面用の色画用紙の上下を折ります。色画用紙で作ったつのやキバをのりで貼ります。クレヨンでつのに模様を描きます。

② 毛糸を貼る

子 折り返した上下の部分に木工用接着剤を塗り、その上に毛糸を置くようにして貼ります。
保 「手が汚れたら、よくふいてね」

③ 輪ゴムをつける

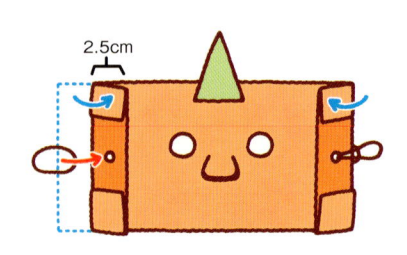

保 両端を2.5cmずつ裏側へ折り返してパンチで穴を開けます。輪ゴムを穴に通して取りつけます。

2月 節分 貼り絵の鬼のお面

1 2 **3 4 5** 歳児

ねらい ▶▶▶ ●色や形の組み合わせを楽しむ ●バランスを意識して製作する

用意するもの
色画用紙（二つに折って切り取り線を描いておく）／はさみ／のり／クレヨン／テープ・ホッチキス（保育者用）

製作のポイント
・目やつのの位置などが左右に離れすぎると、かぶったときに正面にこなくなるので、口の上の辺りに作るようにする。

第1章 ✿ 季節の製作

---

1 色画用紙のパーツを貼る

子 色画用紙を二つに折って、口の部分を切り取ります（開いたとき、5cm×13cmになる程度）。広げて、色画用紙で作ったつのや目鼻などを貼ります。
保 「まずは口の上に鼻を貼ってみよう」

2 クレヨンで描く

子 クレヨンでつのや目鼻に描き込んだり、ひげを描いたりします。

3 後ろをとめる

保 子どもがお面をつけて、目の位置に切り取り部分がくるように合わせて、後ろの上部をホッチキスでとめ、テープでカバーします。

2月 節分 フリンジの鬼のお面

1 2 3 **4 5** 歳児

ねらい ▶▶▶ ● 中心を意識してバランスよく作る ● はさみの技術を高める

用意するもの

色画用紙（お面用はA4サイズよりひと回り大きいものを❷のように折り、目の穴をカッターで開けておく。顔につける帯用は、細長く切っておく）／綿ロープ／輪ゴム／はさみ／のり／木工用接着剤／クレヨン／テープ・ホッチキス（保育者用）

製作のポイント

・切り込みを入れるときは、深く入れすぎないように保育者が実演するとよい。

---

① 帯を作る
子 細長い色画用紙を真ん中で半分に折り、帯にします。

② お面に帯を取りつける
片側半分にのりをつけて貼る　5cm
子 折った帯の片面にのりをつけ、お面上部の折り目に、帯をはさんで貼ります。

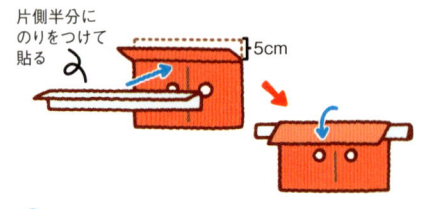

③ 顔のパーツを貼る
子 綿ロープのまゆ毛と色画用紙で作ったつのと鼻をお面に貼ります。

④ クレヨンで描く
子 クレヨンで髪の毛やひげ、口などを描きます。

⑤ 切り込みを入れる
子 前髪とひげに切り込みを入れます。
保 「はさみはパッチンと1回ずつね」

⑥ 輪ゴムをつける
裏面　輪ゴム　ホッチキスでとめる 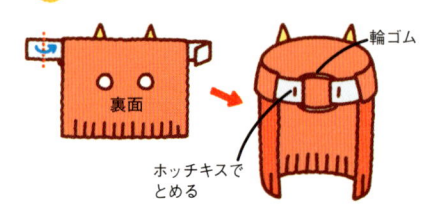
保 帯の両端を折り返して輪ゴムをはさみ、ホッチキスでとめテープを貼ります。

2月 節分 紙袋の鬼のお面

1 2 3 4 **5** 歳児

ねらい ▶▶▶ ● 立体的な造形感覚を養う ● 手先の巧緻性を高める

技法の解説
▶ 紙を折る・丸める
P.146

用意するもの

紙袋（切る目安を描いておく）／紙テープ（7cm程度に切っておく）／色画用紙（つのの用は扇形に切っておく）／新聞紙／木工用接着剤／のり／はさみ／クレヨン／テープ／軸が丸い鉛筆など／洗濯ばさみ

製作のポイント

・紙袋をよく広げてから切らないと、紙を重ねたまま切ってしまうので注意。
・つのを作るときは、のりがくっつくまで、洗濯ばさみではさんでしばらく置く。

第1章 季節の製作

1 紙袋の準備をする

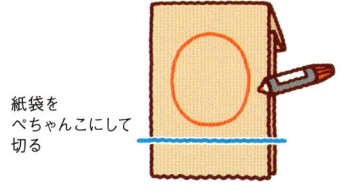

紙袋をぺちゃんこにして切る

保 適当な長さに切り、顔を出す部分を、太い赤ペンなどで目立つように描きます。

2 紙袋を広げる

子 紙袋を広げて立体にします。
保 「ビルみたいに四角くなったかな？」

3 紙袋を切る

子 すそからはさみを入れて赤線を切り、切り込み部分をテープで貼って閉じます。

4 紙テープと新聞紙を貼る

子 鉛筆でカールさせた紙テープ、ねじった新聞紙を木工用接着剤で紙袋に貼ります。

5 つのを作る

子 扇形の色画用紙にクレヨンで描き、円すいにしてのりでとめます。

6 つのを貼りつける

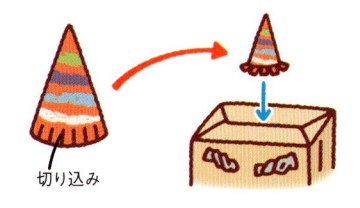

切り込み

子 つののスソに切り込みを入れて折り、紙袋の上にのりで貼ります。

3月 ひな祭り デカルコマニーのおひなさま

1 2 3 4 5 歳児

技法の解説
▶ デカルコマニー
P.123

ねらい ▶▶▶ ● 生の絵の具の鮮やかさを感じる ● 指で絵の具の感触を味わう

用意するもの
色画用紙（2色の同形の色画用紙の間に画用紙を貼ってつなげ、霧吹きで表面をぬらしておく）／色画用紙（おだいりさまやおひなさまの顔を作っておく）／写真／絵の具／トレー／のり（保育者用）

製作のポイント
・複数の色を重ねてつけると混ざってにごりやすいので、色と色を離すようにする。
・白の絵の具を使うと、やさしい印象になる。

① 指でスタンプする
子 指先にそのままの絵の具をつけて、色画用紙に指スタンプを押します。
保「指でぺったん！　あとがついたね」

② こすって写す
子 いったん紙を閉じ、上から指でこすって模様を写してから開きます。
保「模様がきれいに写ったね！」

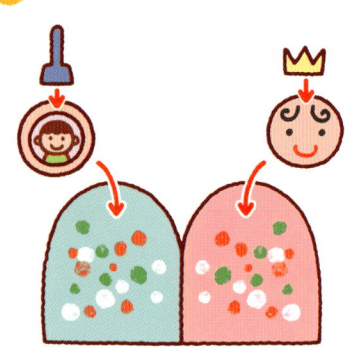

③ 顔や写真を貼る
保 絵の具がよく乾いてから、色画用紙の顔や写真を貼ります。

3月 ひな祭り 芯材のおひなさま

1 2 3 4 5 歳児

ねらい ▶▶▶ ●顔を描くことに挑戦する ●2色の色の違いを楽しむ

用意するもの

トイレットペーパー芯（斜めに半分に切っておく）／色画用紙（丸く切っておく）／金の折り紙／牛乳パック（500㎖・切り開いておく）／水性ペン／赤と青の等量溶き絵の具／トレー／木工用接着剤（保育者用）

製作のポイント

・絵の具は大きめの発泡トレーに入れておく。
・絵の具が乾いたあとにシールなどを貼るとにぎやかになる。

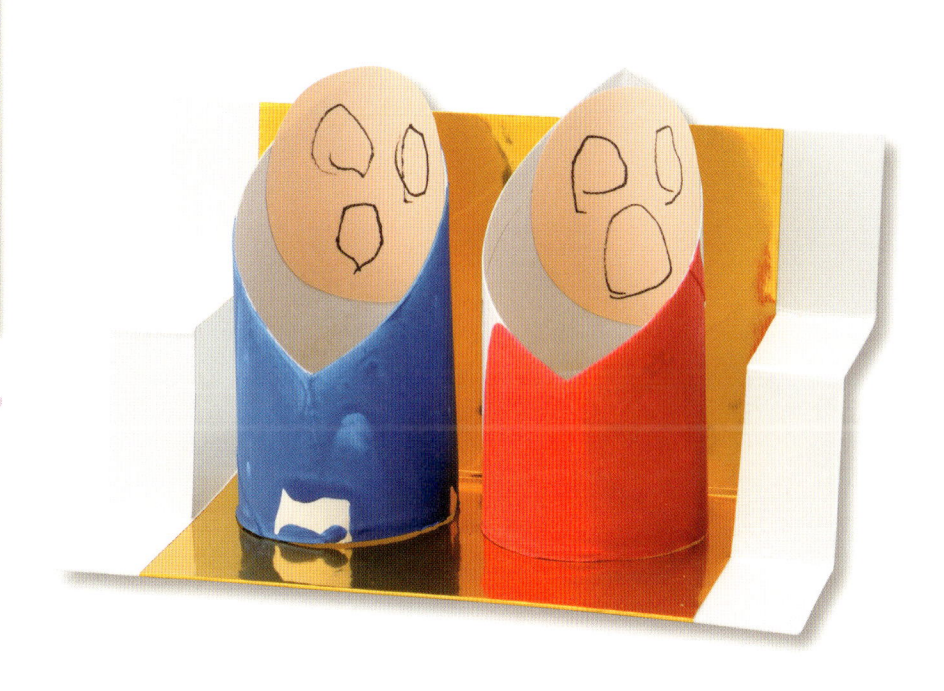

第1章 季節の製作

① 芯に絵の具をつける

子 絵の具を入れたトレーに芯を入れて転がし、色をつけます。
保 「絵の具の中でコロコロするよ」
保 保育者が芯を取り出して乾かします。

② 顔を描く

子 色画用紙にペンで顔を描きます。
保 木工用接着剤で芯に顔を貼ります。

③ ひな段を作る

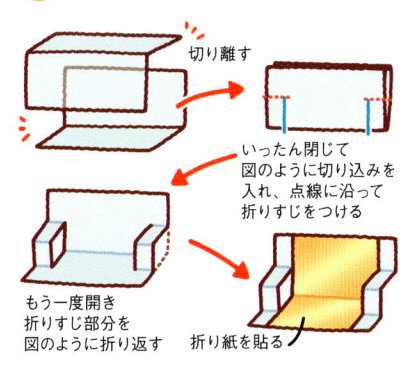

切り離す
いったん閉じて図のように切り込みを入れ、点線に沿って折りすじをつける
もう一度開き折りすじ部分を図のように折り返す
折り紙を貼る

保 牛乳パックを階段状に折ります。金の折り紙を木工用接着剤で牛乳パックに貼ります。おひなさまをひな段にのせて飾ります。

3月 ひな祭り 野菜スタンプおひなさま

1 2 **3 4** 5 歳児

技法の解説
▶ スタンプ
P.126

ねらい ▶▶▶ ● 野菜の断面が見せる、思いがけない模様のおもしろさを楽しむ

用意するもの

色画用紙（着物と顔の形に切っておく）／画用紙（切り込み線を描いておく）／金銀の折り紙／オクラ（スタンプできるように切っておく）／濃いめの溶き絵の具／はさみ／のり／水性ペン／トレー／タオル（下敷き用）

製作のポイント

・スタンプするときは、野菜を直接絵の具につけて行ってもよいが、1回ずつ筆で塗って押すとよりきれいに写る。

裏側は…

① 色画用紙を用意する

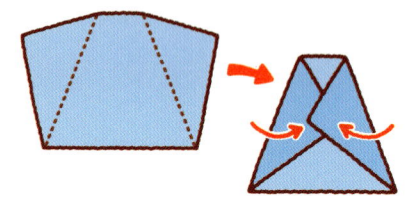

（保）2色の色画用紙を図のように切り、折っておきます。

② 野菜でスタンプする

（子）机にタオルを敷いて色画用紙をのせ、オクラでスタンプをします。

③ 顔を作る

（子）乾いたら顔の色画用紙を貼って、水性ペンで顔を描きます。

④ 台紙に切り込みを入れる

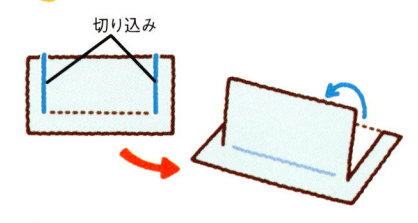

切り込み

（子）台紙の切り込み線に沿って切り、立たせます。

⑤ 台紙に貼る

（子）台紙に金銀の折り紙を切って貼り、おひなさまを貼ります。

⑥ 裏の部分を折り込む

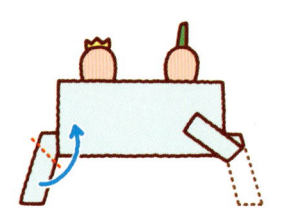

（保）台紙の左右の部分を裏に折り込みます。

3月 ちぎり貼りのおひなさま

ひな祭り

1 2 **3 4** 5 歳児

ねらい ▶▶▶ ●和風のデザインを楽しむ ●紙を立体にする方法を学ぶ

用意するもの

色画用紙（20cm×12cm程度に切って、半分に折りすじをつけておく）／千代紙（帯状に切っておく）／のり／クレヨン／はさみ／クリップや洗濯ばさみ

製作のポイント

・両脇ののりがなかなかつかないときは、クリップや洗濯ばさみでとめてしばらくおくとよい。

第1章 ❋ 季節の製作

① 千代紙をちぎって貼る

子 色画用紙の半分に、ちぎった千代紙を貼ります。

② 折って切り込みを入れる

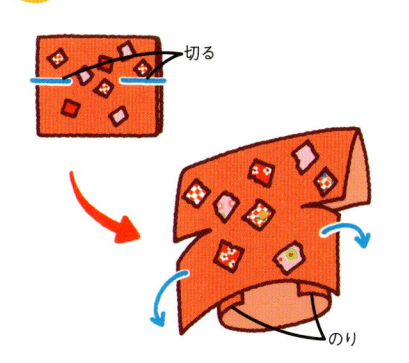

切る / のり

子 のりが乾いたら半分に折り、輪を上にして両脇に切り込みを入れます。脇を重ね合わせて筒状になるように貼ります。

保 「ちゃんと立つかな？」

③ 顔をつける

子 色画用紙で冠や烏帽子、顔を作り、クレヨンで描いて貼ります。

3月 ひな祭り　たたみ染めびな

1 2 3 **4 5** 歳児

ねらい ▶▶▶ ● 身近な素材を製作に生かす　● 染めが生み出すパターンを意識する

技法の解説
▶ たたみ染め
P.129

用意するもの
コーヒーフィルター／色画用紙／新聞紙／薄めの溶き絵の具／ゼリーなどのカップ／はさみ／のり／水性ペン

製作のポイント
・薄い色から染めていく。絵の具は薄いほうが吸いやすいが、乾燥後に色が薄くなるので気をつける。
・フィルターをたたむとき、多く重なりすぎると内側まできれいに染まらないので注意。

---

① フィルターをたたむ

子 コーヒーフィルターをたたみます。
保 「きれいにたたむと、きれいな模様に染まるよ。角や端をちゃんと合わせて折っておこうね」

② フィルターを染める

子 折った角やすそに絵の具をつけて、染めます。
保 「まずは薄い色からつけてみよう」

③ 顔をつける

子 乾いたらコーヒーフィルターを広げ、色画用紙で顔を作って貼ります。新聞紙を丸めてフィルターの内側に入れて立たせます。

76

第2章
通年の製作

★

動かしたり身につけたりしてあそべるおもちゃや
お店やさんごっこの品物にもなる食べ物をたっぷり掲載。
取り組み方に悩むことの多い観察画と自画像も
子どもへの伝え方のポイントとともに紹介しています。

おもちゃ 　**スケルトンバッグ**　　　1 2 **3** 4 5 歳児

ねらい ▶▶▶ ●身近なものを利用して実用品を作る ●透明な素材の質感を楽しむ

用意するもの

ビニール袋／折り紙／リボン／油性ペン／テープ

製作のポイント

- 2歳児の場合は、シールで飾る。
- 上下を間違いやすいので机に置くときに注意。
- 油性ペンで描いてすぐに組み立てるとインクがつくので、少し時間をおく。

---

1 ビニール袋を飾る

保 ビニール袋の上半分を後ろに折り返します。子 ビニール袋に油性ペンで描き、折り紙をテープで貼って飾ります。
保 「ビニール袋は、あいているほうの手でしっかり押さえようね」

2 袋の上半分をかぶせる

保 ビニール袋の上半分を折り返して、折り紙などで飾った面にかぶせます。
子 底の部分をテープでしっかり貼り合わせます。

3 持ち手をつける

子 リボンの持ち手をテープで貼ります。
保 「バッグができたよ。みんなは何を入れる？」

おもちゃ かくれんぼ

1 **2 3** 4 5 歳児

ねらい ▶▶▶ ●絵がかわるしくみを理解する ●滑らかに動かしてあそぶ

用意するもの

牛乳パック（7cm程度の輪切りにしておく）／色画用紙／クレヨン／はさみ／木工用接着剤

製作のポイント

・作品を見せながら作り方を説明すると、しくみがわかりやすくなる。
・四つの絵を描いて全部の面に貼ると、どの面を正面にしてもあそべる。

右へ倒すと…

左へ倒すと…

第2章 通年の製作

❶ 色画用紙に描く

子 色画用紙にクレヨンで三つの絵を描いて、それぞれ切り取ります。

❷ 牛乳パックに貼る

子 輪切りの牛乳パックの3面に、色画用紙を木工用接着剤で貼ります。

❸ 倒してあそぶ

保 「牛乳パックを倒してみると、絵が出てくるよ」
子 牛乳パックを左右に倒して絵の変化を楽しみます。

わぁー出てきたよ

おもちゃ　起き上がりこぼし

1 2 **3 4** 5 歳児

技法の解説
▶ 紙を折る・丸める
P.146

ねらい ▶▶▶ ●紙できれいな輪を作る ●重さと安定のバランス関係に気づく

用意するもの

厚めの画用紙（紙の丸まりやすい方向に注意して、帯状に切っておく）／色画用紙（丸く切っておく）／ビー玉／ガムシロップなどの容器／ペン／テープ

製作のポイント

・ガムシロップの容器がない場合、ビー玉を紙に直接テープで貼ってもよい。
・手足などをつけたいときは、輪の外側に貼ると揺れないので輪の内側に向けて貼る。

1 紙の輪を作る

子 画用紙の帯にペンで描き、輪にしてテープでとめます。

2 輪の内側にビー玉を固定

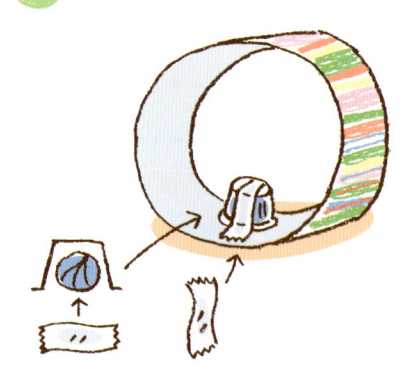

子 容器にビー玉を入れてテープで閉じたら、紙の輪の内側に置いて、テープでしっかりとめます。**保**「つついて揺らしてみよう。ちゃんと止まるかな？」

3 色画用紙を貼る

子 色画用紙に顔などを描き、紙の輪にテープで貼ります。

おもちゃ でんでんだいこ

1 2 **3 4** 5 歳児

ねらい ▶▶▶ ●位置やバランスを考えて作る ●音を鳴らしてあそぶ

用意するもの

ペットボトル（500㎖）／色画用紙／トイレットペーパー芯／たこ糸（10cm程度に切っておく）／ボタン／油性ペン／はさみ／テープ／カラー布テープ（保育者用）

製作のポイント

・ボタンをつけた糸を貼る位置が低すぎると、ペットボトルに当たらなくなるので注意。
・持ち手は、片段ボールを丸めて作ってもよい。

第2章 通年の製作

1 たこ糸にボタンをとめる

子 たこ糸の端にボタンをテープでとめたものを二つ作ります。
保 「ボタンが外れないように、しっかりとめておいてね」

2 ペットボトルに糸を貼る

子 ペットボトルの底近くの左右に、たこ糸の端をテープで貼ります。
保 「貼る位置は、この辺りだよ」

3 顔を貼りペンで模様を描く

切り開く
丸める
差し込む
布テープを巻く

子 色画用紙に顔などを描いて貼り、ペットボトルを油性ペンで塗ります。
保 芯を切り開いて丸め、口に差し込んでカラー布テープを巻きます。

おもちゃ 封筒パペット

1 **2** **3** **4** 5 歳児

ねらい ▶▶▶ ● 人形作りを通して、愛着を持ったり、想像力を膨らませたりする

用意するもの
封筒（20cm×11cm程度の大きさのもの）／折り紙／クレヨン／のり／はさみ

製作のポイント
・子どもの手のサイズに合うように、封筒の長さや幅に注意する。
・封筒の上下を間違いやすいので、机に置くときに気をつける。

---

① 封筒を切る

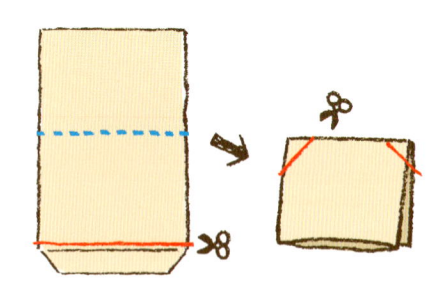

(保) 子どもの手に合うよう適度な長さに切った封筒を用意します。
(子) 封筒を半分に折って、上の角二つを切り落とします。

② 封筒の口を手前に置く

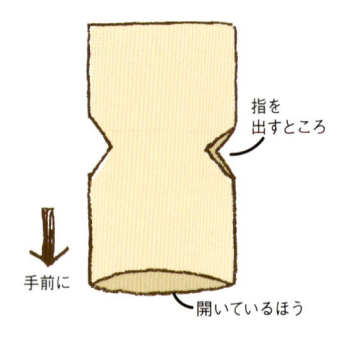

指を出すところ
手前に
開いているほう

(保) 「封筒の開いているところは、下に向いていますか？」「上と下を逆さまにして作るといけないから、気をつけようね」

③ クレヨンや折り紙で飾る

(子) 封筒にクレヨンで絵を描いたり、折り紙を貼ったりして飾ります。

おもちゃ 発泡トレーの船

1 2 **3 4** 5 歳児

ねらい ▶▶▶ ●水に浮かべられるおもちゃを作る ●水に強い素材を知る

用意するもの

牛乳パック（上下を切り落として輪にしておくものと切り開いたもの）／カラーガムテープ（7cm程度に切り、カッターマットなどに貼っておく）／発泡トレー／ストロー／油性ペンや水性顔料系マーカー

製作のポイント

・発泡トレーの代わりに透明ケースやカップを使うときは、円筒形のものは貼りにくいので、なるべく箱形を選ぶ。
・切り開いた牛乳パックに魚などの絵を描いて切り抜いておくと、船といっしょに水に浮かべてあそべる。

第2章 ★ 通年の製作

1 トレーにパックを貼る

子 保育者が手助けし、トレーに牛乳パックをカラーガムテープで貼ります。
保 「すき間に水が入って沈まないよう、テープはギュッと強く貼っておこうね」

2 旗を作る

子 ストローに、油性ペンで絵を描いた牛乳パックをカラーガムテープで貼ります。

3 旗をつけ、ペンで描く

子 牛乳パックにカラーガムテープで旗をつけ、船全体にペンで描きます。

おもちゃ 牛乳パックのトラック

1 2 **3** 4 5 歳児

技法の解説
▶ つなげる
P.150

ねらい ▶▶▶ ●テープを使って「動くしかけ」を作る ●丈夫に作る大切さを知る

荷台を上げると…

用意するもの

牛乳パック1.5個（1ℓ・車体用は、口を閉じておく。荷台用は、❶のように切っておく）／折り紙（窓やタイヤの形に切っておく）／木工用接着剤／テープ／油性ペンや水性顔料系マーカー

製作のポイント

- トイレットペーパー芯を輪切りにして「積み荷」として、荷台に積んであそぶと楽しい。
- 荷台を貼るときは、貼る場所や向きを間違えないように声をかける。

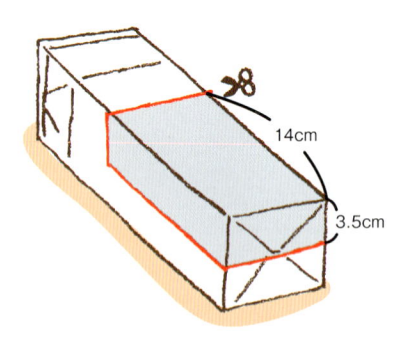

❶ 荷台を用意する

14cm
3.5cm

保 図のように牛乳パックを切っておきます。底の中心の重なった部分は切りづらいので、避けて切るようにしましょう。

❷ 窓やタイヤを貼る

子 車体用の牛乳パックに窓やタイヤの折り紙を木工用接着剤で貼り、ペンで描きます。

❸ 荷台をつけ、ペンで描く

子 貼る場所と向きに注意して車体にテープで荷台をつけます。**保**「どっち向きに貼るのかな？」「こっち側だね」
子 トラック全体にペンで描きます。

おもちゃ 輪ゴムギター

1 2 **3 4 5** 歳児

ねらい ▶▶▶ ●リサイクル素材を活用する ●弦楽器のしくみに興味を持つ

用意するもの
発泡トレー／色画用紙／カラー輪ゴム／油性ペン／はさみ／テープまたはガムテープ

製作のポイント
・輪ゴムの張り方（きつさ・ゆるさ）によって音色がかわるので、張り方をかえるとおもしろい。
・牛乳パックなどの硬い紙を小さく切ったピックで輪ゴムを弾くと、より音が鳴る。

---

① 発泡トレーにペンで描く

子 発泡トレーの内側の面に、油性ペンで描きます。

② 輪ゴムをトレーにかける

子 トレーの長さに合わせて、輪ゴムを3〜5本かけます。
保 「輪ゴムの端っこを持って、ピンとなるようにかけようね」

③ 色画用紙を貼る

子 色画用紙で顔や手足を作り、テープでトレーに貼ります。外れてくるときは、ガムテープで貼ります。

第2章 通年の製作

おもちゃ 時計＆ブレスレット

1 2 **3 4 5** 歳児

ねらい ▶▶▶ ●リサイクル素材を活用する ●色使いをくふうする

技法の解説
▶ 紙のコラージュ
P.144

用意するもの

トイレットペーパー芯／折り紙／広告紙の切り抜き／ペン／はさみ／のり／テープ（補強用に貼り、穴を開けてから輪ゴムを通す）／輪ゴム／パンチ（保育者用）

製作のポイント

・切り抜きは、普段からカタログなどをストックしておくとよい。
・年齢が低い子の場合は、ペーパー芯の輪切りを保育者が行う。

① 芯で土台を作る

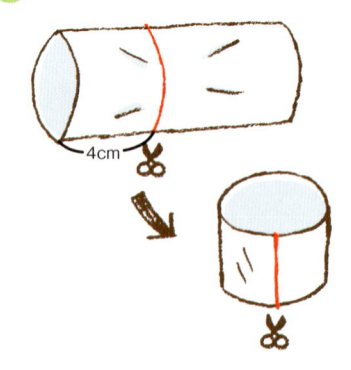

子 トイレットペーパー芯を軽くつぶして4cm 程度の輪切りにし、切り開きます。
保 「細すぎると作りにくくなるから気をつけてね」「そう、そのぐらいだね」

② 紙を貼って飾る

子 折り紙にペンで描いた文字盤や広告紙の切り抜き、重ね切りをした折り紙などをのりで貼って飾ります。

③ 輪ゴムを通して結ぶ

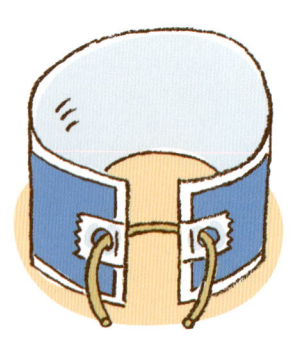

保 両端をテープで補強してからパンチで穴を開け、ひも状にした輪ゴムを通して結びます。

おもちゃ コロコロめいろ

1 2 **3 4 5** 歳児

ねらい ▶▶▶ ●玉の動きを想像しながら作る ●くふうをこらしてコースを考える

技法の解説
▶紙を折る・丸める
P.146

用意するもの

段ボール（A4サイズ程度に切っておく）／色画用紙／画用紙／アルミホイル（10cm程度に切っておく）／油性ペン／はさみ／のり

製作のポイント

・コースをティッシュ箱などの空き箱に、アルミホイルの玉をビー玉にかえて作ってもよい。
・字が書けるようになったら「スタート」や「ゴール」などを書き込むと、より盛り上がる。

第2章 通年の製作

1 色画用紙を段ボールに貼る

子 色画用紙を細長く切り、縦に半分に折ります。段ボールの周囲に貼りめぐらし、玉が転がり落ちないよう囲いを作ります。

2 コースを作る

子 色画用紙や画用紙を折ったり丸めたりしたものを段ボールに貼ります。
保 「あとで玉が通れるように、道の幅に注意してね」

3 アルミホイルを丸める

子 アルミホイルを丸めて、ペンで塗ります。
保 「最初はゆっくり、だんだん早く、最後に指ででこぼこを直して真ん丸にしよう」

おもちゃ

ダンス人形

ねらい ▶▶▶ ●のりしろを理解する ●ユニークな動きを楽しむ

1 2 3 **4** 5 歳児

用意するもの

牛乳パック（3cm程度の輪切りにしておく）／色画用紙／ペン／テープ

製作のポイント

・牛乳パック以外にも、空き箱の輪切りでも作れる。
・製作前に「のりしろ」とは、あとでのりやテープで貼るための場所だと伝えておく。

① 色画用紙で顔や手足を作る

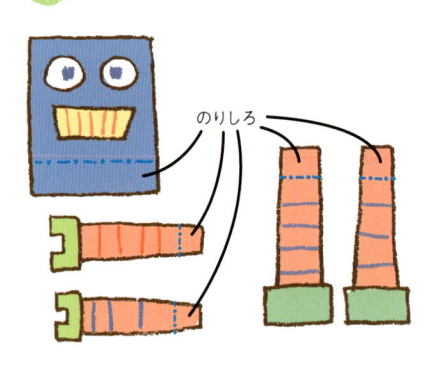

子 色画用紙で顔や手足を作り、のりしろ部分を折り返します。
保 「牛乳パックに貼れるように『のりしろ』を作っておこうね」

② 牛乳パックに貼る

子 牛乳パックに色画用紙ののりしろ部分をテープで貼ります。

③ 動かしてあそぶ

子 牛乳パックの左右を持ち、横に倒したり上下に引っ張ったりしてあそびます。

おもちゃ ジャンプ台

1 2 3 **4 5** 歳児

ねらい ▶▶▶ ● てこで物を飛ばすしくみを知る ● 飛ばし方やあそび方を自分で探す

用意するもの

牛乳パック（500 ml・上部を切り取っておく）／牛乳パック（1ℓ・一面を切り開いておく）／トイレットペーパー芯／色画用紙／折り紙／木工用接着剤／はさみ／テープ／油性ペン

製作のポイント

・画用紙でゴールや池などを作り、そこに入るよう飛ばしてあそぶと楽しい。
・500 ml牛乳パックの代わりに1ℓを切って使ってもよい。

端を指で押すと…

第2章 通年の製作

1 ジャンプ台を作る

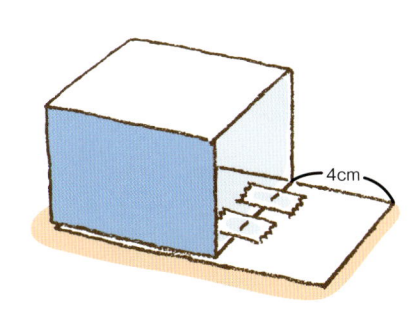

4cm

子 1ℓの牛乳パックの一面の上に、図のように500 mlの牛乳パックを置き、テープで貼り合わせます。周囲に折り紙を貼るなどして飾ります。

2 飛ばす芯を用意する

子 ①を裏返します。軽くつぶしたトイレットペーパー芯を3分の1程度に切ります。芯に折り紙や色画用紙を貼ったり、ペンで描いたりします。

3 飛ばしてあそぶ

エイッ

子 端を指で押し、芯を飛ばしてあそびます。**保**「どこを押すかで、飛ぶ距離や方向がかわるよ」「カいっぱい押すと、壊れてしまうから気をつけてね」

おもちゃ おしゃれベルト

1 2 3 **4 5** 歳児

ねらい ▶▶▶ ●想像を膨らませて表現する ●一つひとつの工程をていねいに行う

用意するもの

色画用紙（四つ切サイズ）／丸い透明プラスチックケースのふた・カラーセロハン・布・レースペーパー・ボタン・色画用紙・折り紙など／のり／テープ／平ゴム／ホッチキス（保育者用）

製作のポイント

・ベルトは、体に巻くと正面中央以外はあまり見えないので、デザインに注意する。
・あそぶうちに壊れないよう、しっかりと貼りつける。

❶ 色画用紙を細長く折る

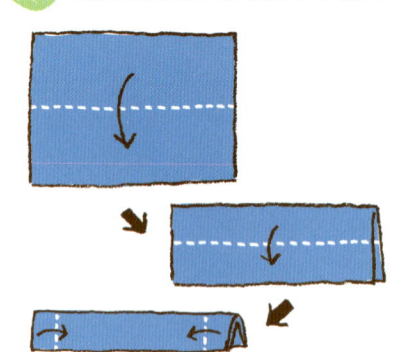

（保）四つ切サイズの色画用紙を半分に折り、さらに半分に折ります。両端を4cmくらいずつ折り返します。

❷ 色画用紙の中心を飾る

（子）ベルトの正面になる部分にいろいろな素材をのりやテープでつけます。
（保）「体に巻いて動いたときに外れないように、飾りはしっかりと貼っておこうね」

❸ ゴムをつけ紙を輪にする

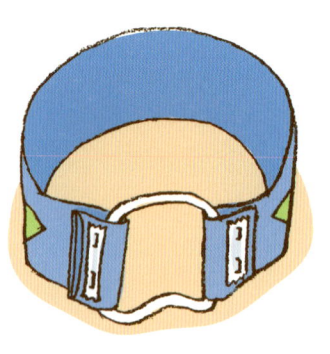

（保）平ゴムを輪にしてベルトの両端の折り返し部分にはさみ、ホッチキスでとめます。ホッチキスの針の上にテープを貼って、カバーします。

90

おもちゃ　いないいないばぁ

1 2 3 **4 5** 歳児

ねらい ▶▶▶ ●動くしくみを理解する　●変化を考えて絵を描く

用意するもの
空き箱／画用紙／等量溶き絵の具／クレヨン／のり／はさみ／トレー

両端を寄せると…

製作のポイント
・切るところや貼るところを間違えやすいので、そのつど確認しながら進めていく。
・空き箱の切るところがわかりにくいときは、保育者が目安の線を描いてから切る。

第2章　通年の製作

① 手形をとる

のりしろ

子 画用紙に絵の具で両手の手形をとって乾かします。乾いたら手首の側にのりしろの余白をつけて切り取ります。

② 空き箱を切り開いて折る

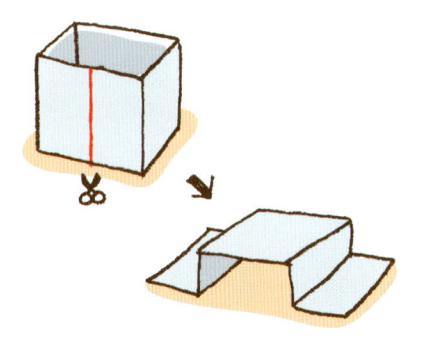

保 空き箱の天地部分を切り落とします。
子 広い面の一つの中央を切り開きます。中表にして折り直します。
保 「両端を持って動かしてみよう」

③ 顔と手形を貼る

子 画用紙にクレヨンで顔などを描き、切り抜いて中央に貼ります。手形を両側面に貼ります。両端を持って引っ張ったり寄せたりしてあそびます。

おもちゃ 封筒のぬいぐるみ

1 2 3 **4** **5** 歳児

技法の解説
▶ 紙をもむ
P.143

ねらい ▶▶▶ ● こすったりもんだり、手全体で造形する ● 作品に愛着を感じる

用意するもの

封筒（クラフト紙でできたもの）／色画用紙／綿／リボン／ペン／木工用接着剤／テープ／はさみ／洗濯ばさみ

製作のポイント

・封筒は大きめのものを使うと、大きなぬいぐるみや枕などができる。
・保育者は、よくもんでガーゼのように柔らかくした封筒を見本として作っておき、導入時に子どもが触っておくと取り組みやすい。

1 封筒をよくもむ

子 破かないように注意しながら、封筒をよくもみます。**保**「ちょっと大変だけれど、いっぱいもんでおけば、あとでふわふわのぬいぐるみになるよ！」

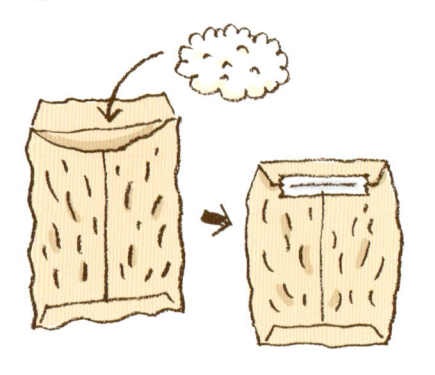

2 綿を詰める

子 封筒に綿を詰めます（詰めすぎに注意）。木工用接着剤で封筒の口を閉じ、上からテープを貼ります。つきにくいときは、洗濯ばさみでしばらくとめます。

3 顔や手足を作る

子 色画用紙を木工用接着剤で貼ったりペンで描いたりして、顔や手足を作ります。リボンを巻いて結びます。

おもちゃ　手足が動くトレー人形

1 2 3 4 **5** 歳児

技法の解説
▶つなげる
P.150

ねらい ▶▶▶ ●軸で物が動くしくみを知る　●細かい作業で指先の巧緻性を高める

用意するもの
発泡トレー／モール（10cm程度に切っておく）／はさみ／油性ペンや水性顔料系マーカー

製作のポイント
・モールが抜けてしまうときは、下中央図のように、モールの先端にテープを旗のようにしてつけるとよい。ただし、モールをトレー自体に貼りつけてしまうと動かなくなるので注意。

第2章　通年の製作

1 トレーどうしをつなげる

子 重ねたトレーにモールを刺して、両側にこぶを作り抜けないようにします。
保「こぶは、カタツムリみたいに巻くといいよ。モールが抜けないことが大事」

モールが抜けるときは

子 モールがまとめにくく抜けてしまう場合は、旗のようにテープをつけると、モールが抜けにくくなります。

2 ペンで描く

子 油性ペンでトレーに顔や模様を描きます。

おもちゃ 空き箱の走る車

1 2 3 4 **5** 歳児

ねらい ▶▶▶ ●車軸のしくみを知る　●車軸の取りつけ位置や間隔に気を配る

技法の解説
▶ 回転させる
P.152

用意するもの

空き箱／ペットボトルのふた4個（目打ちで穴を開けておく）／ストロー／竹ぐし／紙粘土／折り紙／のり／テープ／木工用接着剤

製作のポイント

・ペットボトルのふたは、内側が二重になっていないものを選ぶ（二重のものはとても硬く、目打ちで穴を開けるのが難しいため）。
・竹ぐしがぐらついたり抜けたりしなければ、紙粘土は詰めなくてもよい。

---

① ふたの中心に穴を開ける

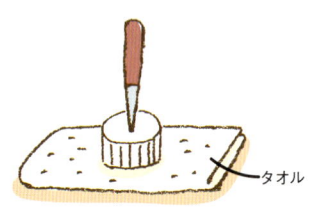

保 ふたの中心に目打ちで垂直に竹ぐしがスッと通る大きさの穴を開けます。

② 竹ぐしに通す

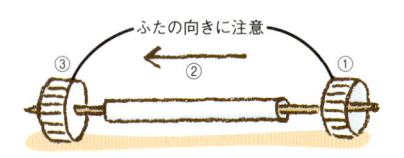

保 ふた、ストロー、ふたの順で竹ぐしに通します。同じものを二つ作ります。

③ ふたに粘土を詰める

保 竹ぐしが抜けないよう、ふたの内側に木工用接着剤を塗り、紙粘土を詰めます。

④ 車軸を平行に貼る

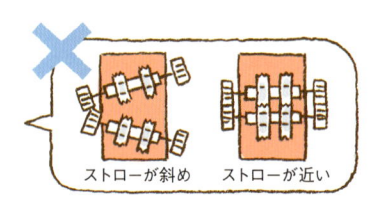

子 空き箱に、2本の車軸が平行になるようにテープで貼ります。

保 「ストローを貼る場所に気をつけてね。斜めだと、車が走らなくなるよ」

（ストローが斜め／ストローが近い）

⑤ 空き箱を飾りつける

子 空き箱に小さな空き箱を重ねたり折り紙を貼ったりして、飾ります。

段ボールのピザ

食べ物

1 **2** **3** 4 5 歳児

ねらい ▶▶▶ ●のりの適量を知る ●色と味を結びつけて表現を楽しむ

用意するもの

段ボール（カッターで円を八等分に切っておく）／折り紙／のり

製作のポイント

・年齢が高い子は、折り紙を具の形にはさみで切ってから貼る。
・具を貼るときの、のりの量に気をつける。

第2章 通年の製作

① 段ボールを切る

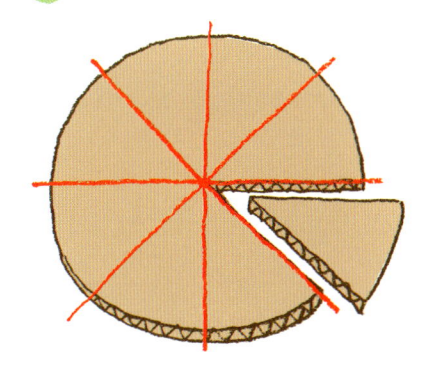

保 段ボールを丸く切ってから、八等分に切り分けます。

② 黄色の折り紙を貼る

子 黄色の折り紙をちぎり、段ボールにのりで貼ります。
保 「みんなはピザが好きかな？　まずはとろ〜り、チーズをたっぷりね」

③ ほかの色の紙も貼る

子 上から、別の色の折り紙をちぎって貼ります。
保 「何がのっているとおいしいかな？　う〜ん、おいしそう！」

| 食べ物 | # プラカップのパフェ | 1 **2** **3** 4 5 歳児 |

ねらい ▶▶▶ ● もんだり丸めたり、手のひらをよく使う ● 多くの素材を使い分ける

用意するもの

プラカップ／新聞紙（B5サイズ程度に切っておく）／お花紙／折り紙／ストロー／スポンジ／ラップ／はさみ／油性ペンや水性顔料系マーカー／テープ／ゼリーなどのカップ

製作のポイント

・2歳児は、プラカップに紙を入れるだけで作る。
・中身が出てしまったら、テープでてっぺんを十字に貼ったり、ラップをかけて輪ゴムでとめたりする。

❶ カップの上に紙を置く
＜アイスクリーム＞

子 折り紙をくしゃくしゃに丸めてから開き、カップの上に置きます。

❷ 上から新聞紙を押し込む

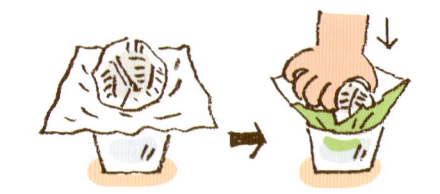

子 カップに丸めた新聞紙を押し込みます。
保 「カップに入る大きさに丸めてね」

❸ カップから取り出す

子 はみ出した折り紙のふちを内側に折り込んで、カップから抜き出します。

❹ プラカップに入れる

子 プラカップの中に、丸めたお花紙やラップ、切ったスポンジなどを入れます。

❺ プラカップに紙をのせる

子 プラカップに❶〜❸で作ったアイスクリームをのせます。

❻ 飾りつける

子 短く切ったストローや折り紙で作った果物などを入れ、テープで貼ります。

食べ物　紙皿のスパゲティ

1 2 **3 4** 5 歳児

技法の解説
▶ たくさん切る
P.140

ねらい ▶▶▶ ● はさみで紙を切る練習をする ● 素材を貼るためにくふうをする

用意するもの

色画用紙（麺用（大）と具材用（小）に分けておく）／紙皿／クレヨン／はさみ／木工用接着剤

製作のポイント

- はさみを使うときは、姿勢や扱い方によく注意する。
- 貼った紙が紙皿から落ちたりはがれたりするときは、上からラップをかけてカバーするとよい。

第2章　通年の製作

1 色画用紙をちぎる

子 いろいろな色の色画用紙をちぎって、具を作ります。

2 色画用紙を切る

子 色画用紙をはさみでたくさん細長く切り、麺を作ります。
保 「はさみを使うときは姿勢よく、おなかと机をくっつけて切りましょう」

3 紙皿に紙を貼る

押しつけるように貼る

子 紙皿のふちにクレヨンで描き、中央に木工用接着剤を多めに塗ります。具と麺を混ぜて両手で握ってまとめてから押しつけるようにして貼ります。

| 食べ物 | # 牛乳パックのおにぎり | 1 2 3 **4** 5 歳児 |

ねらい ▶▶▶ ●手のひらをよく使って丸める ●具をイメージして作る

用意するもの

牛乳パック（切り開いて4cm程度の幅の帯状に切っておく）／新聞紙（4分の1に切っておく）／色画用紙／油性ペンや水性顔料系マーカー／テープ／はさみ／のり

製作のポイント

・梅干しは赤い色画用紙や丸めた赤のお花紙、鮭はピンクの色画用紙をもんでからちぎる、昆布は黒の色画用紙を細長く切るなど、いろいろな具を作ると楽しい。

① 牛乳パックで三角を作る

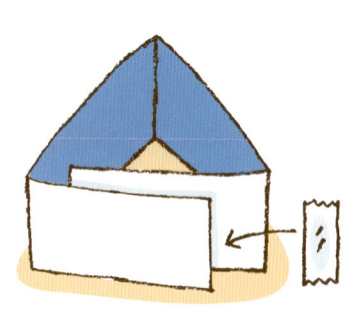

子 牛乳パックの帯の両端を中表に重ねて三角形を作り、端をテープでとめます。
保 「白いほうがご飯になるから外側にくるようにしてね」

② 新聞紙を詰める

子 牛乳パックの三角形の中に丸めた新聞紙を詰め、上からテープを渡して新聞紙が出ないように貼ります。

③ 紙を貼り、ペンで描く

子 ひっくり返して、色画用紙で作った具を貼ります。浮いてしまうときは、裏側と同じくテープを渡して貼ります。ペンで牛乳パックにごまなどを描きます。

食べ物

粘土で作るお寿司

1 2 3 **4 5** 歳児

技法の解説
▶ 紙粘土
P.148

ねらい ▶▶▶ ●手のひらをよく使う ●木工用接着剤を薄く塗り広げる

用意するもの

紙粘土／フェルト・エアパッキン（適当なサイズに切って、ネタごとに分けておく）／色画用紙／画用紙／折り紙／木工用接着剤／油性ペンや水性顔料系マーカー

製作のポイント

・できたお寿司は、発泡トレーに並べたり、緑のバランを添えたりすると雰囲気が出る。
・巻き物は、木工用接着剤や紙粘土を薄く伸ばして作る。

第2章 通年の製作

---

1 紙粘土を丸める

＜にぎり＞

保「お寿司のご飯ってどんな形かな？」
子 紙粘土を俵形に丸めます。

2 フェルトなどをつける

子「わさび」のつもりで木工用接着剤を塗り、フェルトや画用紙などを貼ります。

3 折り紙に紙粘土を貼る

＜巻き物＞

子 黒の折り紙に木工用接着剤を薄く塗り広げ、薄く伸ばした紙粘土を貼ります。

4 紙をのせて巻く

子 紙粘土に木工用接着剤を塗って、端にねじった色画用紙を置いて巻きます。

5 紙粘土に紙を貼る

＜軍艦巻き＞

子 俵形に丸めた紙粘土の側面に木工用接着剤を塗り、黒の折り紙を貼ります。

6 エアパッキンを貼る

子 エアパッキンをペンで塗り、紙粘土の上に木工用接着剤で貼ります。

食べ物

ハンバーガーセット

1 2 3 4 **5**歳児

ねらい ▶▶▶ ●本物の形を意識しながら造形する ●紙で包む練習をする

用意するもの

クラフト紙／新聞紙／色画用紙／折り紙／お花紙／発泡トレー／紙コップ／ストロー／コーヒーフィルター／はさみ／テープ／木工用接着剤／クレヨン

製作のポイント

・テープを貼りすぎると、木工用接着剤の効きが悪くなるので注意する。
・パンとハンバーグの色が同じにならないように、違う色のクレヨンで塗るようにする。

1 クラフト紙に新聞紙を置く
＜ハンバーガー＞

子 クラフト紙をよくもんで広げます。中央に丸めてつぶした新聞紙を置きます。

2 クラフト紙で包む

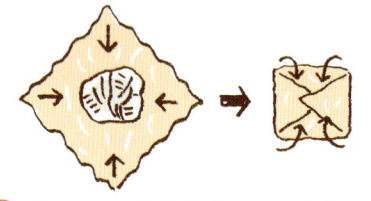

保 「はじめに角から折るといいよ」
子 角を中心に向かって折り、もう一度角を内側に折ります。

3 クレヨンで塗る

子 浮かないようにテープでとめ、上の面をクレヨンで塗ります（パン2個・ハンバーグ1個）。

4 重ねて貼る

パン①／トマト／チーズ／ハンバーグ／レタス／パン②

子 色画用紙で具を作り、パンなどと木工用接着剤で貼りながら重ねます。

5 紙コップに紙を詰める
＜ジュース＞

子 丸めたお花紙と短く切ったストローを紙コップに入れ、周りに模様を描きます。

6 折り紙をねじる
＜ポテト＞

子 黄色の折り紙を細長く切ってねじり、模様を描いたコーヒーフィルターに入れます。

食べ物 デコレーションケーキ

1 2 3 4 **5**歳児

ねらい ▶▶▶ ● 円筒の作り方を学ぶ ● 中心を意識してバランスよく飾る

用意するもの

画用紙／色画用紙／紙テープ／紙粘土／ビーズ／モール／ボタン／のり／テープ／はさみ／木工用接着剤／クリップ

製作のポイント

・紙粘土の量が多いと、重さや水分で変形やへこみが起きやすくなるので、細いひも状にするなど、少量を効果的に使うとよい。
・ビーズやボタンなどを貼るときは、紙粘土の上に木工用接着剤を塗り、そこに埋め込むようにする。

---

① 色画用紙を円筒にする

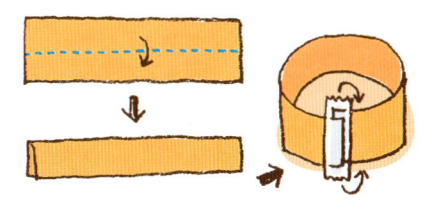

子 色画用紙を半分に折ってのりで貼り合わせ、円筒にしてテープでとめます。

② 円筒を乾かす

子 巻き終わりに大きいクリップをつけておき、乾かします。

③ 画用紙を貼る

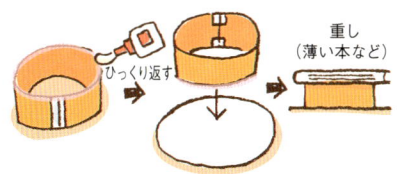

重し（薄い本など）

子 円筒のふちに木工用接着剤を塗り、丸い画用紙を貼ります。重しをして乾かします。

④ 画用紙のふちを折る

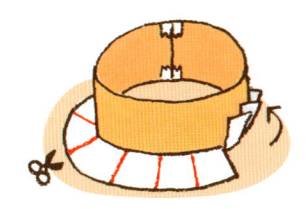

子 画用紙のふちに切り込みを入れて、円筒に沿って折ります。

⑤ 紙粘土やモールで飾る

ひっくり返す

子 紙粘土やモールなどを木工用接着剤で、紙テープを円筒にのりで貼ります。

⑥ ビーズやボタンで飾る

子 ビーズなどを紙粘土に埋め込みます。
保 「バランスよく飾ってみよう」

第2章 通年の製作

101

描画 — 観察画

1 2 3 **4 5** 歳児

モチーフのどこを見るのか、具体的に話しかけながら進めましょう。

ねらい ▶▶▶ ● ものを見ながら描くことで、これまで気づかなかった特徴や質感に気づく

モチーフの選び方

● 形がとらえやすいものを選びましょう。

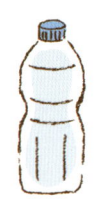

● 子ども一人につき1点用意し、手元に置きます。（利き手と反対側が見やすい）

形が単純なもの
ミカンなど形が単純なものは、色が変化していたり傷やへこみなどがたくさんあるものを選びます。

大きすぎるもの
キャベツやハクサイなど大きすぎるものは、描きにくいので1枚の葉だけにします。

紙の大きさ

● モチーフを原寸で描くのが基本。紙の縦横比も、できるだけモチーフに合わせます。

イチゴ・ミカンなど — 正方形の紙

バナナ・ニンジンなど — 長方形の紙

ゴボウ・ネギなど — 極端に細長い紙

画材

基本
クレヨン・絵の具
例 バナナ、ビンなど

● **細かいものを描くとき**
鉛筆・色鉛筆
例 貝、クリなど

● **泥っぽいものを描くとき**
墨汁・割りばしペン
例 ジャガイモ、ゴボウなど

取り組み方

① モチーフを観察する

例／エリンギ（クレヨン、鉛筆）

見るだけでなく触ったり匂いをかいだりして興味を持たせます。子どもに漠然と「よく見なさい」と言ってもどう見ていいのかわかりません。具体的にどこを見るのか、伝えることが大切です。

> 保：キノコは、いくつくっついてる？

> 保：いちばん大きいキノコと、いちばん小さいキノコでは、長さや太さはどのくらい違う？

> 保：みんなの指と比べて、どのくらい太い？ 細い？

> 保：かさの色は、何色だろう？ 何の色に似ているかな？

② 大きさを確かめる

描き慣れないものは小さく描いてしまいがちです。はじめに紙の上にモチーフを置いて実際のボリュームを体感し、「このくらいの大きさだな」とイメージを作ってから描き始めます。

> 保：紙の上にキノコをのせてごらん。けっこう大きいね！ みんなも、このくらい大きく描くんだよ

キノコを紙からおろして、

> 保：はじめに大きいキノコから描きます。実際に描く前に、どのくらいの大きさだったか、指でなぞってみよう

> 保：大きいキノコを大きく描いておくと、あとで赤ちゃんキノコを小さく描けるよ。楽しみだね

第2章 ★ 通年の製作

③ 輪郭線を描く

こげ茶のクレヨンを使います。こげ茶には三原色（赤、青、黄）が含まれているので、何色のモチーフともよく合います。またこげ茶は木や土の色でもあるので、自然物や生き物を描くのに特に適しています。輪郭線を描くときは、なぐり描きのような乱暴な線にならないように、ゆっくりと描きます。

> 保：息をそーっと吐くようにして、ゆっくりと静かに描きましょう

> 保：キノコの長さと、自分の描いた線の長さを比べてごらん。短かったら描き足そう

④ 色を塗る

モチーフの色と似た色になるように、クレヨンを重ね塗りします。色を選ぶのは子どもには難しいので、どの色を使うとよいか具体的に伝えましょう。

> 保：かさのところを塗るときは、茶色と黄色を混ぜてごらん

> 保：黄色が濃くなりすぎたら、灰色も塗ってみよう

> 保：色がうまく混ざらないときは、指でこするといいよ

> 保：細かいすじは鉛筆で描こう

完成！

作品例

●ミカン

【画材】鉛筆、色鉛筆、クレヨン
【注意点】実際に描く前に、指でぐるぐると円を描く練習をしましょう。点々は仕上げに色鉛筆で。

●オクラ

【画材】鉛筆、色鉛筆
【注意点】色が単調になりやすいので、緑系の色鉛筆を何色か用意します。（黄緑、緑、深緑など）

●カボチャ

【画材】クレヨン、絵の具
【注意点】絵の具をベッタリ塗ると自然さが出ないので、オレンジ色や黄土色などの色むらが出るように、トントンと筆を置くようにして塗ります。

●スプーン

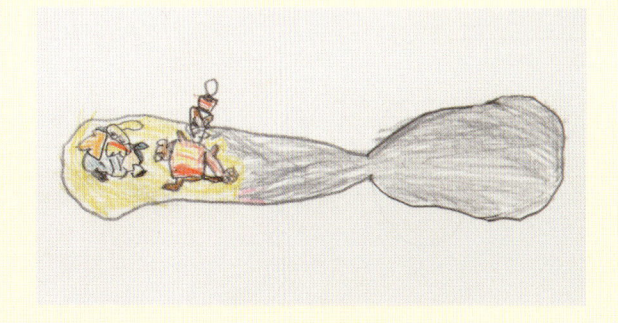

【画材】鉛筆、色鉛筆
【注意点】金属などを塗るときには銀色を使うと効果的。すき間なく塗るよう声がけします。すてきなイラストなどがついていると、少し難しくても子どもはがんばって観察します。

描画 ★

自画像

描きやすい手順やコツをていねいに子どもに伝えて、楽しく取り組みましょう。

1 2 3 **4 5** 歳児

ねらい ▶▶▶ ● ありのままの自分の顔をよく観察し、見たとおり素直に表現する

画材

クレヨンと絵の具が適しています。
●クレヨン／こげ茶、(黒)
目や髪などを描くときだけは黒を使いたいという子もいるので、その場合は黒も使います。
●絵の具／黄土色、オレンジ色、白、茶色、など
肌の色は個人差があるので、絵の具はできるだけ幅広い色を用意して、混ぜて使います。

取り組み方

1 観察する

鏡を見ながら顔の輪郭をぐるりと指でなぞって、形や大きさを確認します。鏡がない場合は、目を閉じて自分の顔の輪郭を指でなぞったり、手のひらでほっぺのふくらみやアゴのかたさを感じたり、まゆ毛に触ったりします。

2 輪郭を描く

実際に描く前に、人差し指を紙の上に置き、「このくらいの大きさや形で描く」と意識しながら輪郭の形をぐるぐるとなぞってみます。適度な大きさや形をなぞれるようになったら、こげ茶のクレヨンで輪郭線を描きます。

> (保) 輪郭を小さく描くと、あとで目や口が描きにくいから、大きく描いたほうがうまくいくよ

3 鼻を描く

鼻は立体的で、顔の中でいちばん描きにくいパーツです。自分の鼻を指でなぞって、末広がりの形と、小鼻のふくらみを確認します。輪郭の中央に描きます。

> (保) 下のほうがぷくっとふくらんでいるね

> (保) いい匂いがかげるように、鼻の穴もちゃんと描こう

④ 目を描く

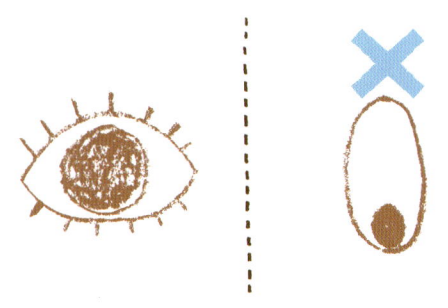

アニメのキャラクターなどの目はたいてい縦長ですが、実際の目は横長であることを確認します。まつ毛が汗やホコリから目を守ってくれていることも話しましょう。黒目を小さく描くと目つきが悪く見えるので、適切な大きさになるようにアドバイスします。

- 保 目は葉っぱみたいな形をしているよ
- 保 黒目は真ん中だね。何が写ってる？
- 保 上のまつ毛と下のまつ毛ではどちらが長いかな？

⑤ まゆ毛を描く

短い毛が一本一本生えていることを確認します。さらに指で触って、濃さや薄さ、毛の生えている方向などを感じます。

- 保 まゆ毛は短い毛の集まりだよ
- 保 一本一本描こう

⑥ 口を描く

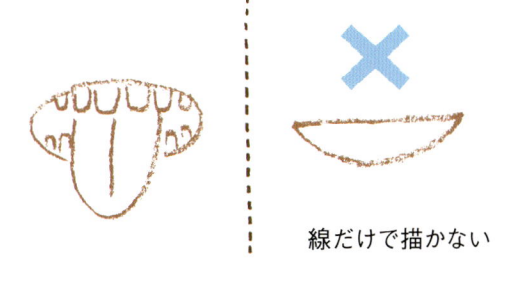

口を開けて口の中を観察します。舌も描き足すと、表情豊かでおもしろい絵になります。

- 保 歯の抜けているところはあるかな？
- 保 あっかんべーをすると、下の歯がペロで隠れて見えなくなるね

線だけで描かない

⑦ 耳を描く

耳は複雑で、子どもが正確に描くのは難しいので、耳の穴だけ描ければ周りはぐるぐるでもよいでしょう。

- 保 耳は迷路みたいだね！
- 保 耳の穴を描いて、音がよく聞こえるようにしよう

第2章 ★ 通年の製作

8 髪の毛を描く

髪はまとめて描かない。

髪の毛は一本ずつ描きます。前髪のある子は、前髪がまゆ毛についているかどうかなど、長さを調べてから描きます。

> 保：長い髪を描くときは、ていねいにゆっくり描こうね

9 顔の色を塗る

引っ張るようにして塗らない。

絵の具で塗ります。均一な色でベッタリ濃く塗ると生彩がなくなるので、水分をやや多めにし、筆をトントンと置くようにして、自然な肌に見えるようにします。

> 保：ゴシゴシ・ベトベト塗らずに、優しくトントンと塗ろう

> 保：寒いときや暑いときに、ほっぺたや耳が赤くなることがあるね。だからほっぺたや耳を少し濃い色にすると、本当の肌みたいに見えるんだよ

作品例

【画材】クレヨン、絵の具
白い紙に顔だけを描いたもの。耳を描く位置は、目と鼻の間がちょうどよい。

【画材】クレヨン、絵の具
クリーム色の紙に顔を描いたあと、子どもが自由に首や肩を加筆したもの。周りには自分の好きな食べ物や飾りをプラス。

第3章
製作技法

はじき絵やデカルコマニー、スタンプ、スクラッチなど
幅広い製作技法の手順を写真で解説しています。
それぞれの技法を使った展開例の作品もついているので
年齢に合わせて、いろいろな技法に取り組んでみましょう。

絵の具について

絵の具は、水の量をかえたり色を混ぜ合わせたりすることで、さまざまな表現が楽しめます。ここでは、絵の具の種類や基本的な溶き方について紹介します。

種類

水彩絵の具
一般に子どもがよく使う絵の具です。ポリチューブ容器で個人用の12色セットから、共同製作に便利なジャンボサイズまであります。手軽に使えて、安価です。透明水彩も水彩絵の具の一種ですが、こちらは一般に大人向けで高価です。

ポスターカラー
不透明で発色がよいのが特徴の絵の具です。むらなく均一に色を塗るのに適しています。水彩絵の具の一種ですが、子ども向けの一般的な水彩絵の具よりも高価です。

アクリル絵の具
紙や木のほかに、発泡トレーやプラスチックなど、水彩絵の具でははじいてしまうような材料に使うことができます。速乾性で、一度乾くと耐水性になるので、重ね塗りができます。

● 等量溶き絵の具

絵の具を溶くときの基本は、「絵の具1：水1」です。使う道具や紙の種類によって、濃さを調整して用います。また、一度に水を入れてしまうと濃度が均一になりにくいので、少しずつ水を加えながら溶きましょう。

基本の溶き方
絵の具　水
1：1

画用紙＋筆 　　画用紙＋綿棒 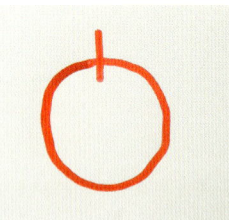　　画用紙＋タンポ 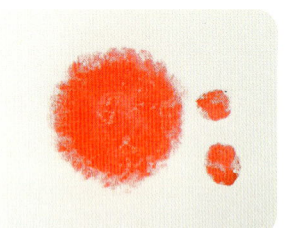　　障子紙＋筆

● 濃いほうがよい場合

スタンプに用いる場合は、水の量をやや少なくして、濃いめに絵の具を溶きましょう。スタンプの写りがよくなります。水が多いとくっきり写りません。

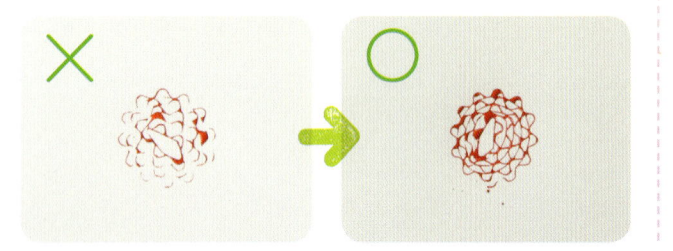

● 薄いほうがよい場合

たたみ染めでは、障子紙が絵の具を吸いやすいように、水の量をやや多めにしましょう。ただし、薄めすぎると乾いたときに色が薄くなるので注意しましょう。

画用紙＋スタンプ　　　　障子紙＋たたみ染め

● **石けん絵の具**

水彩絵の具に石けん液（または洗剤）を混ぜると、石けんに含まれる界面活性剤が働いて、プラスチックなどの水をはじく素材にも用いることができます。ただし、紙が絵の具を吸い込むのとは違って、絵の具が素材の上にのっているだけの状態なので、引っかくと簡単にはげてしまいます。

作り方
絵の具
＋
少量の水
＋
石けん液

発泡トレー

ペットボトル

スチレン版画

スタンプ
エアパッキン
油粘土
消しゴム

ペンについて

ペンは、準備がいらず手軽に使えて扱いやすいのが魅力です。線を描く、色を塗るといった基本的なものから、模様を描き込むなどの細かな表現まで幅広く使えます。種類の特徴や作品例を参考に、素材や技法に合わせてペンを使い分けましょう。

種類

水性ペン
色のバリエーションが豊富で、発色がよく、安価です。水性インクなので、水で色をにじませることができます。直射日光に当たると退色するので、作品の保管には注意が必要です。

油性ペン
紙や木をはじめ、布や牛乳パック、プラスチックなどさまざまな素材に利用できます。水性ペンに比べて色のバリエーションは少ないです。薄い素材に描くときは、裏写りに注意しましょう。

水性顔料系マーカー
一般のペンが染料（色の液体）を含むのに対し、顔料（色の粉）を含んだペンで、代表的な商品に「ポスカ」があります。発色がよく耐水性で、油性ペンのように多くの素材に描けます。

水性ペン にじみ絵
水性ペンで障子紙に描いた上から水をつけた筆でにじませます（P.16「にじみこいのぼり」）。

油性ペン ビニールに描く
ビニール袋に油性ペンで絵を描き、折り紙やシールなどを貼ります（P.78「スケルトンバッグ」）。

油性ペン 発泡トレーに描く
発泡トレーに油性ペン（水性顔料系マーカーでも可）で描きます（P.93「手足が動くトレー人形」）。

水性ペン＋油性ペン にじみ絵
にじまない油性ペンで輪郭を描き、にじむ水性ペンで塗った上から水をつけます（P.139「雨」）。

第3章 製作技法

筆で描く

技法のポイント
- 絵の具の適量や濃さを感覚で覚える
- 筆の扱い方を覚え、描画の基本を身につける

| **用意するもの** | 紙／筆（丸筆の大と小）／等量溶き絵の具 |

製作前に
- 紙に押しつけたときに、つぶれずに弾力がある筆が使いやすい。
- 水にぬらしても穂先がバサバサと開く筆は、きれいな線が描けない。

筆に絵の具をふくませる

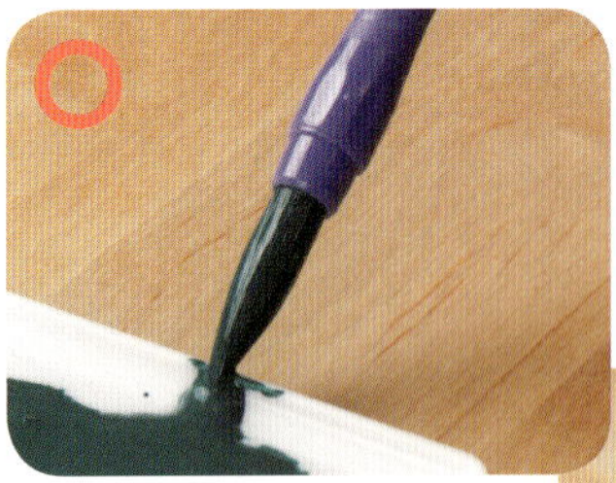

注意点
描き始めるときは、必ずパレットと水は利き手と同じ側（右利きなら右側）に置きましょう。

筆に絵の具をつけるときは、まず筆に絵の具をたっぷりふくませてから、パレットなどのふちでこすって余分を取ります。筆の先から絵の具が落ちるのは、つけすぎです。

太い線と細い線を描き分ける

筆の穂先に意識を集中して、太い線と細い線を描き分けます。太い線は、筆を紙にぎゅっと押しつけて描き、細い線は、筆の穂先だけを紙につけて描きます。

色をかえるときは…

注意点
絵の具が残っていると色が混じってしまうので、バケツの水は汚れたら取りかえるようにします。

絵の具の色をかえるときは、筆を水でよく洗いましょう。黒や紺などの濃い色は、なるべく最後に使うとよいです。

プラスワン　使った筆は、水に寝かせてつけておくと根元から汚れが溶け出てきます。保管する際は、必ず穂先を上にします。

展開例

太い筆と細い筆を使い分けて描く

4・5歳児 雨降り

まず灰色をつけた太い筆でもくもくと雨雲を描きます。そのあと、青をつけた細い筆で雨を描きます。
紙の下のほうに、家や木などを描き加えます。

筆の使い方を意識して線の太さを描き分ける

4・5歳児 大きな木

「太い・細い」の線の違いを意識して取り組みます。最初に、太い筆で下は太く上は細くなるように幹を描きます。次に、細い筆で幹から生えるように枝を描き、小枝を1本ずつ枝から出るように描きます。細い筆で枝の先の葉や木の下の草を加えます。

第3章 製作技法

綿棒で描く

技法のポイント
- 筆の扱いに慣れていない子でも、絵の具での描画を楽しめる
- 小さな紙にも絵の具で描画がしやすい

用意するもの　紙／綿棒／等量溶き絵の具／ペットボトルのふた

製作前に
- 綿棒は色をひんぱんにかえるのには向かないので、色を限定して使うようにするか、黄→赤、黄→緑のように混ざってもにごらない色の組み合わせにする。

点を打つ

注意点
絵の具は、ペットボトルのふたなどの小さな容器に色別に入れておくと取り組みやすいです。

綿棒に絵の具をしみこませて、点を打ちます。深さのある容器に絵の具を入れておくと、綿棒につけやすくなります。

線を描く

綿棒に絵の具をしみこませて、線を描きます。筆で描くのは難しい小さな紙にも、描くことができます。

色をかえるときは…

混ざるとにごってしまう色にかえるときは、綿棒の反対側に絵の具をしみこませて描きます。

プラスワン　カレンダーのようなツルツルした紙（コート紙）に描くと、綿棒の滑りがよく描き心地が楽しめます。

展開例

綿棒で点を打つ

2〜4歳児 レーズンパン

丸い色画用紙に、紫の絵の具をつけた綿棒で点を打ちます。レーズン以外に、黄色でコーン、こげ茶でチョコなどにしても楽しめます。

ツルツルした紙に綿棒で描く

2・3歳児 スパゲティ

コート紙のようなツルツルした紙に、オレンジの絵の具をつけた綿棒でスパゲティの麺を描きます。次に、黄色の絵の具を綿棒につけて具を描き加えます。

綿棒で絵を描く

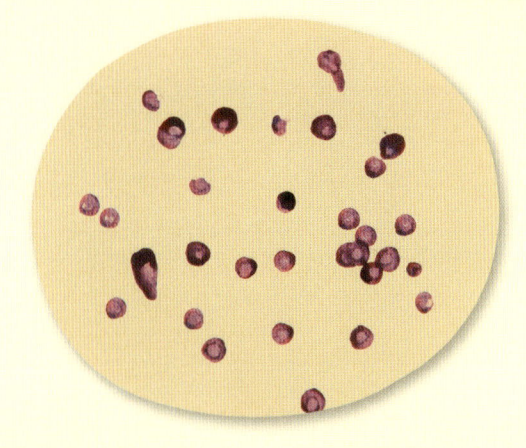

3〜5歳児 顔

丸い色画用紙に綿棒で顔を描きます。
輪郭を描かなくてもよいので取り組みやすい作品です。

綿棒で点を打ったり線を描いたりする

4・5歳児 花火

丸い色画用紙に綿棒で放射状に点を打ったり線を描いたりします。金銀や白、白を混ぜた絵の具で描くと、黒い紙に映えます。

第3章 製作技法

歯ブラシで描く

技法のポイント
- 筆とは違う勢いのある力強い描写ができる
- トゲトゲ、ガサガサした感じがよく出る

用意するもの　紙／歯ブラシ／等量溶き絵の具／ゼリーなどのカップまたはプラスチック容器

製作前に
- 歯ブラシに絵の具がよくつくよう等量溶き絵の具をたっぷり用意して、ゼリーなどのカップやプラスチック容器など深さのある容器に入れておく。

放射状に描く

注意点
コート紙のようにツルツルした紙のほうが、歯ブラシが滑りやすく描きやすいです。

絵の具をつけた歯ブラシを紙に押し当てて、中心から外側に滑らせるように描きます。歯ブラシを押し当てる強さや傾きによってタッチに違いが出ます。

ぬらした紙に描く

注意点
紙のぬらし具合と絵の具の濃度の組み合わせで結果がかなりかわるので、事前に試しておきましょう。

ぬらした紙に描くと、歯ブラシが滑りやすく絵の具がにじむのが楽しめます。描きすぎると全体が均一になり歯ブラシの質感が感じられなくなるので、サッと描くようにしましょう。

展開例

歯ブラシで放射状に描く

4・5歳児　クリ

画用紙に歯ブラシで放射状に描いてクリのいがを表現し、上から色画用紙の実を貼ります。

ぬらした紙に歯ブラシで描く

4・5歳児　波

ぬらした画用紙に歯ブラシで曲線を描き、折り紙で作った魚を組み合わせます。

割りばしペン

技法のポイント
- 強弱やかすれのある線が描画の魅力を高める
- 乾くのが比較的早いので、あまり間をおかず着彩に取りかかれる

用意するもの　紙／割りばし（小枝でも）／等量溶き絵の具または墨汁／ペットボトルのふた

製作前に
- 割りばしを削らずにそのまま使うと、線の強弱が出せる。
- 割りばしの先を鉛筆削りで削ると、とても細い線が描ける。

そのままの割りばしで描く

注意点　絵の具や墨汁は、ペットボトルのふたに入れておくと割りばしをしっかり浸すことができます。

割りばしを絵の具や墨汁に浸してから描きます。割りばしの側面で描くと太くなり、角で描くと細くなり、線に強弱をつけられます。

削った割りばしで描く

先を鉛筆削りで削った割りばしで描きます。とても細い線を描くことができます。

展開例

割りばしで障子紙に描く

3～5歳児　動物

先を削った割りばしに絵の具をつけて、障子紙に描きます。
障子紙は吸水性が高いので、線の強弱やかすれなどの効果がよく出ます。

割りばしで描きクレヨンで塗る

4・5歳児　人

墨汁を浸した割りばしで画用紙に輪郭を描きます。乾いてからクレヨンで色を塗ります。

第3章　製作技法

フィンガーペイント

技法のポイント
- 指で絵の具に直接ふれて、刺激を受ける
- ダイナミックなタッチで表現できる

用意するもの　紙／等量溶き絵の具よりも少し濃いめの溶き絵の具／トレー

製作前に
- 手に絵の具がつくと興奮しやすいので「お母さん指だけね」など話しておく。
- 絵の具は水を混ぜずに使うと乾きにくく作品がくっつくので水で薄めて使う。

点を打つ

注意点
「お母さん指だけで、あとはお休みね」など、前もって指1本だけに絵の具をつけるよう伝えておきます。

指に絵の具をつけて、点を打ちます。手に絵の具がつくのをいやがる場合には、すぐに手がふけるように手元にタオルなどを用意しておきましょう。

線を描く・塗る

注意点
色をかえるには手をふかないといけないので単色または混じってもにごらない色で作ると取り組みやすいです。

指に絵の具をつけて、紙の上を滑らせるようにして線を描いたり塗ったりします。かすれてきたら絵の具をつけ直しましょう。

ぬりたくりをするときは…

作品の製作後に、余った絵の具と新聞紙を使って、手のひら全体で思い切り自由にぬりたくりをするのもよいでしょう。

プラスワン
絵の具をチューブから紙の上に直接出して、霧吹きなどで水をかけながら作ることもできます。

展開例

指スタンプをする

1~4歳児　アジサイ

だ円形の色画用紙に絵の具をつけた指で点々とスタンプをして、色画用紙の葉を貼ります。絵の具の色は、色画用紙と同系色の濃い色にすると、まとまります。

折り紙に指で描く

2~4歳児　綿あめ

折り紙に絵の具をつけた指で描き、色画用紙の棒を貼ります。折り紙は表面がツルツルしているので、指の滑りがよく描きやすいです。

大きさを意識して指で描く

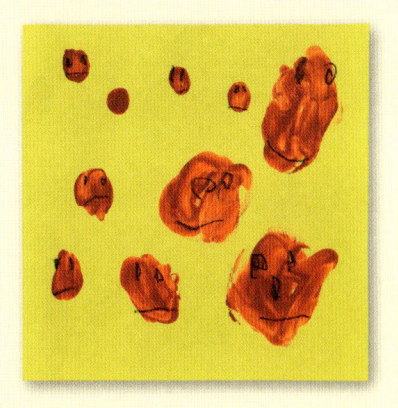

3~5歳児　どんぐり

折り紙に絵の具をつけた指で描きます。小さいものから描き、だんだん大きく描いていきます。乾いてからクレヨンで顔を描き加えます。

紙の上に絵の具を出して指で混ぜながら描く

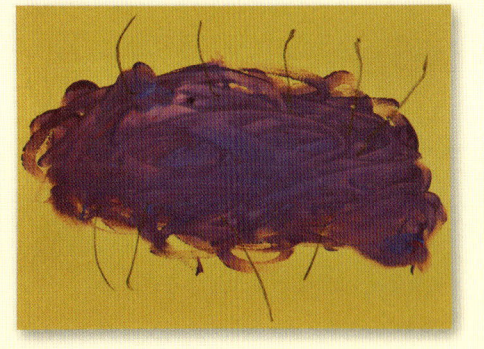

3~5歳児　サツマイモ

色画用紙の上にチューブから直接絵の具（水色、赤、茶色）を出します。水を加え指で色を混ぜながら描き、乾いたらクレヨンでひげを描きます。

第3章　製作技法

はじき絵

技法のポイント
- クレヨンに含まれるろうやパスに含まれる油が水をはじく性質を生かす
- 見えていない線が浮かび上がるようすを楽しむ

用意するもの 　画用紙／クレヨン、パス、ろうそくなど／等量溶き絵の具よりも薄めの溶き絵の具／筆

製作前に
- 絵の具の色や種類によって、よくはじくものとそうでないものがあるので、事前に必ず試して確かめておく。

1 クレヨンなどで描く

注意点
ろうそくのように見えない色で描くときは、導入で実演して見せて浮かび上がることを説明しましょう。

薄い色のクレヨンやろうそくなどで描きます。あとで絵の具をよくはじくように、強めにしっかりと描くようにするのがポイントです。

2 絵の具で塗る

注意点
等量溶き絵の具では濃すぎて絵が見えなくなるので、絵の具は薄めに溶いてはじきやすくします。

クレヨンなどで描いた上から筆で絵の具を塗ります。絵の具をはじいて、絵が浮かび上がってきます。

ろうそくでカバーするときは…

注意点
小さい絵が描けて、ろうそくをすき間なく塗れるようになってから取り組みます。

色鉛筆などで小さな絵を描き、絵の上からろうそくですき間なくしっかり塗ってカバーします。その上から絵の具を塗ります。

プラスワン　絵の具の代わりに墨汁でも、はじき絵ができます。その場合も、事前にどのぐらいはじくかを確認しておきましょう。

展開例

形に切った紙にクレヨンで描き、絵の具を塗る

3〜5歳児 ジュース

コップの形に切った画用紙に白のクレヨンで氷を描き、ジュースに見立てた絵の具を塗ります。画用紙を色画用紙の台紙に貼ります。氷とジュースの組み合わせがイメージしやすく、いろいろな色で塗れるので、はじき絵で取り組みやすいテーマです。

クレヨンとろうそくで描き絵の具を塗る

4・5歳児 雨とカタツムリ

画用紙にクレヨンでカタツムリやカエル、雲などを描きます。そのあと、ろうそくで雨を降らせます。上から絵の具を塗ると、ろうが絵の具をはじいて浮かび上がります。

色鉛筆で描いたものをろうそくでカバーして絵の具を塗る

5歳児 シャボン玉

画用紙にクレヨンでシャボン玉を飛ばす人を描きます。次に、色鉛筆で小さな絵を何点か描きます。色鉛筆の絵の上からろうそくを塗ってカバーしたり、ろうそくで丸く塗ったりします。最後に、上から絵の具を塗ります。

第3章 製作技法

スポンジグラデーション

技法のポイント
- 本来は難しいグラデーションの表現が簡単に楽しめる
- 短時間で効果的な絵画の背景が作れる

用意するもの　　紙／スポンジ／絵の具／トレー

製作前に
- 何度も往復すると、色が混ざってグラデーションにならないので注意。
- 1回で思いどおりにできるとは限らないので、材料を多めに用意する。

1 絵の具を出す

紙の端に3〜4色ぐらいの絵の具をチューブから直接出します。絵の具は、スポンジの幅よりも内側におさまるように出しましょう。

注意点
スポンジの水が多すぎると紙がぬれすぎてうまくいかないので、スポンジは必ず軽く絞りましょう。

2 ぬらしたスポンジでこする

トレーなどで水に浸したスポンジを軽く絞ります。スポンジを絵の具の上に置き、横に滑らせてこすります。

展開例

スポンジで曲線を描く

5歳児　虹

スポンジで半円を描くように絵の具をこすり、虹を表現します。クレヨンで描き足します。

スポンジグラデーションの紙を切り貼りする

5歳児　魚

画用紙にスポンジグラデーションを何回か行います。その紙を切り貼りして魚の形にします。

デカルコマニー

技法のポイント
- 描画とは異なる、偶然できる力強い色や形を楽しめる
- 左右対称のおもしろさを感じる

用意するもの 紙／絵の具または等量溶き絵の具／筆／スプレー／新聞紙（下敷き用）

製作前に
- 絵の具をつけたらすぐに紙を合わせないと乾いてしまうので気をつける。
- 紙を合わせたあともすぐに開かないと、紙がくっついてしまうので注意。

紙に絵の具をのせる

筆で描く

注意点
どちらの場合も、絵の具のつきが悪くて写らないときは、スプレーで水を絵の具にかけて調整しましょう。

半分に折った紙の片側に絵の具をチューブから直接出します。紙を合わせて上からこすり、すぐに開きます。

半分に折った紙の片側に絵の具をつけた筆で描きます。紙を合わせて上からこすり、すぐに開きます。

展開例

形に切った紙で作る

3〜5歳児 キノコ

キノコのかさの形の色画用紙で取り組みます。左右対称の形でいろいろアレンジしましょう。

デカルコマニーをした紙を切り取って立体物に貼る

5歳児 王冠

デカルコマニーをした画用紙を切り取ってカラー工作用紙の冠の土台に貼ります。左右対称の飾りが王冠にぴったりです。

タンポ

技法のポイント
- 筆では表せない独特の温かみが出せる
- 描画にまだ慣れていない子どもでも絵作りを楽しめる

用意するもの　紙／はぎれ／輪ゴム／等量溶き絵の具／スプレー／トレー（水用と絵の具用）

製作前に
- タンポは子どもが作るのは難しいので保育者が用意する。
- タンポにムラができてしまうので絵の具はよく水と混ぜておく。

✸ タンポを作る

丸めたはぎれを別のはぎれにのせて包み、輪ゴムでしばってとめます。余分なところを切り落として持ちやすくします。

注意点
タンポをぬらしておかないと、絵の具の水分をタンポが吸収してしまうため、紙に絵の具がつきづらくなります。

1 タンポを水につけて絞る

タンポを水に浸して全体にしみこませます。水から引き上げギュッと絞ります。

2 絵の具をつけてタンポを押す

絵の具をつけたタンポを紙に押します。かすれるようなら絵の具にスプレーで水を足し薄めて調整します。

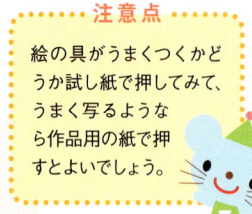

注意点
絵の具がうまくつくかどうか試し紙で押してみて、うまく写るようなら作品用の紙で押すとよいでしょう。

プラスワン
タンポを割りばしの先につけて、筆の代わりにすることもできます。溶き絵の具や墨汁をたっぷりつけて使いましょう。

展開例

タンポを押してからクレヨンで描く

2〜5歳児　サクランボ

画用紙に絵の具をつけたタンポでサクランボの実を押します。クレヨンで茎と葉を描きます。

タンポを点々と押したり埋めるように押したりする

3〜5歳児　雪景色

色画用紙にクレヨンで家や人、地面などを描きます。雪が降ってくるのをイメージして、絵の具をつけたタンポで点々と押したり、地面を埋めたりします。

クレヨンを目安にタンポを押す

3〜5歳児　ブドウ

前もって保育者が画用紙にクレヨンで茎を描き、色画用紙の葉を貼っておきます。クレヨンの茎を目安に、絵の具をつけたタンポを押し、周囲を切り取ります。

タンポを埋めるように押す

4・5歳児　あんパン　ドーナツ

保育者が色画用紙をあんパンとドーナツの形に切っておきます。パンに焼き色をつけるイメージで、絵の具をつけたタンポを押して、全面に色をつけます。

第3章　製作技法

125

スタンプ

技法のポイント
- 写ったものを何かに見立てることで描画のきっかけにできる
- 身近なものや手作りスタンプなど、いろいろな形を楽しめる

用意するもの 　紙／スタンプするもの／筆（1回ずつ筆で絵の具をつける場合）／等量溶き絵の具よりも濃いめの溶き絵の具（スタンプするものによっては石けん絵の具）／トレー／タオルなど（下敷き用）

製作前に
- 絵の具をはじいてしまうときは、石けん絵の具を用意する。
- トレーで絵の具につけるのか、1回ずつ筆でつけるのか、試しておく。

✹ スタンプを作る

片段ボール　　油粘土

芯材 段ボール　　エアパッキン

注意点　油粘土やエアパッキンのように水をはじくもので押す場合は、石けん絵の具を用意しましょう。

身近な素材でいろいろなスタンプが作れます。
片段ボール：筒状に丸め輪ゴムでとめます。油粘土：好きな形を作ります。芯材・段ボール：断面をスタンプにします。エアパッキン：段ボールに巻き持ち手をつけます。

1 スタンプに絵の具をつける

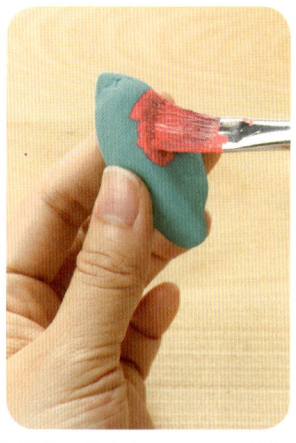

注意点　絵の具の濃さは、押すものにもよりますが、等量溶き絵の具よりも濃いほうがスタンプの形がはっきり出ます。

スタンプに絵の具をつけます。トレーに入れた絵の具につけるほうがよいものと、1回押すごとに筆で絵の具をつけたほうがよいものがあるので、製作前に試しておきましょう。

2 スタンプを押す

注意点　絵の具をつけたら手早く押さないと絵の具が乾燥してつきにくくなります。

絵の具をつけたスタンプを押します。紙の下にタオルなどを敷いておき、少し紙が沈むようにすると、きれいに写ります。

プラスワン　子どもと身近なものでどんなものがスタンプにできるか考えたり、子どもが自分でスタンプを作ったりしても楽しめます。

展開例

油粘土で作ったスタンプを押す

2〜4歳児 グミ

油粘土を丸めて石けん絵の具をつけ、色画用紙に押します。
油粘土は、いろいろな面で押したり、押すうちに形がかわったりするので、形の違いが楽しめます。

折り紙にいろいろなものでスタンプを押す

4・5歳児 ロボット

ロボットの形に貼り合わせた折り紙に、ペンやチューブのふた、洗濯ばさみ、プラスチックスプーンの柄などでスタンプを押します。

片段ボールを丸めたスタンプを押す

3〜5歳児 タンポポ

片段ボールを丸めて輪ゴムやテープでとめ、スタンプを作ります。画用紙に絵の具をつけたスタンプを押して、クレヨンで茎や葉を描きます。

段ボールのスタンプを押す

4・5歳児 赤トンボ

画用紙に赤の紙テープを貼り、左右に段ボールでスタンプを押します。仕上げにクレヨンで描き加えます。

第3章 製作技法

展開例

消しゴムのスタンプを押し色画用紙を貼る

4・5歳児

レンガの家

画用紙に石けん絵の具をつけた消しゴムでスタンプを押します。色画用紙で屋根とドアを作って貼ります。

ぬらした障子紙に芯材でスタンプを押す

4・5歳児

シャボン玉

まず、障子紙に油性ペンで輪郭を描きます。紙をもんでからぬらし軽く絞ります。次に障子紙を広げて、絵の具をつけた芯材でスタンプを押します。最後に筆で絵の具を塗ります。

エアパッキンのスタンプを押し麻ひもと色画用紙を貼る

4・5歳児

トウモロコシ

画用紙に石けん絵の具をつけたエアパッキンでスタンプを押し、トウモロコシの実の形に切ります。画用紙の裏にほどいた麻ひもをテープで貼ってから台紙に貼り、色画用紙の葉を貼ります。

葉っぱのスタンプを押す

5歳児

海の中

葉っぱの裏に筆で絵の具をつけて、色画用紙にスタンプを押します。色鉛筆で描き加えます。

たたみ染め

技法のポイント
- 和風の演出ができ、色のハーモニーを楽しめる
- 紙を折る練習にもなる

用意するもの 障子紙／等量溶き絵の具よりも少し薄めの溶き絵の具／カップなど／新聞紙（下敷き用）

製作前に
- 溶き絵の具は、等量溶き絵の具よりも薄めを目安に調整する。
- 水が多いと早く染まるが、乾くと色が薄くなるので注意する。

1 障子紙をたたみ絵の具に浸す

障子紙をたたんで絵の具に浸します。絵の具の吸いが悪くなるので、紙はできるだけ重なりが少なくなるように折ります。

注意点
等量溶き絵の具で染めると色が鮮やかですが、吸いにくいので薄めの絵の具を使いましょう。

2 障子紙を広げる

絵の具を吸った障子紙をゆっくりていねいに広げ、新聞紙の上に置いて乾かします。

展開例

細長い紙を染める

4・5歳児　しおり

細長い障子紙を四角に折って染めます。パンチで穴を開け、ひもを通します。

染めた紙で切り紙を作る

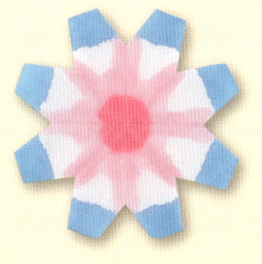

5歳児　花

障子紙を三角に折って染めます。乾いたら、いろいろな形に角を切り落とします。（P.142「切り紙」参照）

マーブリング

技法のポイント
- マーブリング特有の繊細な模様が作れる
- 不思議な流れ模様を楽しむ

用意するもの　障子紙／つまようじ／マーブリング用絵の具／バット／新聞紙（下敷き用）

製作前に
- 通常の絵の具は水に沈むので、マーブリング用絵の具で行う。
- バットに油分がついているとできないので、洗剤で洗っておく。

1 絵の具を入れ混ぜる

注意点　絵の具を混ぜすぎてしまうと流れ模様がなくなってしまうので注意しましょう。

バットなどに入れた水にマーブリング用絵の具を何色か入れます。水の表面に浮いている絵の具をつまようじなどでそっと混ぜます。

2 障子紙を水の表面につける

障子紙の両端を持ち、左右を曲げるようにして紙の中央から水の表面につけます。それから手を離して両端をつけ、引き上げて新聞紙の上で乾かします。

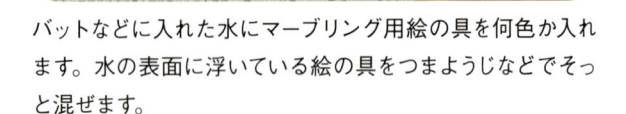

展開例

マーブリングをした紙を容器の間にはさむ　4・5歳児

小物入れ

マーブリングをした紙をプラスチック容器に敷き、上から同じ容器を重ねます。ビニールテープでふちをとめます。

マーブリングをした紙のコラージュ　4・5歳児

コラージュ

マーブリングをした紙を切って色画用紙に貼り、絵を作ります。

色つき粘土

技法のポイント
- 紙粘土に自由に色をつけられるので製作の幅が広がる
- 子どもの力では大量に練れないので、小さいものが取り組みやすい

用意するもの 　紙粘土／絵の具／スポンジや布（手洗い用：石けんで洗い流すと時間がかかるので、スポンジや布で手をこすりながら流水で落とすほうが早く洗える）

製作前に
- 黄→オレンジ→赤というように明るい色から順に作るようにすると、粘土が汚れずに作りやすい。

1 紙粘土に絵の具をつける

手のひらに紙粘土をのせて、そのままの絵の具を紙粘土につけます。大きすぎると練りにくいので紙粘土の量に注意しましょう。

2 紙粘土に絵の具を練り込む

指先を使ってこすり合わせるようにしながら紙粘土に絵の具を練り込みます。絵の具の色がまんべんなく混じったらできあがり。

注意点
保存しておく場合は、色ごとにラップでくるんでからビニール袋で密封します。

展開例

色つき粘土を小さく丸めて穴を開けひもを通す

3〜5歳児

ブレスレット

色つき粘土を小さく丸めます。竹ぐしなどで中心に穴を開けてひもを通し、輪にして結びます。

細長くしたり丸めたりした色つき粘土を貼る

5歳児

レリーフ

色つき粘土を細長く伸ばしたり丸めて平たくしたりします。段ボールに木工用接着剤で粘土を貼り、絵を作ります。

第3章 製作技法

紙版画

技法のポイント
- 同じものをたくさん写し取ることができる
- 版とできあがりの左右が逆になり新鮮で、刷ったときの感動がある

用意するもの 　紙／版画用インク（版画用絵の具：水性のほうが扱いやすい）／はさみ／のり／ばれん／ローラー／ローラー用トレー（底が平らなもの）／へら／新聞紙（下敷き用）

製作前に
- 初めてのときは、口頭の説明だけだと理解しづらいので手順を見せる。
- 貼らずに描いてしまうと刷っても写らないことをよく話しておく。

① 貼り絵を作る

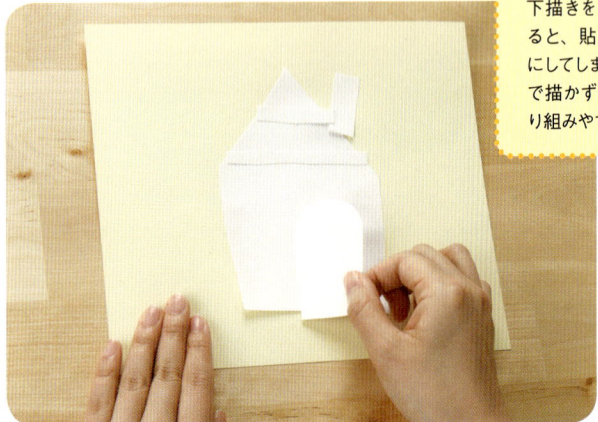

注意点　下描きをして貼り絵を作ると、貼らずに描くだけにしてしまうことがあるので描かずに切るほうが取り組みやすいです。

紙を切ったパーツを重ねて台紙に貼り、版になる貼り絵を作ります。ローラーでインクを塗ったときに外れないよう、しっかりのりで貼りつけておきましょう。

② ローラーでインクをつけ塗る

注意点　ローラーは表面にインクを均一につけ、前後に往復させずに、手前から奥へと一方向に動かします。

版をよく乾かしてからローラーでインクをつけます。パーツどうしの細かな間にインクがつきにくいときは、筆でインクを塗ってからローラーでならしておきます。

③ 試し刷りをしてから本刷り

注意点　最初は版がインクを吸ってしまうため、きれいに写るのは2回目からです。試し刷りをしてから刷りましょう。

新聞紙に版を置き、上から刷るための紙を重ねます。紙の上からばれんを押しつけるようにして、小さく円を描くように動かします。端から写り具合を確かめながらそっとはがします。

プラスワン　刷る紙の色とインクの色の組み合わせをかえると、印象がかわってカラフルな作品が楽しめます。

展開例

紙を切って版の貼り絵を作る

4・5歳児　車

切った紙を組み合わせて、版にする貼り絵を作ります。輪郭をはさみで切ることでシャープなラインが表現できます。

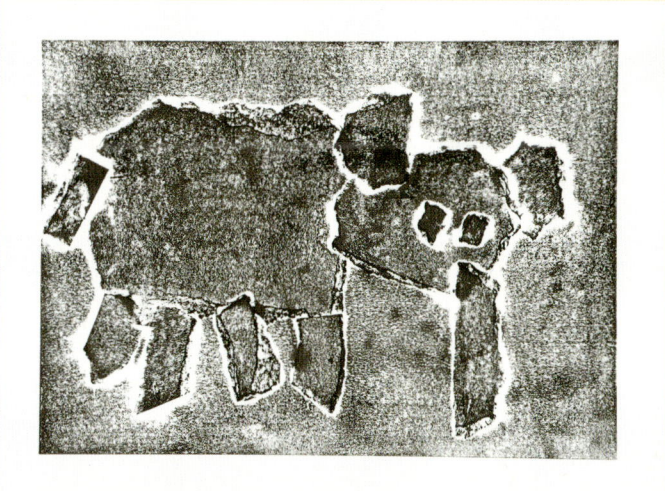

紙をちぎって版の貼り絵を作る

4・5歳児　動物

紙をちぎって台紙に貼り、版の貼り絵を作ります。指でラフにちぎって作ると柔らかい印象の線になり、生き物などの表現に向いています。

いろいろな紙を使って版の貼り絵を作る

4・5歳児　花

レースペーパーや紙テープ、丸シールを組み合わせて、版を作ります。
ほかにも、片段ボールやリボン、毛糸などでも作れます。エアパッキンなどののりでつきにくいものは、木工用接着剤または両面テープで貼ります。

第3章　製作技法

スチレン版画

技法のポイント
- 貼り絵が難しい子でも版画に取り組める
- 手軽に色をかえてたくさん写し取れる

用意するもの　紙／版画用のスチレン板または大きめの発泡トレー／石けん絵の具／はさみ／鉛筆／筆

製作前に
- 市販の版画用のスチレン板がなければ、発泡トレーでも作れる。
- 濃い色の紙には、白または白を混ぜた石けん絵の具で刷る。

1 鉛筆でへこませて石けん絵の具を塗る

注意点　石けん絵の具が薄いと溝にたまってきれいに刷れないので、濃度を調整しましょう。

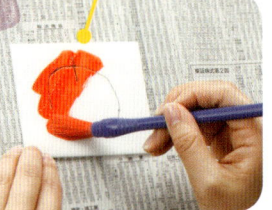

スチレン板を鉛筆でへこませて絵（反転するので字は避けます）を描きます。浅いとくっきり出ないので注意しましょう。上から筆で石けん絵の具を塗ります。

2 紙を重ねて刷る

注意点　大きな版のときは、指ではなくばれんでこすって刷りましょう。

版の上に紙を重ねて指でこすって写し取り、紙をそっとはがします。版につけた石けん絵の具は水ですぐに落とせるので、繰り返し色をかえて刷ることができます。

展開例

いろいろな色で刷る

5歳児　魚

版に筆でいろいろな色の石けん絵の具をつけます。紙に写し取り、版の絵の具を水で流せば繰り返し使えます。さまざまな配色が楽しめます。

濃い色の紙に白の絵の具で刷る

5歳児　雪

黒や紺などの濃い色の紙に刷るときは、白や白を混ぜた石けん絵の具を使います。

スクラッチ

技法のポイント
- すき間なく色を塗ることで濃密な色の美しさを体感する
- 描く紙をかえることで表現に違いが出せる

用意するもの　紙／クレヨン／割りばしやつまようじ／新聞紙（下敷き用）

製作前に
- 引っかくときにたくさん削りかすが出るので、新聞紙を敷いて腕まくりをする。
- 大きな紙を使うと塗りきれないので、小さな紙で取り組む。

画用紙のときは…

まず明るい色のクレヨンで塗り、その上から黒（または濃い色）で塗ります。割りばしなどで引っかいて削ります。

ツルツルした紙のときは…

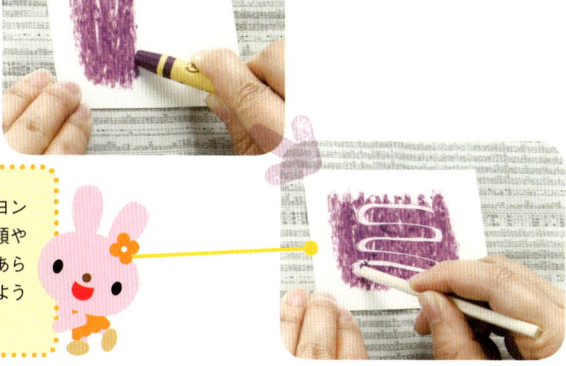

牛乳パックやコート紙のようなツルツルした紙のときは、濃い色のクレヨンで塗ります。割りばしなどで引っかいてクレヨンを削ると、地の白が出てきます。

注意点
引っかくときにクレヨンの削りかすが出て衣類や室内が汚れるので、あらかじめ汚れてもよいようにしておきます。

展開例

画用紙で作る
ロケット（4・5歳児）
明るい色のクレヨンで塗った上から黒で塗り、引っかいて絵を描きます。

金の折り紙で作る
模様（4・5歳児）
金の折り紙にいろいろな色のクレヨンで塗り、引っかいて削ります。

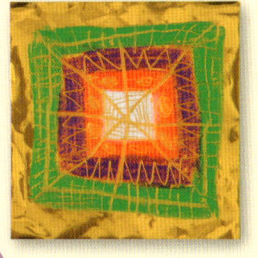

牛乳パックで作る
花（4・5歳児）
チョウ
牛乳パックにいろいろな色のクレヨンで塗り、引っかいて絵を描きます。

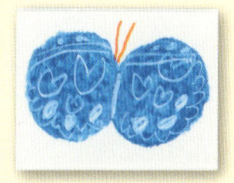

こすり出し

技法のポイント
- 描画では得られないユニークな表現ができる
- クレヨンを寝かせて行うので、手先をコントロールする練習になる

用意するもの 薄い紙（コピー用紙や折り紙など）／こするもの（ネット、エアパッキン、片段ボール、リボンなど、表面が均一な高さにでこぼこしているもの）／クレヨン（紙を取ったもの）／テープ

製作前に
- クレヨンの汚れがひどい場合は、布などで汚れをふき取ってから使う。
- クレヨンは折れたりカバーがなくなってしまったりした古いものでもよい。

❶ 薄い紙を当てる

注意点 こするものにあまり厚みがあると、紙が浮いてしまったり破れてしまったりするので、厚さに注意して選びましょう。

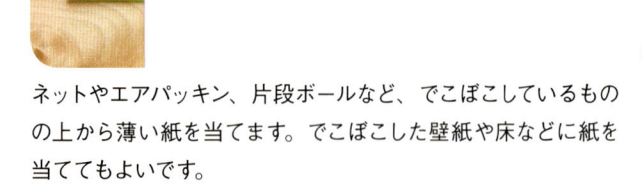

ネットやエアパッキン、片段ボールなど、でこぼこしているものの上から薄い紙を当てます。でこぼこした壁紙や床などに紙を当ててもよいです。

❷ クレヨンを寝かせてこする

注意点 クレヨンでこするときに紙がずれる場合は、紙をテープで固定しましょう。

クレヨンを横に寝かせて持ち、紙に押しつけながらこすると、下に置いたものの形が出てきます。途中でクレヨンの色をかえても楽しめます。

☀ リボンやひもなどのときは…

リボンやひもなど、細長いものを使うときは、机や下敷きにテープで貼って行います。

プラスワン ゼムクリップや落ち葉、かごなどいろいろなものをこすり出した紙をためておくと、コラージュの材料になります。

展開例

いろいろなものを使ってこすり出す

5歳児

おうち

コピー用紙でエアパッキンや壁紙、かごなどのいろいろなものをこすり出します。その紙を切って屋根や壁などのパーツを作り、色画用紙に貼ります。

折り紙でこすり出し切り貼りをする

5歳児

魚

いろいろな色の折り紙でネットやかごなどをこすり出します。折り紙を切り貼りして形を作ります。

発泡トレーをへこませてクレヨンで塗る

4・5歳児

花

発泡トレーを割りばしペンなどでへこませて絵を描き、上からクレヨンを塗ります。クレヨンの色をかえたり、色画用紙の幹を貼ったりします。

リボンを貼ってこすり出し切り貼りをする

5歳児

木

机にいろいろな種類のリボンを並べてテープで貼った上にコピー用紙を重ねてこすり出します。その紙を色画用紙に切り貼りし幹を作り、クレヨンで葉や土などを描き加えます。

第3章 製作技法

にじみ絵

技法のポイント
- 水性ペンの鮮やかな色を楽しめる
- ロマンチックで夢のある雰囲気が出せる

用意するもの 障子紙（半紙はNG）／台紙（画用紙やコピー用紙など）／水性ペン／筆／カップなど／洗面器やバットなど／新聞紙（下敷き用）

製作前に
- 障子紙の下に台紙を敷くと、こちらにも色が写るので後で使うこともできる。
- 水から引き上げた作品をすぐに広げられるよう、新聞紙は広く敷いておく。

1 水性ペンで描く

注意点
障子紙にインクがよくしみこむように、ゆっくり描きます。ペン先をしばらく紙につけたままにしておいても。

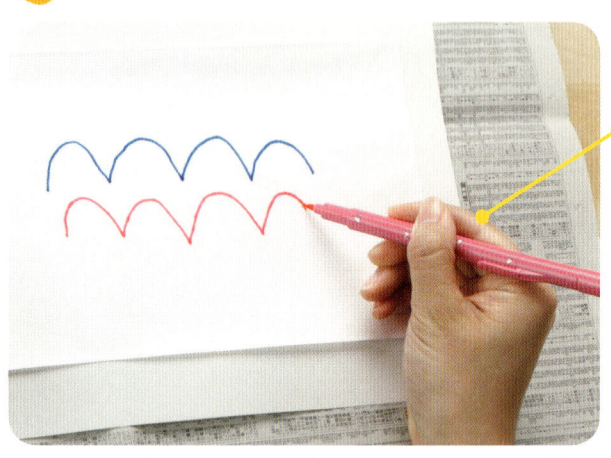

新聞紙に画用紙またはコピー用紙を置いた上から障子紙（表裏はどちらが上でもOK）を重ねます。障子紙に水性ペンで描き、インクをしみこませます。

2 筆で水をつける

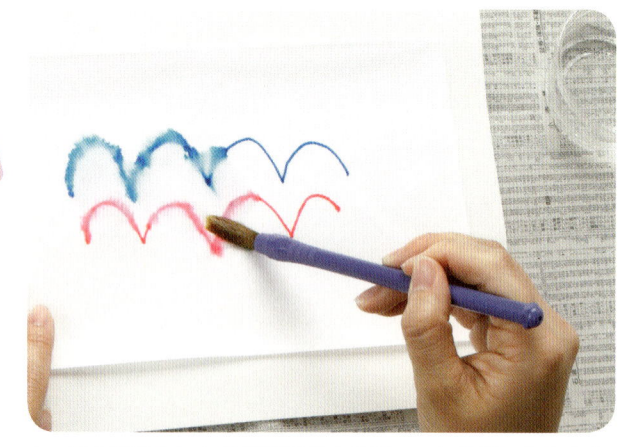

カップなどに入れた水を筆に含ませて、ペンで描いた上からゆっくりとなぞりぬらしていきます。障子紙を新聞紙の上に置き、乾かします。

水に浸すときは…

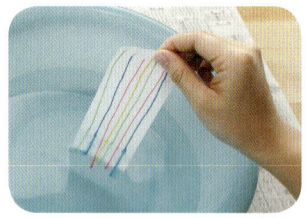

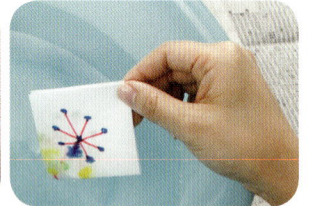

注意点
長時間つけるとインクが全部溶け出てしまうので「水につけるのは3秒まで」などルールを設けておきましょう。

水を張った洗面器やバットにペンで描いた障子紙を浸します。紙の端や折りたたんだ紙を水につけたり、丸めた紙を水に落としたりします。水から引き上げたら早めに広げて乾かします。

プラスワン 障子紙の下に敷いた台紙にもインクがしみこんで色がつくので、ためておくとコラージュの材料になります。

展開例

コーヒーフィルターにペンで描き、にじませる

4・5歳児　クジャク

コーヒーフィルターの端を切り落とし広げます。水性ペンで模様を描き、筆で水をつけてにじませます。色画用紙で体を作って貼ります。

ペンで描いた障子紙を丸め水に浸してにじませる

2～5歳児　コースター

障子紙に水性ペンで模様を描いたものを丸めます。水を入れた洗面器などに障子紙を浸し、すぐに広げて乾かします。切り取って図書フィルムなどではさんでカバーします。

水性ペンと油性ペンで描き分けてにじませる

5歳児　雨

細長い障子紙を用意しておきます。油性ペンで輪郭を描き、水性ペンで色を塗ったり雨を描いたりします。筆で水をつけると、水性ペンの部分だけがにじみます。

第3章　製作技法

たくさん切る

技法のポイント
- たくさん切ることではさみの扱いに慣れていく
- 切り方をくふうすることで、一度に大量に切れることを知る

用意するもの 　紙／はさみ

製作前に
- 刃物を扱うときには緊張感も必要なので、いすに深く座って姿勢よく取り組む。
- のりなどがついて切れ味が悪くなったら、アルコールティッシュでふき取る。

☀ パッチン切り

保育者が前もって、子どもが1回はさみを入れるだけで切れる幅の横長の紙を用意しておきます。紙を持ち、帯状に切っていきます。

☀ 細長切り

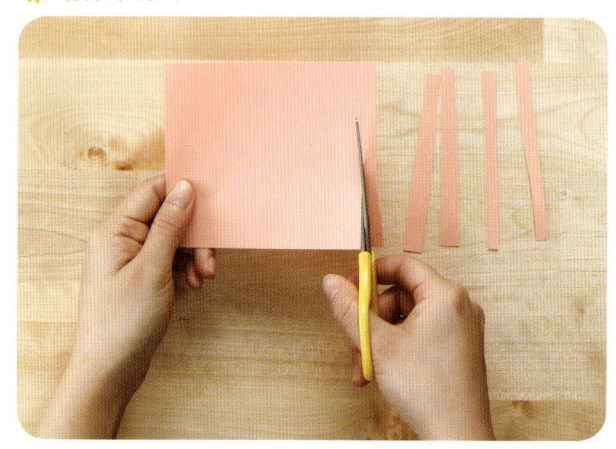

折り紙や色画用紙など、何回かはさみを入れないと切れない幅の紙を用意します。紙を持ち、まっすぐに切り進んで細長い形をたくさん切ります。

☀ 自由切り

折り紙や色画用紙の切れ端など、小さめの紙を用意します。紙を自由に動かしながらはさみを入れ、いろいろな形に切ります。

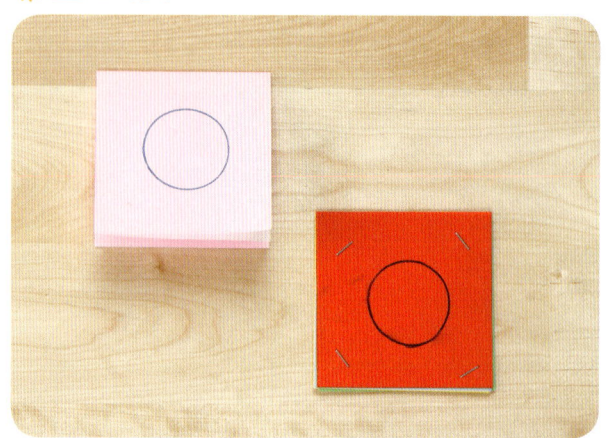

☀ 重ね切り

四つ折りにした折り紙や色の違う折り紙を重ねてホッチキスでとめたものに、トイレットペーパー芯などでスタンプを押します。線に沿って切ると、一度にたくさん同じ形が切れます。

展開例

パッチン切りをした紙をビニール袋に入れる

3・4歳児

人形

色画用紙などをたくさん用意し、はさみでパッチン切りをします。切ったものをビニール袋に入れ、口をテープでとめます。色画用紙で顔と手足を作り、袋にテープで貼ります。

重ね切りをした紙を貼る

4・5歳児

青虫

いろいろな色の折り紙を重ねてホッチキスでとめ、芯材などでスタンプを押し丸く形をつけます。線に沿って切ったものを画用紙に並べて貼り、クレヨンで描き加えます。

細長切りをした紙を貼る

4・5歳児

チョコレート菓子

色画用紙を細長く切ります。切った紙を貼り合わせてチョコレート菓子を作り、台紙に貼ります。

自由切りをした紙を貼る

3～5歳児

ポテトチップス

キャンディ

色画用紙を自由に切ったものを台紙に貼ります。紙を折ってから切ると、キャンディのように一度に同じ形が何枚も切れます。

第3章 製作技法

切り紙

技法のポイント
- 規則正しく折ることでリズムのあるデザインが作れる
- 紙を折ったり切ったりするのを注意深く行う練習になる

用意するもの　折り紙／はさみ

製作前に
- 紙がバラバラになってしまうこともあるので、材料は多めに用意する。
- 基本的には角を切り落とし、長い辺があれば切り抜くと伝えておく。

1 折り紙を折る

折り紙を三角に折ったりじゃばらに折ったりします。内側へと折っていくと紙がずれやすく固くて切りにくくなるので、できるだけ外側に向けて折ります。

2 折り紙を切る

折った紙の角を切り落としたり、長い辺をランダムに切り抜いたりします。

注意点
切り込みを入れただけで終わりにしてしまう場合もあるので、切り取ることを伝えましょう。

展開例

折り紙を折って切る

A：三角に折り、角を切り落とします。

B：三角に折り、3辺を切り抜きます。

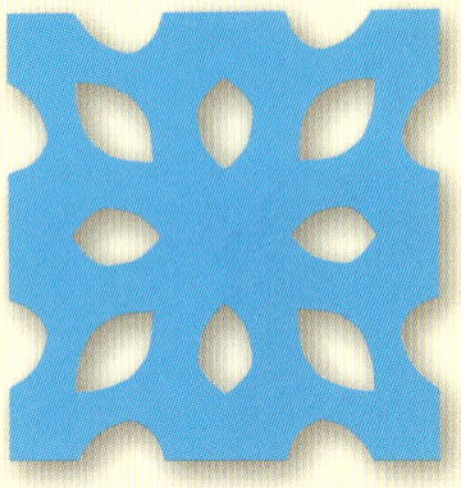

C：三角に折り、角を丸く切り取ります。

D：三角に折り、長辺2辺を何か所か切り取ります。

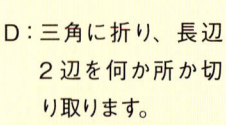

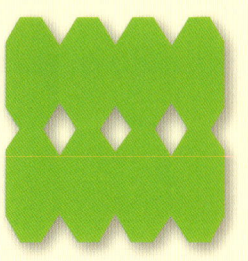

5歳児 切り紙

E：じゃばらに折ってから半分に折り、角を切り落とします。

紙をもむ

技法のポイント
- 半立体の表現ができる
- 質感を利用して、表現効果を高める

用意するもの　クラフト紙または模造紙／紙（台紙用）／綿／木工用接着剤

製作前に
- 紙をもむ代わりに布を使っても取り組める。
- 紙でおおうものは、綿ではなくティッシュペーパーを使っても。

① 紙をもむ

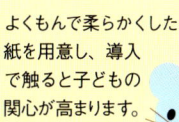

注意点　よくもんで柔らかくした紙を用意し、導入で触ると子どもの関心が高まります。

クラフト紙や模造紙をくしゃくしゃと丸め、手でもんでしわをつけます。時間をかけてもむと、木綿のような手触りになります。

② 綿にかぶせて貼る

注意点　木工用接着剤を紙全体に塗ると、乾燥後に固くなってしまうので綿の柔らかさが感じられなくなります。

注意点　綿をのせすぎてしまうと、紙からはみ出してうまく貼れなくなってしまいます。

もんだ紙の中心に綿をのせ、綿の周囲に木工用接着剤をつけます。台紙にかぶせるようにして貼ります。

展開例

もんだ紙をちぎって貼る

サツマイモ　4・5歳児

クラフト紙をよくもんでからちぎります。台紙の画用紙にのりを塗り、ちぎった紙をそのまま貼って乾かします。その上から絵の具で描きます。

もんだ紙を綿にかぶせて貼る

カレーライス　5歳児

よくもんだ丸いクラフト紙の中心に綿をのせます。綿の周囲に木工用接着剤をつけ、かぶせるようにして画用紙に貼ります。クレヨンで皿やスプーンを描き、絵の具を塗ります。

第3章　製作技法

紙のコラージュ

技法のポイント
- 切ったりちぎったりした紙で絵を描く
- 模様や写真を生かして、にぎやかな作品を作れる

用意するもの　折り紙、包装紙、広告紙などの紙／紙（台紙用）／はさみ／のり

製作前に
- 包装紙や写真のある広告紙は、ふだんからストックしておく。
- 広告紙は「食べ物」「車」などテーマごとに集めておくと便利。

折り紙や包装紙を貼る

折り紙や包装紙などの紙をちぎったり切ったりしたものを台紙に貼って、絵を作ります。

広告紙の写真を貼る

広告紙の写真を切り抜いたものを台紙に貼り、クレヨンで描き加えます。

展開例

包装紙を貼る

4・5歳児　船

いろいろな模様の包装紙をちぎって色画用紙に貼り、絵を作ります。

広告紙の写真を貼る

4・5歳児　おうち

家形の画用紙の表裏に、家の外と中をクレヨンで描き、広告紙の写真を貼ります。ドアに切り込みを入れて立て、ストローを貼った人の絵と組み合わせてあそびます。

立体物のコラージュ

技法のポイント
- いろいろな素材の質感をそのまま生かす
- 作品を立体的にボリュームアップする

用意するもの 貼るもの（毛糸、綿、スポンジ、葉、枝、木の実など）／紙／木工用接着剤／布（手ふき用）

製作前に
- 木工用接着剤が手につくと気になって集中できないので、一度に大量に出さない。
- ぬらした布などを置いておき、汚れた指をすぐにふけるようにする。

大きいものを貼るときは…

注意点
発泡トレーやストローのようなもの、金属類は、乾燥後に外れることがあるので注意が必要です。

スポンジや空き箱などの大きなものを貼るときは、貼るもの自体に木工用接着剤を塗ります。引っくり返して紙の上に置き、上から押さえます。

小さいものを貼るときは…

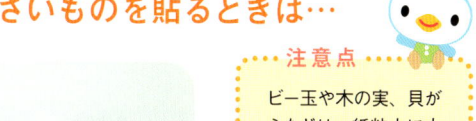

注意点
ビー玉や木の実、貝がらなどは、紙粘土に木工用接着剤をつけ押し込むようにして貼って使いましょう。

綿や毛糸、葉っぱなどの小さなものを貼るときは、まず台紙に木工用接着剤を塗っておきます。その上から貼るものを置いてつけます。

展開例

綿やマカロニのコラージュ
クリスマスツリー （3〜5歳児）

段ボールにリボンをつけたクリスマスツリーの形の色画用紙を貼ります。マカロニや丸めた綿を木工用接着剤でつけます。

スポンジのコラージュ
動物 （4・5歳児）

スポンジやフェルトをはさみで切って、木工用接着剤で色画用紙に貼ります。

第3章　製作技法

紙を折る・丸める

技法のポイント
- 紙を折ったり丸めたりすることで、立体表現を楽しめる
- 折り方のくふうで、いろいろなしくみが作れる

用意するもの　紙／はさみ／のり

製作前に　・紙には「紙の目」と呼ばれる繊維の流れがあり、紙の目に沿わないと折ったり丸めたりしづらいので、事前に調べておく。

紙の目を調べるには…

紙を折ったり丸めたりするときは、紙の目（繊維の流れ）に沿う方向で行います。簡単に丸まったり素直に折れたりすれば沿う方向、反対に丸まりにくく反発を感じるときは逆向きです。

注意点
紙の目に逆らって折るときは、ボールペンなどで折り線を強く描き、へこみをつけておくと折りやすくなります。

注意点
紙を立てる作品の場合、厚口の画用紙などの厚めの紙を使うほうが作りやすいです。

紙を折る

紙を折ったり、切り込みを入れてから折ったりすると、立てられます。折る方向や切り込みの位置の組み合わせで、いろいろな表現ができます。

紙を丸める

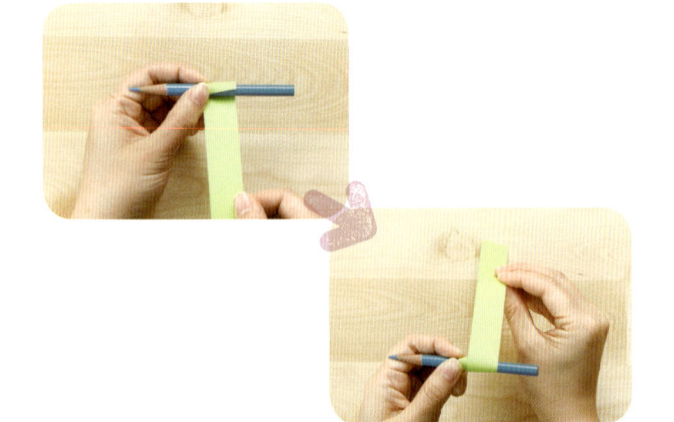

細長い紙を色鉛筆など（六角形のものはNG）に巻きつけて丸めます。先端を指で押さえながら手前から奥へと巻いていきます。

プラスワン　折って作る立体的なしくみを生かせば、いろいろな形のポップアップカードに応用できます。

展開例

紙に切り込みを入れ折って立たせる

4・5歳児　動物園

画用紙に中心を囲むようにクレヨンでいろいろな動物を描きます。動物の幅に合わせて切り込みを入れ、谷折りをして立たせます。人の絵を描いた画用紙に、切り込みを入れ両側に折って立たせたものを置きます。

紙に切り込みを入れて折り別の紙を組み合わせる

5歳児　水族館

色画用紙にクレヨンで水の中を描き、切り込みを入れて折り立たせます。それを別の画用紙に貼ります。側面の上部に切り込みを入れ、魚をつるした糸を貼った色画用紙の帯をはさみます。

丸めた紙を寝かせて貼る

4・5歳児　カタツムリ

細長い色画用紙を丸めて、色画用紙で作った体に置いて貼り、色画用紙の葉と組み合わせます。

丸めた紙を立てて貼る

4・5歳児　花

細長い色画用紙を丸めて、画用紙に立てて貼ります。クレヨンで花びらや葉などを描きます。

紙粘土

技法のポイント
- ちぎったり、丸めたり、伸ばしたりして感触を楽しむ
- 形を自由にかえられるので、自分のイメージを立体的に表現できる

用意するもの　紙粘土／芯にするもの（つまようじ、綿棒、割りばしなど）／埋め込むもの（ビー玉、どんぐりなど）／木工用接着剤／スポンジや布（手洗い用）

製作前に
- 紙粘土は乾燥すると縮むので、作品は大きめに作るようにする。
- ツルツルしたものを埋め込むときは、なるべく寝かせて使う。

安定させるには…

紙粘土のパーツを合体させて作るときは、下にくるパーツをなるべく太く短く作り、重心が下にくるようにします。

注意点　合体させる部分が多いと安定しないので、なるべく合わせるパーツの数も少なくします。

注意点　ストローのようにツルツルしたものはすべって紙粘土がつかないので、芯に使うのは避けましょう。

芯を入れるときは…

細長い作品のときは、中につまようじや綿棒、割りばしなどの芯を入れると安定します。ビンやプラスチック容器を使う場合は、両面テープを貼った上から麻ひもを巻きつけて紙粘土をつきやすくします。

ものを埋め込むときは…

注意点　乾燥するとバラバラになりやすいので、なるべく立てずに寝かせて使うようにしましょう。

ビー玉や木の実、ボタンなどを組み合わせるときは、木工用接着剤をつけてから紙粘土に埋め込みます。

プラスワン　カラフルな作品にしたいときは、紙粘土に絵の具を塗る以外にも、色つき粘土（P.131参照）でも作れます。

展開例

色つき粘土にいろいろなものを埋め込む

3〜5歳児　クッキー

色つき粘土（P.131参照）を丸めて平らにつぶします。ボタンや木の実、ビーズやビー玉などに木工用接着剤をつけてから粘土に埋め込みます。違う色の粘土を組み合わせたり、模様をつけたりします。

紙粘土に芯を入れて形を作る

5歳児　木

中心に割りばしを差し込んで芯にして、紙粘土で幹を作ります。枝を作り、つまようじを差し込んで芯にし、幹と合体させます。絵の具で塗り、色画用紙の葉を木工用接着剤で貼ります。

紙粘土のパーツを合体させる

5歳児　動物

紙粘土で足や体、頭などのパーツを作ります。足に綿棒を差し込んで芯にし、体とつなぎ合わせます。顔や耳などのパーツを組み合わせていきます。モールのひげを差し込み、絵の具で色を塗ります。

第3章　製作技法

つなげる

技法のポイント
- つなぎ方のくふうで、動かせるものが作れる
- 立体物を組み合わせることで製作の幅が広がる

用意するもの 箱／芯材／紙／モール／割りピン／テープ／はさみ／目打ち（保育者用）

製作前に
- どういうふうに動くのか実物を見せて説明するとわかりやすい。
- 貼る方向や切り込みの幅など、気をつけるポイントを伝えておく。

つなぎ目にテープを貼る

まず、箱を二つ並べてつなぎ目にテープを貼ります。次に箱を重ねて側面のつなぎ目（最初のテープの裏側）にテープを貼ると、箱を動かせるしくみが作れます。

芯材に切り込みを入れる

トイレットペーパーなどの芯どうしをつなげるときの作り方です。2か所に切り込みを入れ、別の芯材をはさみます。つなぐ位置や大きさによって切り込みを調整しましょう。

モールでとめる

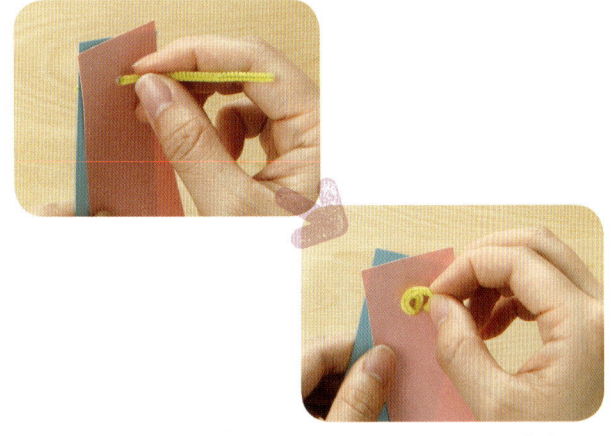

つなぐものに目打ちで穴を開けてモールを通します。表裏それぞれでモールをねじって丸め、穴からモールが抜けないようにします。

割りピンでとめる

つなぐものに目打ちで穴を開けて割りピンを通します。裏返して割りピンの先を広げ、穴から抜けないようにします。

展開例

箱どうしをテープでつなげる

5歳児

ロボット

空き箱に折り紙を貼ったりペンで描いたりして、顔や手足、胴体を作ります。胴体の両側に手をテープでつなぎ合わせ、動かせるようにします。胴体に顔と足を貼ります。

色画用紙と発泡トレーをモールでつなげる

5歳児

ルーレット

数字を書いた丸い色画用紙と発泡トレーを重ねて、中心に目打ちで穴を開けます。裏から通したモールにビーズを入れ、また穴に通してねじります。

トイレットペーパー芯に切り込みを入れてつなげる

4・5歳児　動物

トイレットペーパー芯に切り込みを入れて、別の芯を差し込んでつなげます。顔や足、しっぽなどの色画用紙を貼ったり、ペンで描いたりします。

何枚かの紙を割りピンでとめる

4・5歳児

せんす

台形の厚紙4枚にペンで模様を描きます。重ねて根元に目打ちで穴を開け、割りピンでとめます。厚紙の右側の上に切り込みを入れ、引っかけてとめられるようにします。

第3章　製作技法

回転させる

技法のポイント
- 穴に竹ぐしを通すしくみで回転できるようにする
- 回転しづらいときは、左右のバランスを調整する

用意するもの　竹ぐし／ストロー／紙／段ボール／テープ

製作前に
- 竹ぐしは、前もって先端を切り落としておき、扱いに注意する。
- 車の車軸や絵がわりなど、あそべるおもちゃに応用できる。

✿ ストローに通す

回転させたいものにストローをテープで貼り、ストローの穴に竹ぐしを通します。指ではじくと、回転します。

✿ 段ボールの穴に通す

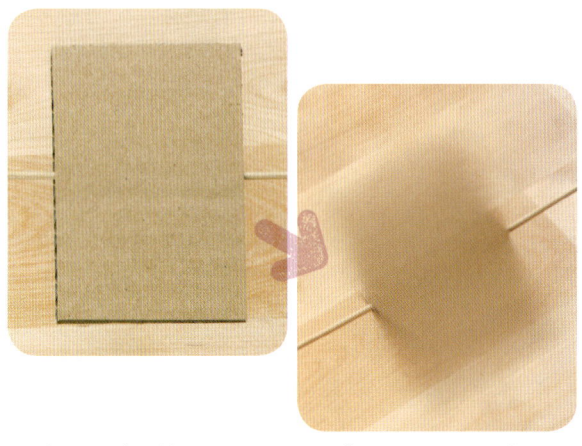

段ボールの穴に竹ぐしを通します。指ではじくと、回転します。

展開例

紙の間にはさんだストローに竹ぐしを通す

4・5歳児　絵がわり

2枚の色画用紙に絵を描き、ストローをはさんで貼ります。ストローに竹ぐしを通し、竹ぐしが抜けないように丸シールとビニールテープを貼ります。

牛乳パックにはさんだストローに竹ぐしを通す

5歳児　水車

牛乳パックの輪切りの側面を寄せるように折って、羽を作ります。中心にストローを取りつけ、羽が開かないようにビニールテープを巻いて固定します。

第4章
素材あそび

♥

絵の具やクレヨンなどの画材や新聞紙や牛乳パックなど
リサイクル素材の特徴を生かしたあそびを紹介しています。
色の変化を楽しむ、作ったもので体を動かしてあそぶ、
身につけてあそぶなど、魅力的なプランが満載！

素材あそびって？

素材の特性を生かしてあそぼう！

素材あそびでは、絵の具やクレヨンなどおなじみの画材から、新聞紙や牛乳パックなどリサイクル素材まで、さまざまな素材の特徴を生かしたあそびを紹介します。あそびを探しやすい素材別インデックスつき。

絵の具

* 幅広い技法で多彩な表現ができる。
* 違う色の絵の具を混ぜることで色の変化が楽しめる。
* 絵の具を水で薄めると、色鮮やかな色水が作れる。

たらし絵 ▶164ページ

コックさんごっこ ▶159ページ

ビー玉転がし ▶163ページ

ろうそくで吹き絵 ▶165ページ

墨汁

* 混ぜる水の量で、濃淡の違いが出せる。
* 油分をはじくのでクレヨンなどと組み合わせて、はじき絵に使える。

マーブリング ▶166ページ

色混ぜあそび ▶158ページ
ペンキやさん ▶160ページ
色水あそび ▶161ページ
スプレーで色あそび ▶162ページ

クレヨン

* 小さい子でも線を描いたり色を塗ったりしやすい。
* 使う前の準備がいらず、すぐに取り組みやすい。
* 発色がよく、はっきりとした色使いの作品が作れる。

パズルあそび ▶168ページ

お水がジャー ▶167ページ

回し描き＆まとめ描き ▶169ページ

ペン

* 色の種類が豊富で、手軽に鮮やかな発色が楽しめる。
* 水性、油性、水性顔料系など、用途に合わせて使い分けられる。
* 何に描くかによって、にじんだり光に透けたりと表現がかえられる。

透明素材に描こう ▶170ページ

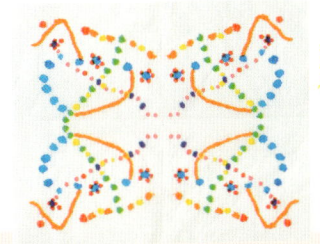

ティッシュアート ▶171ページ

新聞紙

* 破ったり、丸めたり、巻いたりすることで手軽に形がかえられる。
* テープでつなげやすいので、大きなものも作れる。
* 身近な素材なので、たくさん用意して使うことができる。

コスチューム作り ▶178ページ

はらぺこ怪獣 ▶172ページ
ニョロニョロ大蛇 ▶173ページ
宝探し ▶174ページ
大きな新聞紙 ▶175ページ
輪投げ ▶176ページ
ボーリング ▶177ページ

第4章 素材あそび

紙

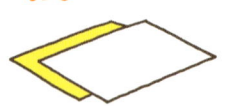

* 折り紙、クラフト紙、お花紙、広告紙…と種類が豊富。
* 折ったり丸めたりすることで、簡単に立体物を作れる。

ふわふわバルーン ▶179ページ
共同コラージュ ▶180ページ
みんなの町作り ▶181ページ

ポリ袋

* 空気や風を利用したあそびに使える。
* 透明な素材なので、袋の中が見えたり飾ったりを楽しめる。

空気でっぽう ▶186ページ
ふんわり凧 ▶187ページ

段ボール

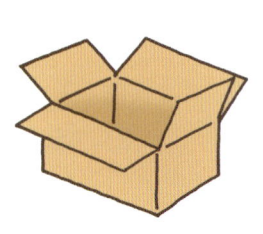

* いろいろなサイズがあり、子どもが中に入ることもできる。
* 丈夫なので、ダイナミックなあそびが展開できる。

トンネルくぐり ▶188ページ
秘密基地 ▶189ページ

シール

* 画材の扱いに慣れていない小さい子どもにも取り組みやすい。
* 色や形、大きさの種類が豊富で、手軽に飾りをつけられる。

シール貼り ▶182ページ

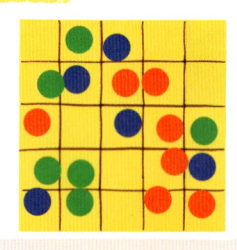

牛乳パック

* 輪切りにすることで、立体作品の材料にしやすい。
* 軽くて丈夫なので、組み合わせて大きな製作にも使える。
* 耐水性があるので、水あそびに利用できる。

芯材

* サイズが同じものを集めやすく、つなげたり組み合わせたりできる。
* はさみで切ることができ、立体作品の材料として使える。

つなげて玉転がし ▶183ページ
かみ合わせブロック ▶184ページ
くっつき的当て ▶185ページ

ロボットあそび ▶191ページ
積み上げブロック ▶190ページ

ペットボトル

* 透明なので中に入れたものを見ることができる。
* ふたができるので、水や空気を利用したあそびに使える。

キラキラウォーター
▶192ページ

水中飛び出しあそび
▶193ページ

発泡トレー

* 耐水性があり水に浮くので、水あそびで活用できる。
* 軽いので、風を利用したあそびができる。

水に浮かぶおもちゃ ▶194ページ
あおぎっこ競争 ▶195ページ

スズランテープ

* 透明感があり色鮮やかなので、色の組み合わせを楽しめる。
* 軽くてボリュームを出せるので、振ったり揺らしたりしてあそべる。

ひらひらステッキ
▶196ページ

ポンポン
▶197ページ

小麦粉粘土

* 小麦粉から少しずつ粘土に変化するようすを体感できる。
* 心地よい感触が楽しめて、形が自在にかえられる。

粘土を作ろう
▶198ページ

色つき粘土を作ろう
▶199ページ

プラカップ

* 中にいろいろなものが入れられる。
* 透明なので、外側からのぞいて楽しめる。

色のぞき
▶200ページ

第4章 素材あそび

絵の具

色混ぜあそび

1 2 3 4 5 歳児

ねらい ▶▶▶ ● 絵の具の色の変化と、水の作用を体験する ● 色の組み合わせに興味を持つ

ことばかけ
袋の中で、いろんな色の絵の具を混ぜるよ。どんな色に変身するのか、よーく見てみよう。

用意するもの
チャックつきビニール袋／絵の具

1 袋に絵の具を入れて混ぜる

保育者がビニール袋に2色の絵の具を入れて閉じます。袋の上から絵の具をつぶしたり、袋をよじったり、たたいたりして絵の具を混ぜます。

2 色の混ざり具合を楽しむ

どんな色にかわっているのか、色が混ざり合うようすを楽しみます。

どんな色になるかな〜？

少し空気を入れる

3 水を入れる

保育者は、袋の中に水を入れて再び口を閉じます。袋をゆすったり、よじったりして絵の具を水に溶かします。

ポイント

・はじめは、赤＋黄（＋白）、黄＋青（＋白）など、にごらない色の組み合わせで行います。

絵の具 コックさんごっこ

1 2 **3 4 5** 歳児

ねらい ▶▶▶ ●なりきりあそびを楽しむ ●色と味を関連させてあそぶ

ことばかけ
コック帽をかぶったら、コックさんに変身！
絵の具のソースをかけて、おいしい料理を作ろうね。

用意するもの

新聞紙（下敷き用も）／色画用紙（持ち手用と具材用）／紙袋（コック帽用）／割りばし／発泡トレー／溶き絵の具／カップ／スプーン／筆／のり／ホッチキス・テープ（保育者用）

① フライパンを作る

紙袋の口を折り返したコック帽をかぶります。机に新聞紙を重ねて敷き、色画用紙の持ち手を貼ります。新聞紙に絵の具で大きな円を描きます。

※ホッチキスでとめテープでカバー

② 具をのせる

円の中に、細くちぎったり丸めたりした新聞紙、破った色画用紙などを置きます。

③ 絵の具ソースをかける

絵の具をソースに見立て、スプーンでかけたり、筆でつけたりします。発泡トレーに盛りつけ、割りばしで食べるまねをしてあそびます。

ポイント

・何重にも新聞紙を敷いた机の上で行います。
・ちぎった紙が大きいと発泡トレーにのせきれなくなるので注意しましょう。

第4章 素材あそび

絵の具　ペンキやさん

1 2 **3 4 5** 歳児

ねらい ▶▶▶ ●立体物を塗る経験をする　●リサイクル素材を使って楽しむ

ことばかけ
机の上に、た〜くさん箱や段ボールがありますね。今日、みんなはペンキやさんに変身しますよ！

用意するもの
いろいろな空き箱／トイレットペーパーなどの芯／段ボールの切れ端／絵の具・スポンジ・発泡トレー（絵の具をしみこませたスポンジを入れておく）／太筆／はけ／新聞紙（下敷き用）

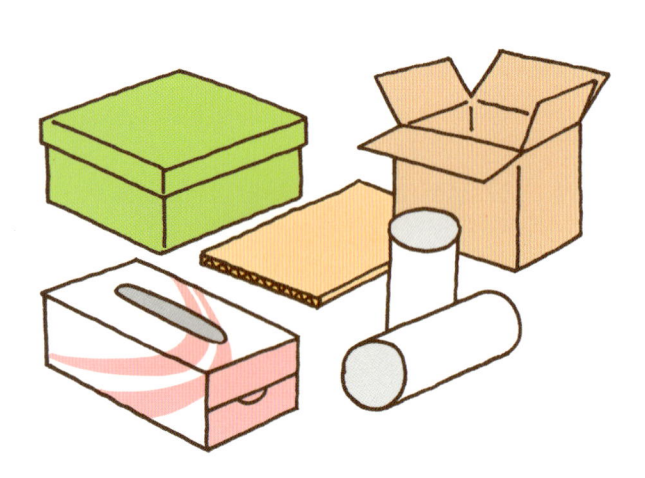

1 いろいろな紙素材を用意する
空き箱やトイレットペーパー芯、段ボールの切れ端など、いろいろな形のリサイクル素材をたくさん用意して机に並べます。

2 ペンキやさんに変身
保育者は「今からみんなはペンキやさんになります。好きなものを塗ってみよう」と、自由に塗っていいことを伝えます。

3 素材を絵の具で塗る
太筆やはけを使って、いろいろなリサイクル素材に絵の具を塗ります。

ポイント
・机や床には、多めに新聞紙を敷いておき、汚れてもよい格好であそびます。
・立体物を塗るという経験そのものを楽しみましょう。

絵の具　色水あそび

1 2 3 **4 5** 歳児

ねらい ▶▶▶ ●色水を作る楽しさを味わう　●ほかの色と混ざり合うようすを楽しむ

ことばかけ
水に絵の具を溶かして色水を作ろう！
お友だちの色水と混ぜたら何色になるかな？

用意するもの
スポイト／バット／カップ／アイスクリームスプーン／絵の具／新聞紙（下敷き用）

第4章　素材あそび

1 色水を作る
カップに絵の具を出します。スポイトで水を入れて、アイスクリームスプーンで混ぜて色水を作ります。

2 何色か色水を作る
❶と同じようにして、さまざまな色の色水を作ります。

わぁ！色がかわったね！　ぼくのも届けまーす

3 「色の宅配便」を楽しむ
できた色水を、スポイトを使ってほかの子のカップに注ぎ、色が混ざるようすを楽しみます。

ポイント
・色水がこぼれても大丈夫なように、机の上に新聞紙を敷き、さらにバットを置きます。
・絵の具を溶かすときは、スポイトで少しずつ水を足していくと、色が微妙に変化するようすが楽しめます。

絵の具　スプレーで色あそび

1 2 3 **4 5** 歳児

ねらい ▶▶▶ ●色が混ざるようすを観察する　●偶然できる模様を楽しむ

ことばかけ
（スプレー容器を見せながら）これが何かわかる？ここを持って押すと、絵の具の水が出てくるんだよ。

用意するもの
新聞紙または模造紙／スプレー容器／等量溶き絵の具／新聞紙（下敷き用）

1 準備をする
机に新聞紙または模造紙を広げておきます。机から絵の具がたれたりするので、机の下にも新聞紙を敷き、子どもは汚れてもよい格好ではだしになります。

2 スプレーで色をつける
等量溶き絵の具を入れたスプレーを吹きつけて、紙に色をつけます。

ポイント
・「赤・青・黄」、「ピンク・水色・黄」の三原色を使うと、きれいな混色が楽しめます。
・子どもの力でも押しやすいスプレー容器を用意しましょう。

アレンジアイデア
紙の上に缶のふたや空き箱などを置いてスプレーをすると、型抜きができます。ブロックや積み木などを使ってもあそべます。

絵の具 ビー玉転がし

1 2 3 **4 5** 歳児

ねらい ▶▶▶ ● 体を動かしてあそぶ　● 偶然できる線に興味を持つ

ことばかけ
絵の具の入った箱を傾けてビー玉を転がそう！
コロコロしたら、どんな線ができるかな？

用意するもの
厚めの画用紙（ティッシュ箱の天面を切り取ったものでも可）／絵の具／はさみ／テープ／ビー玉

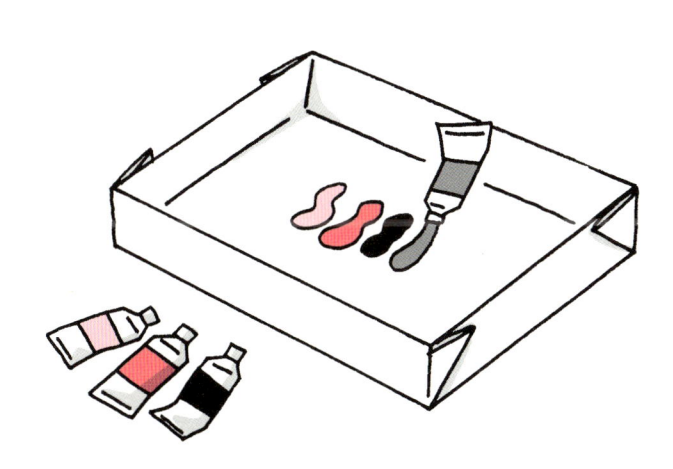

1 箱に絵の具を出す
画用紙の四隅に切り込みを入れて立ち上げて折り、テープでとめて箱にします。箱の中に、絵の具を何色か出します。

2 ビー玉を転がす
箱の中にビー玉を1個置きます。両手で箱を持ち、傾けながらビー玉を転がします。ビー玉が転がりにくいときは、少量の水を加えます。

ポイント
・箱からビー玉が飛び出さないよう、動かし方に気をつけましょう。
・慣れてきたら、ビー玉を同時に何個か入れても楽しめます。

アレンジアイデア
二重にした模造紙で同じように大きな箱を作り、グループで行います。箱の中に絵の具を出し、牛乳パックで作ったスティックで交代でビー玉やゴムボールを打ってあそびます。

（たたんだ牛乳パック／ガムテープ）

第4章　素材あそび

絵の具 たらし絵

1 2 3 **4 5**歳児

ねらい ▶▶▶ ●絵の具が滑る動きを楽しむ　●偶然できる模様を観察する

ことばかけ　さぁ、絵の具をトントンと打ちつけるよ。どんな模様ができるかな？　やってみよう！

用意するもの

画用紙／薄めの溶き絵の具（3色程度）※赤・青・黄、オレンジ・黄・紫、ピンク・黄緑・水色などきれいな色の組み合わせがおすすめ／スプーン／カップ／新聞紙（下敷き用）

① 紙に絵の具をたらす

画用紙に絵の具をスプーンでたらします。少し高い位置からたらすと楽しいです。

② 紙を立てて打ちつける

画用紙の両側を持って紙を立て、机にトントンと打ちつけて絵の具をたらします。

③ いろいろな方向で行う

紙の向きを持ちかえて、いろいろな辺を机に打ちつけます。

ポイント

・絵の具が濃くて重いとなかなかたれませんが、薄めすぎると乾燥後に色が残らないので溶く水の量を調節しましょう。
・ツルツルした紙で行うと、絵の具がよく滑ります。

絵の具

ろうそくで吹き絵

1 2 3 **4 5** 歳児

ねらい ▶▶▶ ●「吹く」ことをコントロールする ●ろうそくが絵の具をはじくことを知る

ことばかけ
ストローで絵の具をフーッと吹いてごらん。
下から見えていなかった絵が浮かび出てくるよ。

用意するもの
画用紙／薄めの溶き絵の具／スプーン／カップ／ストロー（8〜10cmに切っておく）／ろうそく

1 ろうそくで描く
画用紙にろうそくを使って描きます。

2 絵の具をストローで吹く
画用紙に絵の具をスプーンでたらして、ストローで息を吹きかけます。ろうそくの線を絵の具がはじいて、絵が浮かび出てきます。

ポイント
・ろうそくで描くときは、強めの力で描きましょう。
・ろうそくをはじきやすいよう、絵の具は薄めに溶いておきましょう。

アレンジアイデア
ろうそくで絵を描いたら、ほかの子の絵と交換します。たらした絵の具をストローで吹いて、どんな絵が出てくるかを楽しみましょう。

車が出てきた！ あっお花だ！

第4章 素材あそび

墨汁 マーブリング

1 2 3 4 **5**歳児

ねらい ▶▶▶ ●つつく、かき混ぜる動作を経験する ●偶然できる模様を楽しむ

ことばかけ
みんなはこの真っ黒な液体、何か知ってる？
墨汁っていいます。不思議な模様ができるんだよ。

用意するもの
障子紙（15cm×20cm程度に切っておく）／墨汁／細筆／カップ／バット／つまようじ／新聞紙（下敷き用）

ポイント
・バットは使用前に石けんか洗剤を使って洗っておきます。
・プラスチック容器などを使って小さいサイズで行うと、手軽に楽しめます。

① 水の上に墨汁を広げる
墨汁をつけた筆の先をバットに入れた水の上にチョンとつけます。何度か繰り返し、水の表面に墨汁を広げます。

② 模様を作る
そっと指先で墨汁をつついたり、つまようじでかき混ぜたりして、模様を作ります。

③ 障子紙に模様を写し取る
障子紙の両側を持ち、曲げて水面につけてから手を離して広げ、模様を写し取ります。

④ 障子紙を乾かす
新聞紙の上に、写し取った障子紙を置いて乾かします。汚れた水を取りかえて繰り返します。

クレヨン　お水がジャー

1 2 **3 4 5** 歳児

ねらい ▷▷▷ ●体を使って大きく描く　●友だちといっしょに取り組む

ことばかけ
みんなの手が水道の蛇口になるよ。
プールにお水をたくさんジャージャー入れよう！

用意するもの
模造紙／トイレットペーパー芯（輪切りにして切り開いておく）／色画用紙（蛇口の形に切っておく）／丸シール／クレヨン（青または水色）／テープ

ポイント
・クレヨンで描いた上にのるため、ひざや足の裏が汚れてもよいように、はだしになってあそびます。
・模造紙は、園のプールの形に切り抜いておくと、よりイメージしやすくなります。

1　水道の蛇口を作る

蛇口の形に切った色画用紙に丸シールを貼ります。輪切りにして切り開いたトイレットペーパー芯に蛇口の紙を貼り、子どもの手に巻きます。取れやすいときは、手首側をテープでとめます。

2　プールに水を入れる

床に広げた模造紙に水をイメージしてクレヨンで描きます。

第4章　素材あそび

クレヨン パズルあそび

1 2 3 4 **5** 歳児

ねらい ▶▶▶ ●用途を考えて絵を描く ●自分で作ったおもちゃであそぶ

ことばかけ
自分で描いた絵を、チョキチョキ切ってみよう！ちゃんと元通りに並べられるかな？

用意するもの
画用紙／クレヨン／はさみ

1 絵を描いて切る
画用紙にクレヨンで絵を描いて切り分けます。前もって切る数を決めておかないと細かく切りすぎてあそべなくなるので注意しましょう。

2 パズルあそびをする
切り分けたピースを組み合わせて、元の絵になるようパズルあそびをします。

ポイント
・絵を小さく描くと、絵合わせが難しくなるので大きく描くようにしましょう。
・切り分ける数は、「4ピースまで」「6ピースまで」とあらかじめ決めておきます。

アレンジアイデア
何人かのグループで模造紙にクレヨンで大きな絵を描きます。切り分けたら、みんなでパズルあそびを楽しみましょう。

クレヨン 回し描き&まとめ描き

1 2 3 **4 5** 歳児

ねらい ▶▶▶ ●クレヨンに親しむ ●異なる描き方を楽しむ

ことばかけ
寝かせてくるっと回したり、何本も持って描いたり、今日のクレヨンは、いつもと違う描き方をするよ。

用意するもの
クレヨン（回し描きには、外側の紙を取ったもの）／画用紙

ポイント
・短くなったり紙が破れたりしたクレヨンを取っておくと、回し描きに使えます。
・まとめ描きは、子どもによってクレヨンの本数を調整しましょう。

＜回し描き＞

1 クレヨンを持つ
外側の紙を取ったクレヨンを寝かせて、真ん中を持ちます。

2 回し描きをする
画用紙にクレヨンを寝かせたまま押しつけるようにして、くるっと回して描きます。

＜まとめ描き＞

1 クレヨンを持つ
4本ぐらいのクレヨンを、片手でまとめて持ちます。

2 まとめて描く
クレヨンをまとめて持ったまま、ゆっくりと半円のように動かし、虹を描きます。

第4章 素材あそび

ペン

透明素材に描こう

1 2 3 4 5 歳児

ねらい ▶▶▶ ●開放感を感じながら、のびのびと描く ●異素材に描く体験をする

ことばかけ：紙の代わりに、透明のポリ袋に絵を描くよ。2枚重ねたら、あ〜ら不思議。1枚の絵になっちゃった！

用意するもの
透明のポリ袋（大）／テープ／油性ペン

① ポリ袋を窓に貼って描く
保育者が大きな透明のポリ袋を切り広げて、テープで窓に貼ります。油性ペンで絵を描きます。

② 別のポリ袋を重ねる
①と同じようにして絵を描いた別のポリ袋を上から重ねて貼ります。

ポイント
・薄いポリ袋は、ペン先で破れることがあるので厚めのものを用意しましょう。
・ガラス戸などに2枚のポリ袋を両側から貼っても楽しめます。

アレンジアイデア
小さい子は透明素材のシールを貼ったり、大きい子はカラーセロハンを切って貼ったりしてもあそべます。いろいろな透ける素材で飾ると、重ねたときにさらに楽しくなります。

ペン ティッシュアート

1 2 3 **4 5** 歳児

ねらい ▶▶▶ ● 紙をていねいに折る　● ペンがにじむようすを観察する

ことばかけ
ティッシュにいろいろな色で点々を打ってみよう！
そーっと開くと、どんな模様が出てくるかな？

用意するもの
ペン／ティッシュ（または、紙ナフキンやキッチンペーパー）

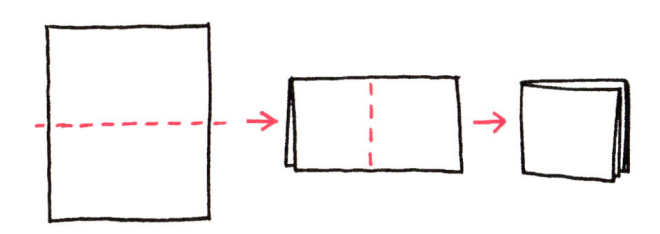

1　1枚ずつに分けて折る

ティッシュや紙ナフキン、キッチンペーパーなど、2枚重なっている部分をそっとはがして1枚ずつに分けます。その紙を四つ折りにします。

2　ペンで点を打つ

★の部分を中心に、インクをしみこませるようにペンで点々を打ったり、線を描いたりします。

3　そっと開く

破れないようにゆっくりと開くと、模様が出てきます。

ポイント
・ティッシュは破けやすいので、最初はキッチンペーパーなどであそんで、慣れてきたら、ティッシュに挑戦しましょう。
・開くときは破れないよう、ていねいに広げましょう。

第4章　素材あそび

新聞紙 はらぺこ怪獣

1 **2** 3 4 5 歳児

ねらい ▶▶▶ ●新聞紙を丸めるのを楽しむ ●箱に入れて体を動かしてあそぶ

ことばかけ
あれれ、怪獣がおなかをすかせているよ。
みんなでおまんじゅうを作って食べさせてあげよう！

用意するもの
新聞紙（4分の1に切っておく）／段ボール・色画用紙（穴を開けた段ボールに色画用紙で作った怪獣の顔を貼っておく）／クレヨン

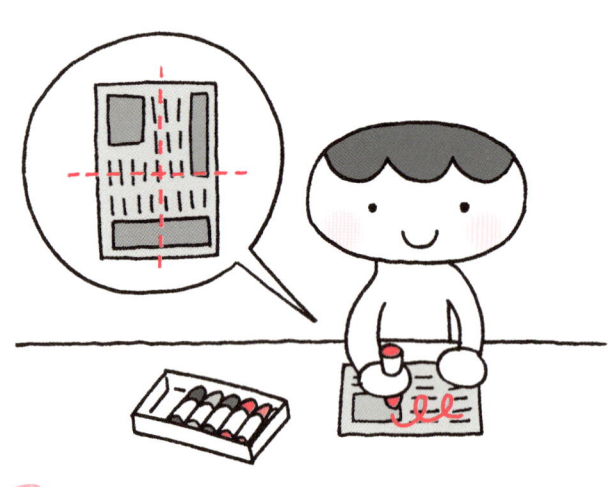

1 新聞紙をクレヨンで塗る
新聞紙をクレヨンで塗って色（＝味）をつけます。

2 おまんじゅうを作る
新聞紙を丸めてギュッと握って、おまんじゅうを作ります。

3 怪獣に食べさせる
はらぺこ怪獣の口に、「はい、どうぞ」と新聞紙のおまんじゅうを入れてあそびます。

ポイント
・「赤＝イチゴ味」「黄色＝バナナ味」など、食べ物の色に見立ててイメージしましょう。
・あそびに夢中になって、ぶつかったり押したりしないよう見守りましょう。

新聞紙 ニョロニョロ大蛇

1 2 **3 4** 5 歳児

ねらい ▶▶▶ ●紙を裂くことを体験する ●部屋全体に広げてダイナミックにあそぶ

ことばかけ
ニョロニョロって、長いもの、な〜んだ？
そう、ヘビだね。ヘビさんの長さはどのくらいかな？

用意するもの
新聞紙／テープ

1 新聞紙を裂く
裂く方向に注意して、新聞紙を細長く裂きます。

2 新聞紙をつなげる
裂いた新聞紙をテープでつなぎ合わせ、ヘビを作ります。

ポイント
・新聞紙は縦の方向にしか裂けないので、裂く方向に注意しましょう。
・途中で破れてしまったときは、テープでつなぎ合わせます。

アレンジアイデア
数人ごとのチームに分かれ、制限時間内にどのチームのヘビがいちばん長くつながっているかを競争します。

第4章 素材あそび

新聞紙 宝探し

1 2 **3 4 5** 歳児

ねらい ▶▶▶ ●紙を丸める動作を楽しむ ●探し当てる喜びを知る

ことばかけ：新聞紙のボールの中に宝物が入っているよ！いっぱいボールがあるけど見つけられるかな？

用意するもの
新聞紙（4分の1に切っておく）／ポリ袋／宝物（ペットボトルのふたやどんぐりなど）

1 新聞紙でボールを作る
新聞紙を丸めてボールを作ります。ペットボトルのふたやどんぐりなどを入れて丸めた宝物のボールも作ります。

2 宝物を探す
みんなが丸めたボールを集めて、ポリ袋に入れて混ぜたら、床の上に広げます。ボールを拾って新聞紙を広げ、宝物のボールを探します。

ポイント
・宝物を作る役は、順番に交代するようにしましょう。
・宝物が少なすぎると飽きてしまうので、全体の1〜2割ぐらい入れておくとよいでしょう。

アレンジアイデア
当たりの宝物のほかに、外れのボールを混ぜておきます（たとえば、当たりをどんぐり、外れをペットボトルのふたにするなど）。当たりを探すときに、盛り上がります。

新聞紙　大きな新聞紙

1 2 3 **4 5** 歳児

ねらい ▷▷▷　●形をイメージしながら作る　●友だちと協力し合う

ことばかけ
みんな、魔法のじゅうたんって知ってるかな？
新聞紙をつなげて、魔法のじゅうたんに変身させよう。

用意するもの
新聞紙／ガムテープ

第4章　素材あそび

<魔法のじゅうたん>

グループで新聞紙をガムテープでつなぎ合わせて、大きな1枚にします。

<ロケット>

グループで形をデザインしながら、新聞紙をガムテープでつなげてロケットなどの形にします。

ポイント

・滑りやすいので、はだしになってあそぶとよいです。
・船や車など、グループごとに何を作るか相談してテーマを決めましょう。

アレンジアイデア

新聞紙に穴が開いたり、破れたりしたら、修理班の出番です！修理作業もあそびの一つにして楽しみます。

あっ　ビリッ　修理班出動！

新聞紙 輪投げ

1 2 3 **4 5** 歳児

ねらい ▶▶▶ ● ねじって輪にする動作を楽しむ　● 自分で作ったおもちゃであそぶ

ことばかけ
みんなは輪投げあそびが好きかな？
新聞紙を使って輪投げを作ってみよう！

用意するもの
新聞紙／テープ／ガムテープ

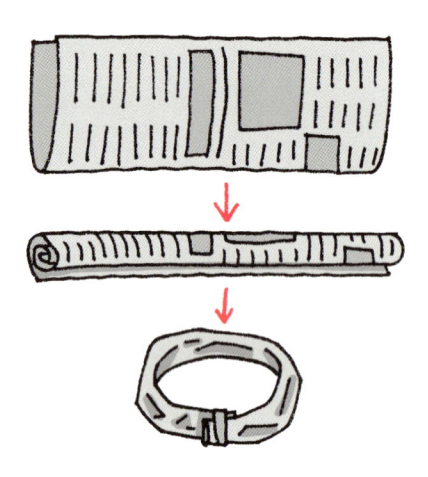

1 新聞紙で輪を作る
新聞紙を巻いてねじり、直径20cmぐらいの輪になるよう、テープでとめます。

2 新聞紙で的を作る
新聞紙を巻いてねじり、二つ折りにします。両端を折り曲げ、床にガムテープで貼りつけます。

3 投げて的に通す
的めがけて、新聞紙の輪を投げてあそびます。

ポイント
・新聞紙を巻いてねじる動作が難しい場合は、たたんで作るとよいです。
・的をめがけて投げるのが難しい子は、的の上から輪を落としてあそびます。

新聞紙 ボーリング

1 2 3 **4 5** 歳児

ねらい ▶▶▶ ●新聞紙を丸めて大きな玉を作る ●体を動かしてあそぶ

ことばかけ: 新聞紙を丸めて、小さい玉をだんだん大きくしていくよ。できたらピンに当てて、ボーリングあそびをしよう！

用意するもの
新聞紙（切り分けておく）／ペットボトル／絵の具／テープ

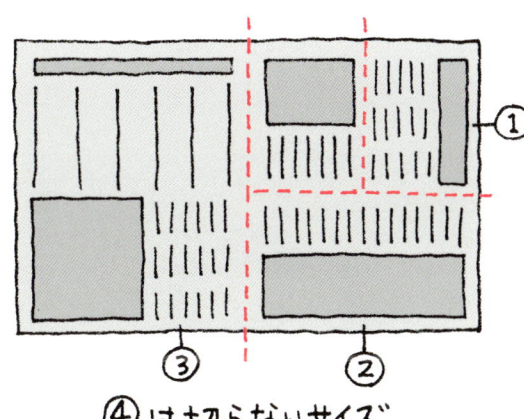

④は切らないサイズ

1 新聞紙を切り分ける
保育者は、新聞紙を三つのサイズに切り分けて、4種類のサイズを用意します。

2 新聞紙を丸めて玉を作る
小さい新聞紙から丸めて、順番に次に大きい新聞紙でくるんでいき、玉を大きくします。開いてしまう場合は、テープでとめます。

3 ピンに当ててあそぶ
ペットボトルの中に、色水を入れてピンにします。新聞紙で作った玉を当ててボーリングを楽しみます。

ポイント
・新聞紙を丸めるときは、慌てず小さい玉からしっかりと丸めていきましょう。
・ピンの重さは、ペットボトルの中の色水の量で調整します。

第4章 素材あそび

新聞紙 コスチューム作り

1 2 3 4 **5**歳児

ねらい ▶▶▶ ●自分で作ったものを身につけてあそぶ ●新聞紙が変化するようすを楽しむ

ことばかけ
この新聞紙から、何ができるかな？
コスチュームを作って、みんなで変身しよう！

用意するもの
新聞紙／テープ／ガムテープ／はさみ／ホッチキス（保育者用）

ポイント
・新聞紙が破れてしまったらビニールテープなどでとめて、模様のように見せてもよいでしょう。
・コスチュームを身につけたら、ファッションショーを行っても楽しいです。

<上着>
新聞紙の折り目の真ん中を切り取り、切り込みを入れて両側に折って首を通す部分を作ります。

<ベルト>
細長く折った新聞紙を腰に二重に巻いて、後ろをガムテープでとめます。

<ターバン>
新聞紙を頭に巻いて、保育者が頭の大きさに合わせてホッチキスでとめます。余った部分は後ろにたらします。

<リボン>
広げた新聞紙の中央にひだを寄せて、テープでとめます。ターバンの上から頭につけたり、ベルトの上から腰につけたりします。

紙 ふわふわバルーン

1 2 3 4 5 歳児

ねらい ▶▶▶ ●紙を丸めたりちぎったりして手全体を使う ●自分の作ったおもちゃであそぶ

ことばかけ
フワフワ軽くて浮かぶもの、わかるかな？
いろいろな色の紙がたくさん入った風船を作るよ！

用意するもの
ポリ袋（大）／折り紙／広告紙／
お花紙／テープ（保育者用）

1 袋に紙を入れる
ポリ袋の中に、丸めたりちぎったりした折り紙や広告紙、お花紙などを入れます。

2 空気を入れて閉じる
保育者が空気をたっぷり入れてから、袋の口を閉じます。
袋の両側の角は、内側に折ってテープでとめます。

3 バルーンであそぶ
できたバルーンを、ボールのようにポンポンはねさせてあそびます。

ポイント
・ポリ袋の外側にシールを貼って飾っても楽しめます。
・バルーンは、ゲームのバトン代わりに使ってもあそべます。

第4章 素材あそび

共同コラージュ

紙 | 1 2 3 **4 5** 歳児

ねらい ▶▶▶ ●協力して大きな作品を作る ●裂く、ちぎる、丸める、貼るのを楽しむ

ことばかけ
ここに、大きな木の幹が1本あります。
枝や葉、実をつけて、みんなで木を飾ってみよう！

用意するもの
模造紙（クラフト紙の幹を貼っておく）／クラフト紙／折り紙／のり

1 クラフト紙と折り紙を貼る
保育者が模造紙にクラフト紙の幹を貼っておきます。クラフト紙を裂いた枝を貼ってから、折り紙をちぎった葉を貼ります。

2 丸めた折り紙を貼る
折り紙をくしゃくしゃに丸めて花や実を作って貼ります。

ポイント
・枝は、太さを意識して貼れるよう、太い枝は下、細い枝は上に貼るなどを決めておくとよいでしょう。

アレンジアイデア
季節に合わせて、木の種類をかえます。春はサクラ、夏は細かくちぎってサルスベリ、秋はキンモクセイや紅葉、冬はミカンなど、季節を感じるテーマにしましょう。

紙 みんなの町作り

1 2 3 **4 5** 歳児

ねらい ▶▶▶ ●友だちといっしょに協力し合う ●役割を分担して表現を楽しむ

ことばかけ
みんなの住んでいる町は、どんな町かな？
何があると楽しい町になるか、みんなで作ってみよう。

用意するもの
模造紙／色画用紙／画用紙／広告紙／空き箱／クレヨン／のり／はさみ

1 道を作る
模造紙に細長く切った色画用紙を貼って、道を作ります。

2 クレヨンで周りに描く
道の周りに、クレヨンで家や公園、海などを自由に描きます。

3 人や車を作ってあそぶ
画用紙に切り込みを入れ立たせて人を作ったり、空き箱に広告紙を貼って車を作ったりします。できたら、町の上で動かしてあそびます。

ポイント
・空き箱の車を宅配便に見立て、中に紙や絵の荷物を入れて配達ごっこをしたり、別の空き箱でポストを作って手紙を届けたりすると、あそびが広がります。

第4章 素材あそび

シール シール貼り

ねらい ▶▶▶ ● シールを貼ることを楽しむ ● 色や配置を意識して貼る

1 2 3 4 5 歳児

ことばかけ
みんながとっても好きな、シール貼りをします。線が描いてある折り紙に、貼ってあそぼうね。

用意するもの
丸シール／折り紙（ペンで線を描いておく）

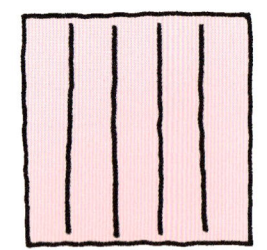

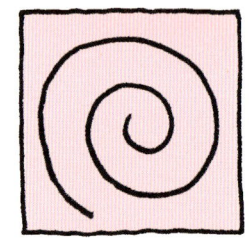

1 折り紙に線を描いておく
保育者は、いろいろな色の折り紙にペンで渦巻きや格子、しま模様などを描いておきます。

2 シールを貼る
折り紙にいろいろな色の丸シールを自由に貼ります。

ポイント
・丸シールは何色も用意しておくと、色を選べて楽しいです。
・線の上に貼ったり、ますの内側に貼ったり、シールを重ねて貼ったり、貼り方に個性が出ます。

アレンジアイデア
二人でペアになり、順に同じ折り紙に丸シールを貼ってあそびます。赤と白など担当の色を決めて、交互に格子を描いた折り紙のますを埋めてもよいでしょう。

芯材 / **つなげて玉転がし**

1 2 3 4 **5**歳児

ねらい ▶▶▶ ● リサイクル素材でおもちゃを作る ● 友だちと協力し合う

ことばかけ
二人でペアになって、アルミホイルの玉を転がすよ！二人の息をしっかり合わせることが大事だよ。

用意するもの
トイレットペーパー芯／アルミホイル／テープ

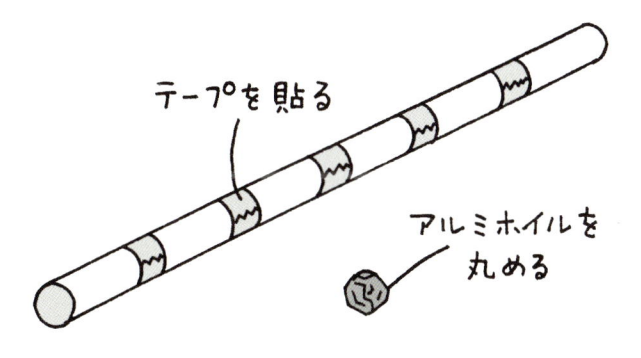

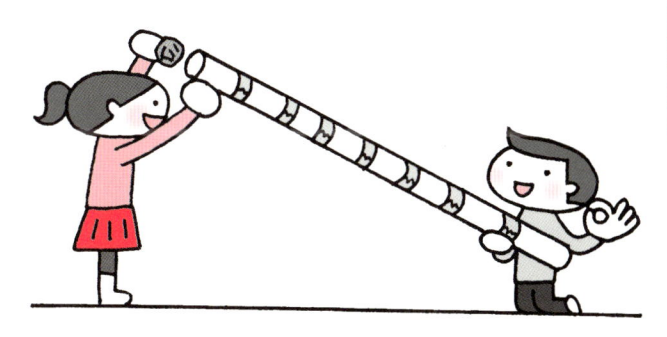

第4章 素材あそび

テープを貼る
アルミホイルを丸める

① トンネルと玉を作る
トイレットペーパー芯をテープでつなげて、トンネルを作ります。アルミホイルを丸めて玉を作ります。

② 玉を転がす
ペアでトンネルの両端をそれぞれ持ち、アルミホイルの玉を転がします。転がりやすいように、トンネルの位置を調整します。上下を交代して繰り返します。

ポイント
・テープだけでは芯材がとれてしまう場合は、ガムテープで補強します。
・アルミホイルは手のひらできれいに丸めて、転がりやすいように最後に形を整えます。

アレンジアイデア
トンネルが斜めになるように壁に貼りつけ、玉を受ける側に段ボール箱を用意しておきます。順番にアルミホイルの玉を入れてあそびます。

183

芯材 かみ合わせブロック

1 2 3 4 **5**歳児

ねらい ▶▶▶ ●位置や深さを意識して切り込みを入れる ●倒れないようバランスを考える

ことばかけ
どれぐらい高く積み上げられるかな？
ゆらゆらしたり、倒れたりしないようにつないでみよう。

用意するもの
トイレットペーパー芯／はさみ

1 芯に切り込みを入れる
芯に2か所、切り込みを入れます。切り込みが、近すぎたり浅すぎたりしないよう、注意しましょう。

2 かみ合わせてつなげる
芯どうしの切り込み部分をかみ合わせて、バランスを見ながら高く積み上げていきます。

ポイント
・切り込みの位置や深さによっては、かみ合わないので気をつけましょう。
・どうしたら高く積み上げられるか、くふうしながらあそびます。

アレンジアイデア
たくさんブロックを作ります。チームに分かれて、制限時間内にどのチームがいちばん高く積み上げられるかを競ってあそびます。

芯材 くっつき的当て

1 2 3 4 **5**歳児

ねらい ▶▶▶ ●芯を投げるユニークな動きを楽しむ ●異素材に描く経験をする

ことばかけ
ボールの代わりに、今日は芯を投げてあそぶよ。いちばん難しい的の真ん中に当てられるかな？

用意するもの
トイレットペーパー芯／エアパッキン／油性ペン／はさみ／ガムテープ／テープ（保育者用）

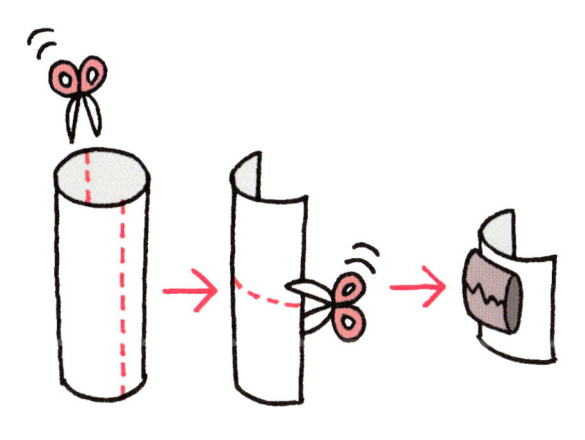

1 芯で玉を作る
トイレットペーパー芯を縦半分、横半分に切って4分の1にして、輪にしたガムテープを貼りつけます。

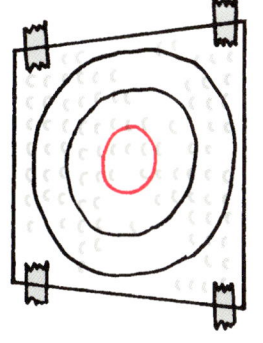

2 的を作る
エアパッキンに、油性ペンで描いて的を作ります。

3 的めがけて玉を投げる
保育者が的を壁にテープで貼ります。的に向かって、玉を投げてあそびます。

ポイント
・的は、位置ごとに点数を決めておいても楽しめます。
・的までの距離や的を貼る高さは、子どものようすを見ながら調整しましょう。

第4章 素材あそび

ポリ袋 空気でっぽう

1 2 3 **4 5** 歳児

ねらい ▶▶▶ ●動きのあるあそびを楽しむ ●力加減や方向をくふうする

ことばかけ　(作品を見せながら) 3、2、1…、空気でっぽう発射！ 遠くまで飛ぶかな？　今からみんなで作ってみよう。

用意するもの
トイレットペーパー芯2本またはアルミホイルやラップ芯1本／ポリ袋／輪ゴム／紙コップまたは封筒／ガムテープ

ポイント
・ポリ袋の底と袋の中の芯の先との間が短いと飛ばないので、保育者が確認しながら作りましょう。

1 空気でっぽうを作る

①袋にガムテープでつないだ芯を入れます (1本の場合はそのまま)。
②輪ゴムで袋の口と芯をとめます。
③芯を引き上げます。
④ガムテープで袋の口をしっかり貼って、空気がもれないようにします。

2 紙コップをのせる

袋に芯から空気を吹き込み、紙コップ (または半分に切った封筒の底部分) を芯の上にのせます。

3 飛ばしてあそぶ

袋を下から手で打って、紙コップや封筒を飛ばします。

ポリ袋 ふんわり凧

1 2 3 4 **5**歳児

ねらい ▶▶▶ ● 自分で作ったおもちゃであそぶ　● 体を動かす楽しさを味わう

ことばかけ
持ちながら走ると、凧がふんわりあがるよ！
ひもを離さないように、しっかり指に巻きつけてね。

用意するもの
ポリ袋（大）／ひもまたは毛糸／はさみ／テープ

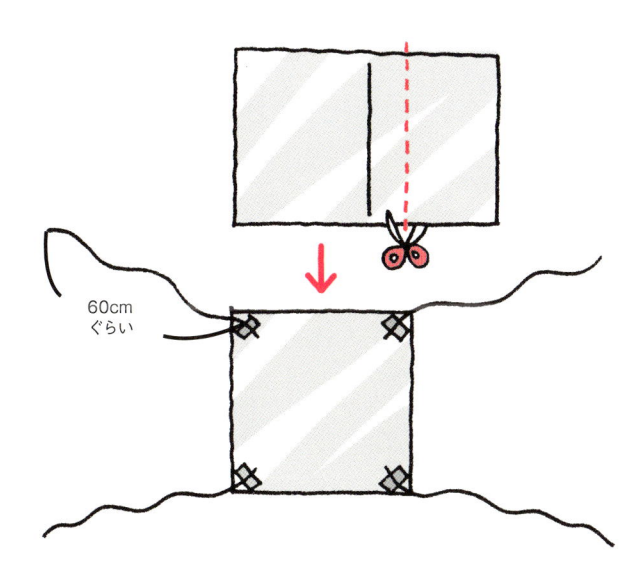

1 ポリ袋で凧を作る

切り開いたポリ袋を正方形に切ります。四隅に60cmぐらいのひもをテープで貼り、4本のひもをまとめて結びます。

2 ひもを持って走る

ひもが外れないように、中指に2回しっかりと巻きつけて持ちます。勢いよく走って、凧をあげます。

ポイント
・袋とひもがはがれないように、テープでしっかり貼ります。
・子どもの背の高さに合わせて、ひもの長さを調節しましょう。

アレンジアイデア
ポリ袋の代わりにカラーポリ袋で作ります。油性ペンやビニールテープで模様をつけて、色の組み合わせを楽しみましょう。

第4章　素材あそび

段ボール トンネルくぐり

1 **2** **3** **4** 5 歳児

ねらい ▶▶▶ ●探検する気分を味わう ●くぐったり、のぞいたり体全体を動かす

ことばかけ
みんなで段ボールトンネルの探検に出かけよう！進んでいくと楽しいしかけがいっぱいあるよ。

用意するもの
段ボール・スズランテープ・ガムテープ・カッター（トンネルを作っておく）

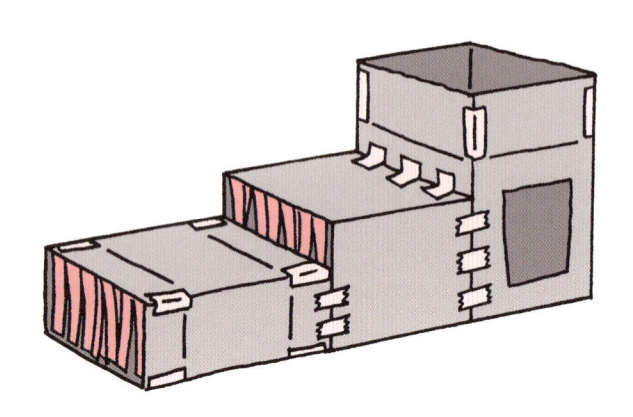

ポイント
・段ボールの中が真っ暗にならないよう、側面を切り抜いて四角や三角などの窓を開けておきましょう。
・見晴らしスポットでは、ポーズをとったりすると楽しいでしょう。

1 段ボールでトンネルを作る

保育者は、入り口にスズランテープをつけた段ボールをガムテープでつなげてトンネルを用意します。ところどころに、上部を開いた見晴らしスポットや側面を切り抜いた窓を作ります。

2 トンネルの中を進む

スズランテープをくぐって、トンネルを進みます。見晴らしスポットから顔を出したり、窓から外をのぞいたりしてあそびます。

段ボール 秘密基地

1 2 **3 4 5** 歳児

ねらい ▶▶▶ ● イメージしたものを作る楽しさを味わう ● 友だちと協力し合う

ことばかけ
> 秘密基地って、何だかワクワクするよね。
> 段ボールに飾りをつけて、とっておきの基地を作ろう！

用意するもの
段ボール（大きさの違うもの何種類か）／空き箱／トイレットペーパー芯／ゼリーなどの空き容器／ペットボトル／エアパッキン／ストロー／ガムテープ／テープ／はさみ

第4章 素材あそび

1 段ボールを重ねる
グループに分かれてどんなふうに作るか話しながら、段ボールをガムテープで貼り合わせて重ねます。

2 飾りをつける
段ボールに空き箱や芯、エアパッキンやストローなど、いろいろな素材をテープやガムテープで貼って飾りつけます。

ポイント
・飾り用の素材は、たくさんの種類を用意しておきましょう。
・子どもどうしで相談しながら、イメージを膨らませて作りましょう。

アレンジアイデア
グループごとに作った秘密基地を、最後にすべて合体させます。巨大ステーションのようにして、作品展で飾っても楽しいです。

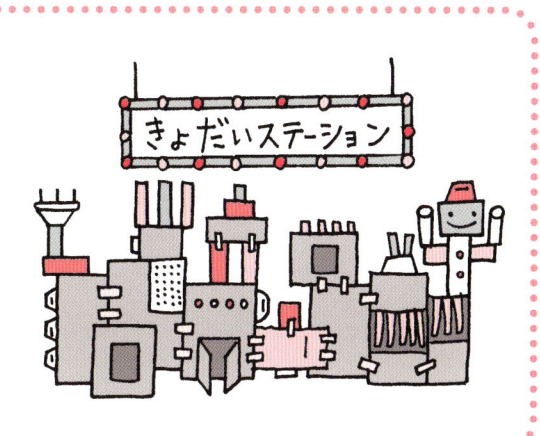

きょだいステーション

牛乳パック 積み上げブロック

1 2 3 4 5 歳児

ねらい ▶▶▶ ●友だちと協力して作る楽しさを知る ●形の組み合わせをくふうする

ことばかけ
ブロックあそびが好きな子、手をあげて！
牛乳パックと段ボールでいろんな形を作ってみよう。

用意するもの
牛乳パック（1ℓ）／段ボール板（いろいろなサイズに切っておく）／ガムテープ

1 牛乳パックのブロックを作る
牛乳パックの口を閉じてガムテープで貼り、ブロックを作ります。小さい子の場合は、保育者が用意します。

2 積み上げてあそぶ
牛乳パックのブロックと段ボール板を組み合わせて、積み上げたり横に並べたりしてあそびます。

3 形を作ってあそぶ
同じように牛乳パックのブロックと段ボール板を使って、城やロボット、車など、形を作ってあそびます。

ポイント
・牛乳パックに紙を貼り、いろいろな色のブロックにしても楽しめます。
・大きさが違う段ボール板を混ぜることで、あそびが広がります。

牛乳パック ロボットあそび

1 2 **3 4 5** 歳児

ねらい ▶▶▶ ●なりきりあそびを楽しむ ●細かいパーツを作り、イメージを膨らませる

ことばかけ：（ロボットの動きをまねしながら）カクカク…、牛乳パックをつけて、ロボットに変身しよう！

用意するもの
牛乳パック（1ℓ・上下を切り取っておく）／スポンジ／カラー布テープ／テープ／油性ペン

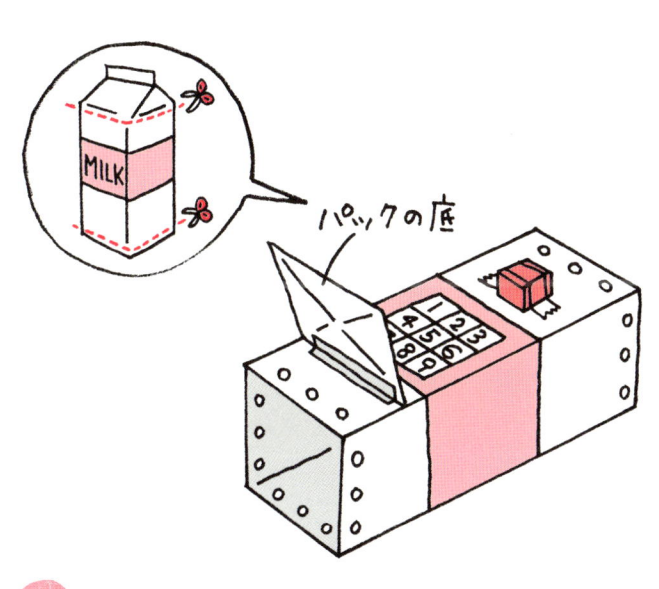

1 ロボットのパーツを作る
保育者は、牛乳パックの上下を切り取ります。油性ペンで描いたり、スポンジをテープで貼ったりします。パックの底は、カラー布テープで動かせるように片側だけつけます。

2 腕にはめてあそぶ
牛乳パックを腕にはめて、スイッチを押したり、レーダーに向かって指令を出したりしてあそびます。

ポイント
・歩くときに「ガシャン、ガシャン」と音をつけたりして、ロボットになりきりましょう。
・スポンジのほかに、ボタンやペットボトルのふたを使ってもよいです。

アレンジアイデア
上下を切り取った牛乳パックに油性ペンで描いたものを足にもつけてあそびます。大きい子だと、足に牛乳パックが通らないことがあるので確認しておきましょう。

第4章 素材あそび

ペットボトル

キラキラウォーター

1 **2 3** 4 5 歳児

ねらい ▶▶▶ ●振ったり、底からのぞいたりして、いろいろな見え方を観察する

ことばかけ
（作品を見せながら）中に入っているもの何かな？
みんなの好きなキラキラが、お水にいっぱい入るよ。

用意するもの

ペットボトル（350㎖）／大きめのビーズ／アルミホイル（小さく切り分けておく）／スパンコール／ストロー（細かく切っておく）

1 ペットボトルに入れる

ペットボトルに、ビーズやスパンコール、丸めたアルミホイルやストローなどのキラキラ光るものを入れます。

2 水を注ぐ

ペットボトルに水を注いで、しっかりふたを閉めます。

3 回したり振ったりしてあそぶ

ペットボトルをぐるぐる回したり振ったりして、中の水をかき混ぜ、キラキラするようすを楽しみます。

ポイント

・ペットボトルに入れる水の量は、子どもの持つ力によって調節します。
・水に沈むもの（ビーズやスパンコール）と浮くもの（アルミホイルやストロー）の違いも楽しめます。

ペットボトル 水中飛び出しあそび

1 2 **3 4** 5 歳児

ねらい ▶▶▶ ●色の組み合わせをくふうする　●動きのあるあそびを楽しむ

ことばかけ：水中からポーンとペットボトルが飛び出すよ。沈めるときの力加減や向きに気をつけてね。

用意するもの
ペットボトル（500mℓ）／お花紙／ストロー

1 お花紙を詰める
ストローを使って、ペットボトルの中にお花紙を押し込んで詰めます。

2 ペットボトルを水に沈める
ペットボトルのふたをしっかり閉めて、プールやたらいで水の中に沈めます。

3 ペットボトルを飛び出させる
沈めたペットボトルから手を離して、ペットボトルを勢いよく飛び出させます。人に当たらないよう、十分注意してあそびましょう。

ポイント
・お花紙を詰めるときは、途中で外側から色のバランスなどを確認するようにしましょう。
・お花紙の代わりに、切り分けたカラーポリ袋を詰めてもあそべます。

第4章　素材あそび

発泡トレー　水に浮かぶおもちゃ

1 2 **3 4 5** 歳児

ねらい ▶▶▶ ●水あそびに使えるおもちゃを作る　●トレーに描いたり穴を開けたりを楽しむ

ことばかけ　（作品を見せながら）パクパク…水に浮かぶおもちゃだよ。好きな顔を作って、みんなで水の中でおしゃべりしよう！

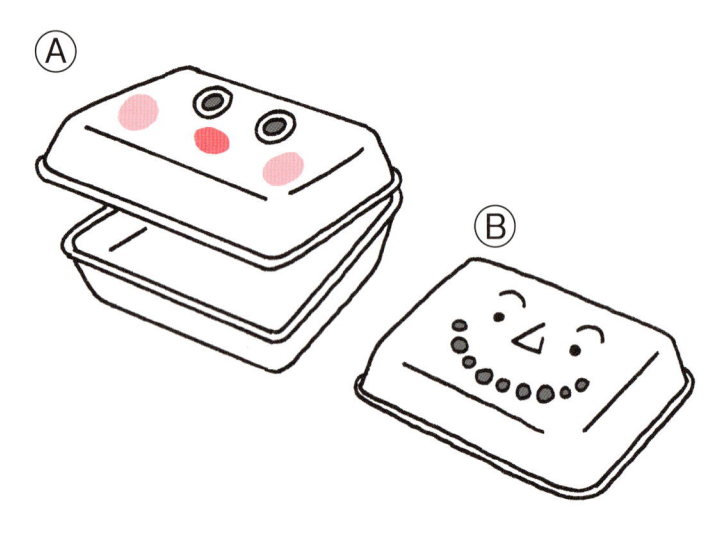

用意するもの
発泡トレー／油性ペン／ガムテープ／鉛筆など

ポイント
・ガムテープ以外のテープは、水あそびには向きません。
・発泡トレーどうしは、ガムテープでしっかりととめましょう。

1 発泡トレーで作る
A：発泡トレーに油性ペンで顔を描き、同じ形のトレーと重ねてガムテープでつなぎます。
B：目鼻を油性ペンで描いた発泡トレーに、鉛筆などで穴を開けて口をつけます。

2 水の中であそぶ
プールやたらいの中で、パクパクと口の開閉を楽しんだり、浮かべたりしてあそびます。

発泡トレー

あおぎっこ競争

1 2 3 **4 5** 歳児

ねらい ▶▶▶ ● ユニークな動きに興味を持つ　● ゲームを楽しむ

ことばかけ
> みんな、うちわでパタパタあおいだことあるかな？
> 今日は、あおいでトレーを動かしてあそぶよ。

用意するもの

発泡トレー／段ボール板（または、うちわや下敷き）／クレヨン

ポイント

・夢中になりすぎて、子どもどうしがぶつからないように見守りましょう。
・どうすればトレーが進むのか、あおぎ方をくふうしてあそびましょう。

第4章 素材あそび

① トレーにクレヨンで描く

発泡トレーにクレヨンで顔や模様などを描きます。

② あおいで進ませる

床に置いたトレーを段ボール板などであおいで進ませます。レースをしたり、チームに分かれてリレーにしたり、ゲームを楽しみます。

195

スズランテープ ひらひらステッキ

1 2 **3** **4** 5 歳児

ねらい ▶▶▶ ●壊れないよう丈夫に作る　●揺れる動きに興味を持つ

ことばかけ
ステッキってわかるかな？
ひらひらきれいなステッキを作って踊ると楽しいよ！

用意するもの
スズランテープ（1〜1.3m程度に切っておく）／新聞紙／テープ

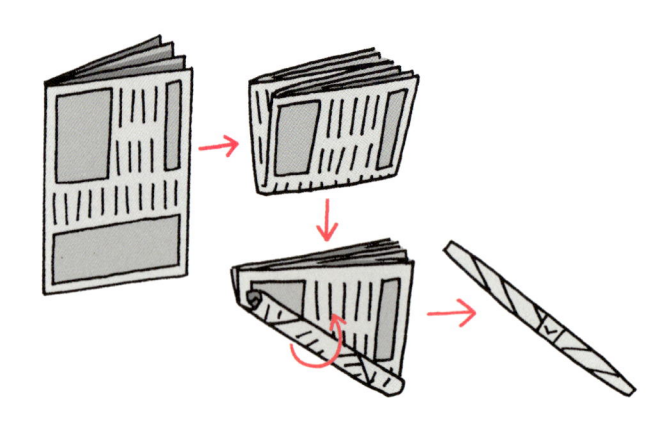

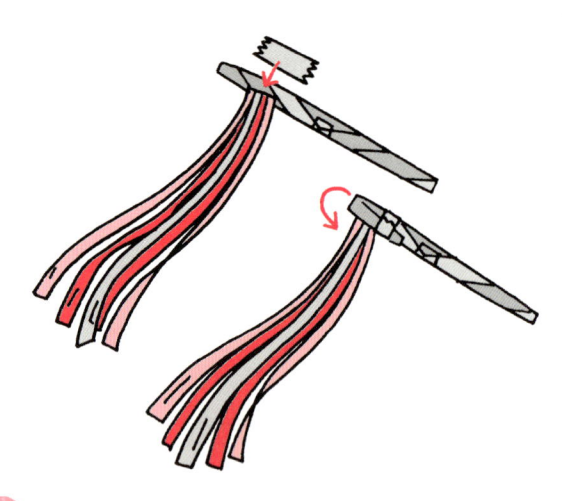

1 新聞紙を巻く
新聞紙2枚を重ねたまま二つ折りにします。端から斜めに巻いていき、巻き終わりをテープでとめます。

2 スズランテープをつける
スズランテープ（5本ぐらい）をテープで新聞紙に貼ります。スズランテープをくるむように新聞紙の先端を折り曲げたら、テープでしっかりとめます。

3 持ってあそぶ
できたステッキを持って、ひらひらさせながら走ったり、ぐるぐる回しながら踊ったりしてあそびます。

ポイント
・スズランテープをつけた先端を折り曲げて、テープで新聞紙に貼ることで丈夫になります。
・スズランテープは何色か用意しておき、選べるようにしましょう。

スズランテープ ポンポン

1 2 3 4 **5** 歳児

ねらい ▶▶▶ ● スズランテープの感触を楽しむ ● 自分で作ったおもちゃであそぶ

ことばかけ：ポンポンって、どうやって作るか知ってるかな？ていねいに裂いて、フワッフワのポンポンを作ろう！

用意するもの
スズランテープ（40〜50cmにたくさん切っておく、別の色で1本切っておく）

1 スズランテープを十字に重ねる
スズランテープを1本横に机の上に置きます。その上に、別の色のスズランテープを十字になるよう縦に何本か置きます。

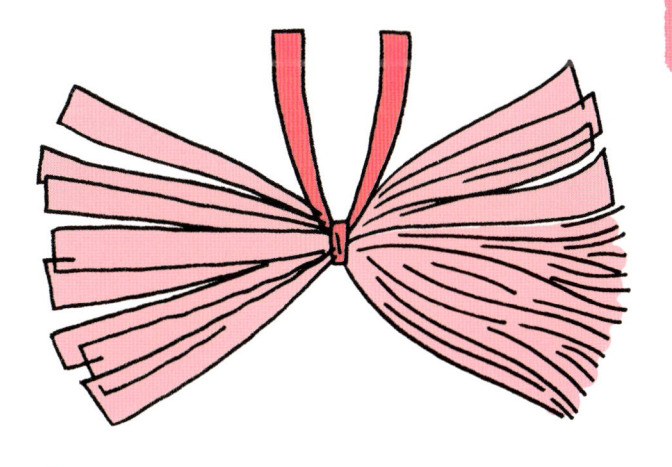

2 結んでから裂く
横に置いたスズランテープの両端を持って真ん中で固結びをします。束になっているスズランテープを細く裂きます。

3 ポンポンであそぶ
できたポンポンを振り回したり、投げたりしてあそびます。

ポイント
・スズランテープの量が多いと結びにくくなってしまうので、大きく作るときは小さな束をいくつか作ってから、まとめて大きくしましょう。

第4章 素材あそび

小麦粉粘土 粘土を作ろう

1 2 **3 4 5** 歳児

ねらい ▶▶▶ ●触るだけで心地よい感触を楽しむ ●物質の変化を体験する

ことばかけ
粘土って楽しいよね。今日はいつもと違う粘土です。サラサラの小麦粉が、なんと粘土に変身するよ！

用意するもの

小麦粉（一人分 200 g～、別に調節用）／塩（防腐剤の役割だが、皮膚の敏感な子には使わないほうがよい）／発泡トレー／カップ／新聞紙（下敷き用）
※小麦アレルギーの子には、配慮しましょう。

1 粉の感触を楽しむ

まずは、小麦粉をたくさん触って感触を十分に楽しみます。

2 水を足す

塩を混ぜてから、水を少しずつ足してこねていきます。

3 こねて感触を楽しむ

水をよく混ぜ込みながら、小麦粉が粘土へと変化していく感触を楽しみます。

ポイント

・粘土はまず、やわらかめに作り、調節用の小麦粉を足しながら作ります。
・新聞紙の上に置いた大きめの発泡トレーの中でこねるとよいでしょう。
・手についた粘土を洗い落とすときは、タオルやスポンジでこすると早く落ちます。

小麦粉粘土

色つき粘土を作ろう

1 2 **3 4 5** 歳児

ねらい ▶▶▶ ●小麦粉の感触の変化を体験する ●色の混ざり具合を楽しむ

ことばかけ
> 赤・青・黄色の粘土を作って混ぜてみよう！
> どんな色の粘土ができるかな？

用意するもの

小麦粉粘土（P.198参照）／絵の具（保育者が作った粘土で1・2歳児があそぶ場合には、食紅など）
※小麦アレルギーの子には、配慮しましょう。

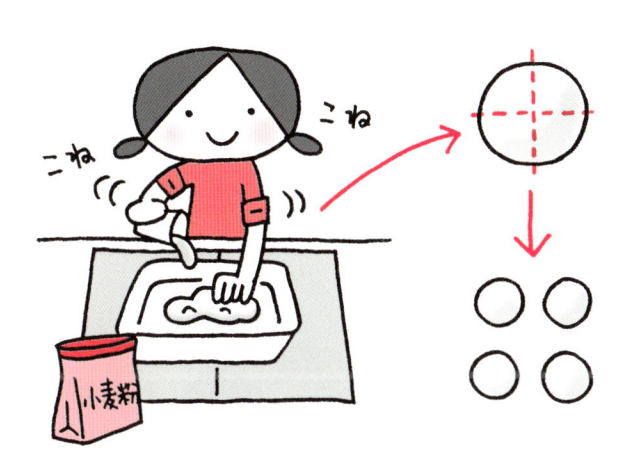

1 小麦粉粘土を分ける

P.198と同じようにして、小麦粉粘土を作ります。できたら、四つに分けます。

2 絵の具を混ぜる

四つに分けた粘土は、一つはそのままで、残り三つそれぞれに赤・青・黄色の絵の具を混ぜ、むらがなくなるまで練り込みます。

3 色粘土を混ぜる

違う色の粘土をくっつけてこねます。さまざまな色のマーブル模様や色の変化を楽しみます。

ポイント

・初めてあそぶ場合は、色をつけないほうが感触に集中できるので、2回目以降に色つき粘土に取り組みましょう。
・ほかの色を混ぜるたびに手を洗わなくてすむように、赤・青・黄色それぞれ色の担当を決めて作り、できた各色の粘土を交換しても。

第4章 素材あそび

プラカップ 色のぞき

1 2 3 4 5 歳児

ねらい ▶▶▶ ●色の組み合わせを楽しむ ●透ける色の重なりや変化に興味を持つ

ことばかけ：（セロハンを見せながら）これ、何か知っているかな？光に透かして見ると、きれいな色が見えるんだよ。

用意するもの
プラカップ／カラーセロハン／テープ

1 セロハンをプラカップに入れる
いろいろな色のカラーセロハンをくしゃくしゃにして、プラカップの中に入れます。

2 プラカップを閉じる
二つのプラカップの口を合わせて、テープでしっかりと閉じます。

3 プラカップをのぞく
プラカップを持って、光にかざしながらセロハンのようすをのぞいて楽しみます。

ポイント
・セロハンを入れるときは、セロハンの色の組み合わせや量を調整しながら作りましょう。
・2歳児の場合は、保育者がプラカップをテープで閉じます。

第5章
折り紙

♣

行事や季節にちなんだものを折り紙で楽しみましょう。
折ったものであそべる折り紙も紹介しています。

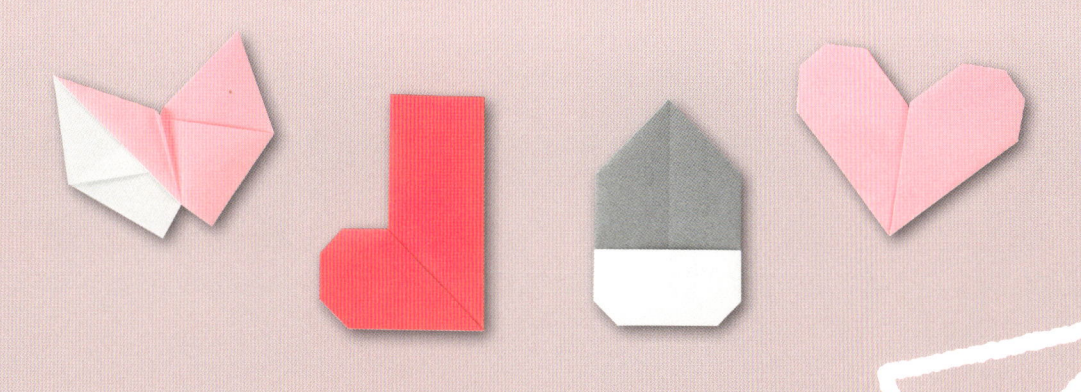

折り図記号	谷折り	山折り	裏返す	向きをかえる
	- - - - -	-・-・-・-	↻	↻
	折りすじをつける	切る	開く	図を拡大する
	⌒→	✂——	⇨	⇨

4月 チューリップ

花と葉を組み合わせるタイプのチューリップです。
いろいろな色で花を折りましょう。

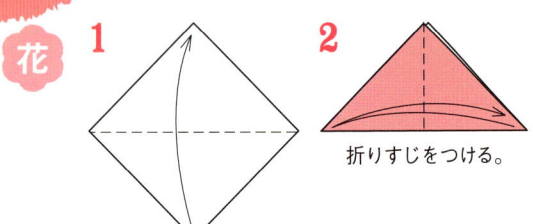

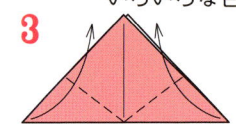

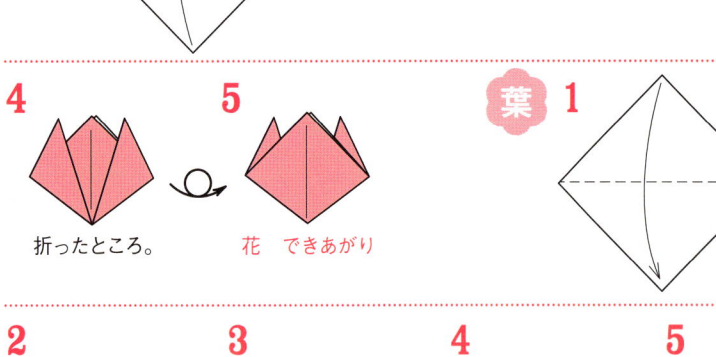

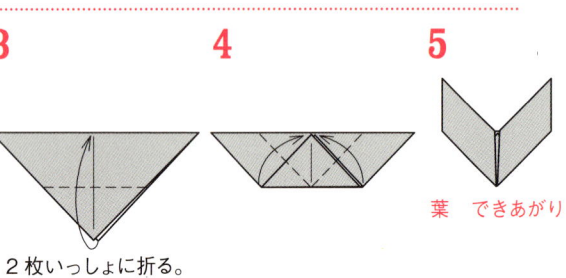

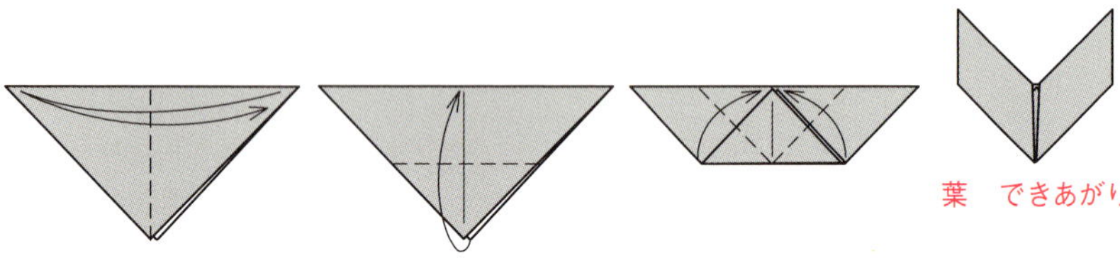

花

1.
2. 折りすじをつける。
3.
4. 折ったところ。
5. 花 できあがり

葉

1.
2. 折りすじをつける。
3. 2枚いっしょに折る。
4.
5. 葉 できあがり

イチゴ

子どもたちが大好きなイチゴ。
みんなの作品を並べて貼ると、イチゴ畑のできあがり。

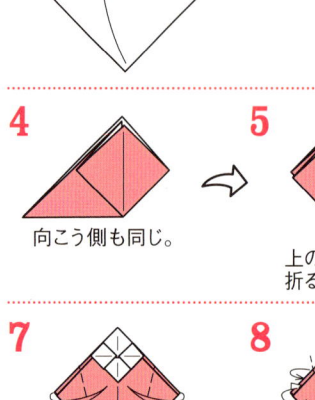

1.
2.
3. 開いて折りたたむ。
4. 向こう側も同じ。
5. 上の1枚だけ折る。
6. 開いて折りたたむ。
7. 2枚いっしょに折りすじをつける。
8. それぞれ内側に折る。
9. できあがり

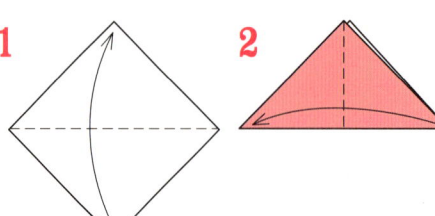

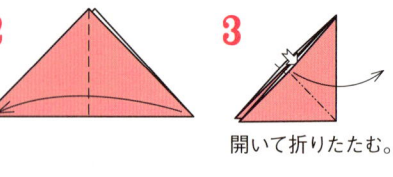

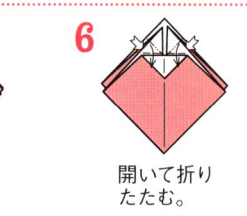

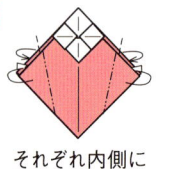

チョウ

シンプルで小さな子にも楽しめます。
2の折る角度に変化をつけても。

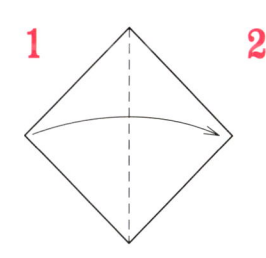

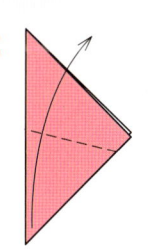

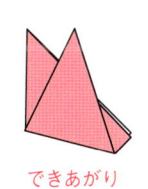

1 **2** **3**
できあがり

チョウ

2からの折り方を左右逆で折ると、白面の出方が左右反対になります。

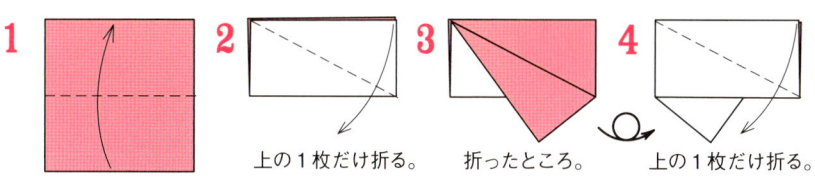

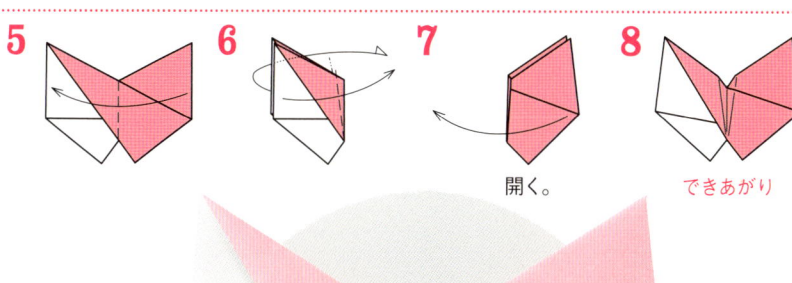

1 **2** 上の1枚だけ折る。 **3** 折ったところ。 **4** 上の1枚だけ折る。

5 **6** **7** 開く。 **8** できあがり

テントウムシ

細かい部分の折りに挑戦してみましょう。
背中に模様を描いても楽しめます。

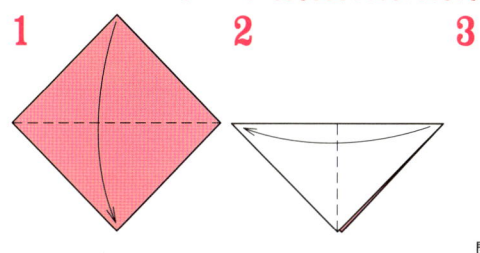

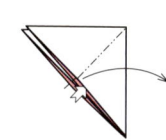

1 **2** **3** 開いて折りたたむ。

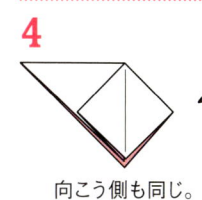

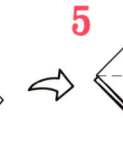

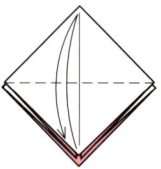

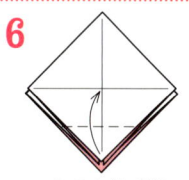

4 向こう側も同じ。 **5** 上の1枚だけ折りすじをつける。 **6** 上の1枚だけ折る。

7 **8** **9** できあがり

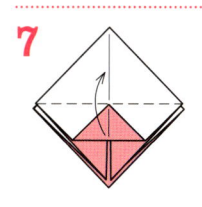

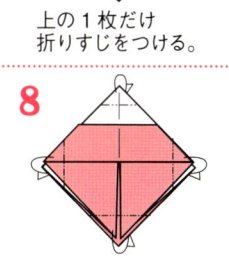

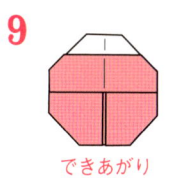

第5章 ♣ 折り紙

イヌ

身近な動物の作品で折り紙に親しみましょう。
たれた耳がかわいいイヌです。

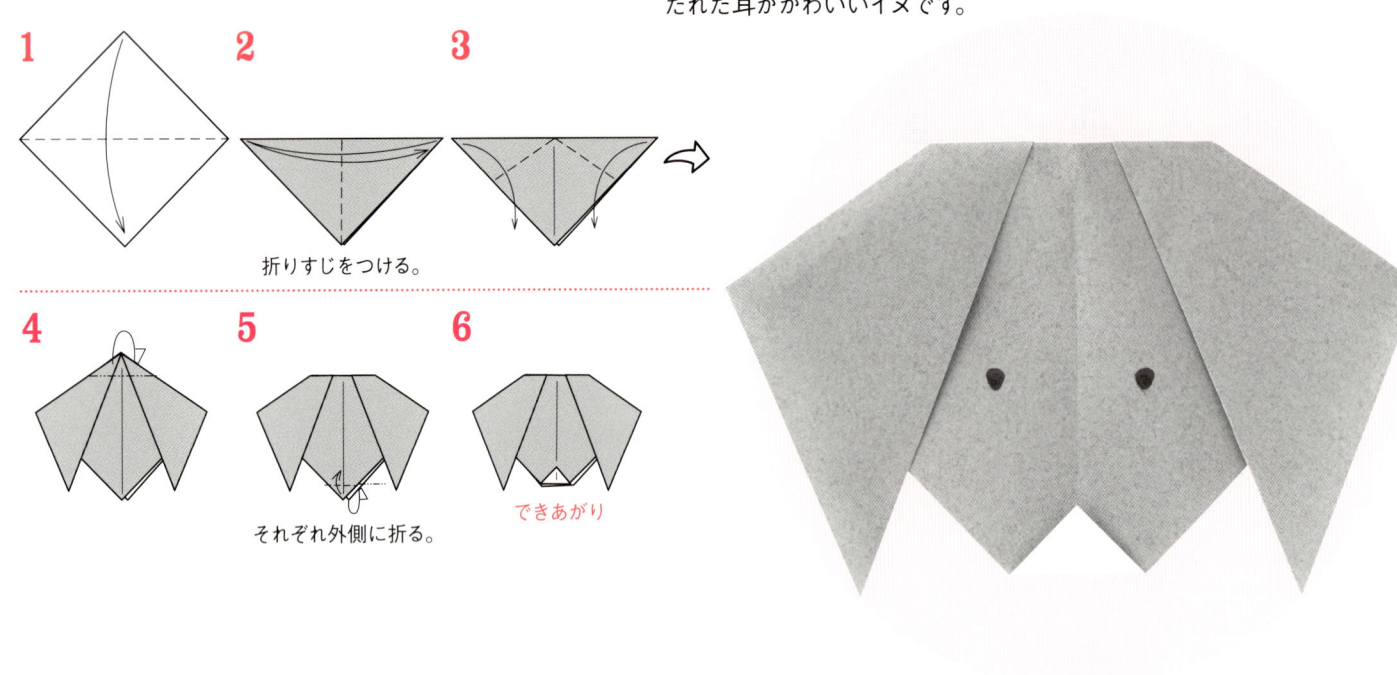

1
2
3 折りすじをつける。
4
5 それぞれ外側に折る。
6 できあがり

ネコ

耳の角度や口元、鼻の大きさに個性が出ます。
思い思いに自分だけのネコを折りましょう。

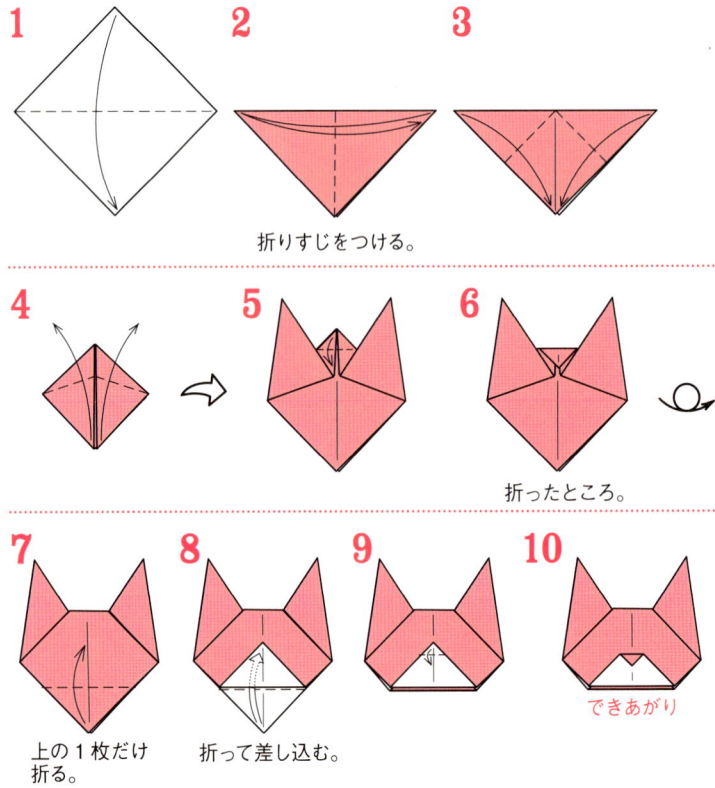

1
2
3 折りすじをつける。
4
5
6 折ったところ。
7 上の1枚だけ折る。
8 折って差し込む。
9
10 できあがり

5月

こいのぼり

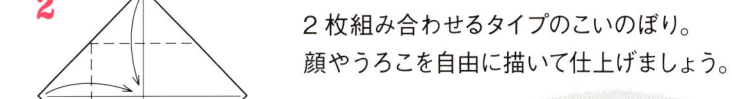

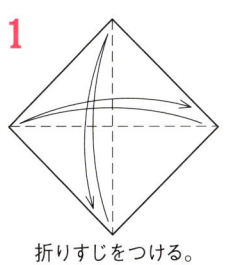

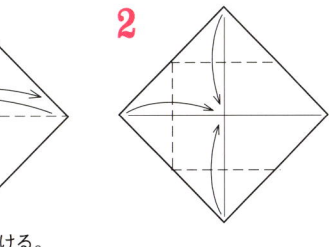

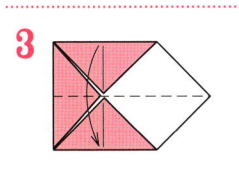

2枚組み合わせるタイプのこいのぼり。
顔やうろこを自由に描いて仕上げましょう。

1

2

折りすじをつける。

3

4

同じものを2枚折る。

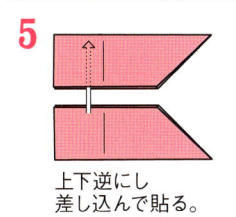

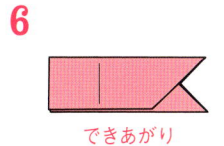

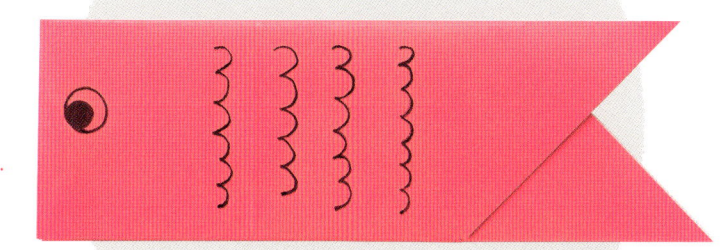

5

6

上下逆にし
差し込んで貼る。

できあがり

かぶと

つののの形がかっこいいかぶとです。
7〜9の折る幅に注意して仕上げましょう。

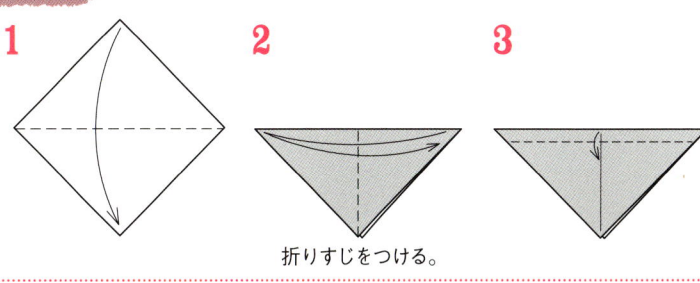

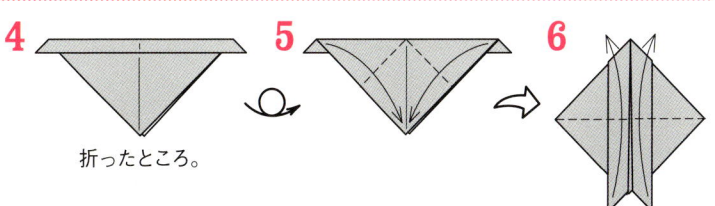

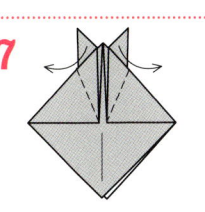

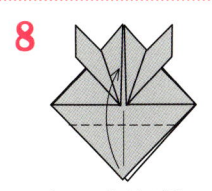

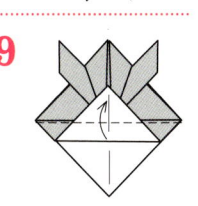

1

2

3

折りすじをつける。

4

5

6

折ったところ。

7

8

9

上の1枚だけ折る。

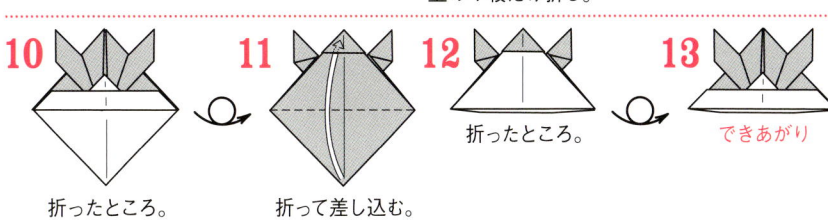

10

11

12

13

折ったところ。

折って差し込む。

折ったところ。

できあがり

第5章 折り紙

長かぶと

細長い形が目を引くかぶとです。
新聞紙などで大きく折って、かぶっても楽しいです。

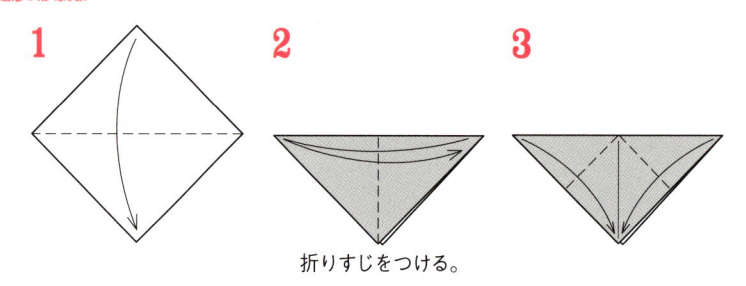

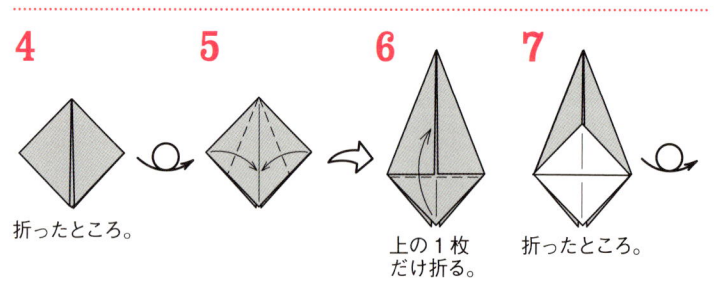

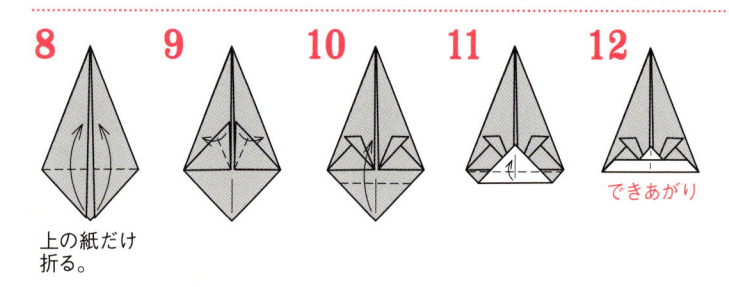

1

2
折りすじをつける。

3

4
折ったところ。

5

6
上の1枚だけ折る。

7
折ったところ。

8
上の紙だけ折る。

9

10

11

12
できあがり

アヤメ

花びらの形がきれいなアヤメです。
台紙に貼って、茎や葉っぱを描き足してもいいですね。

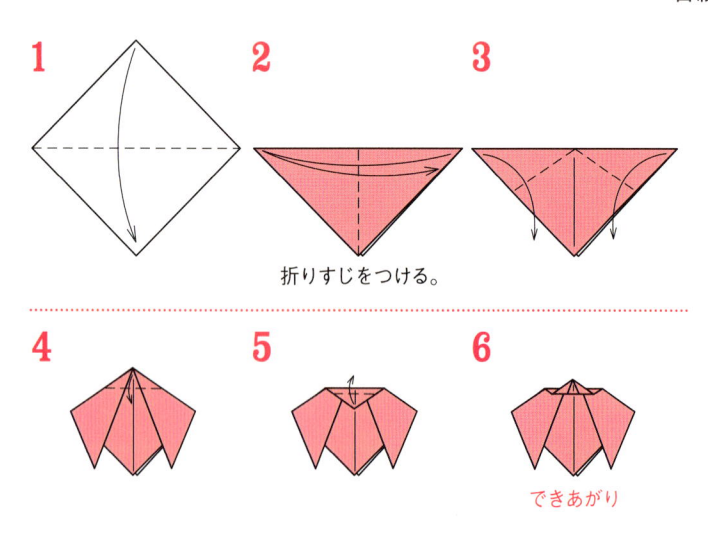

1

2
折りすじをつける。

3

4

5

6
できあがり

かざぐるま

8や10の中の紙を引き出すところ、
11の中を開くところに注意して折りましょう。

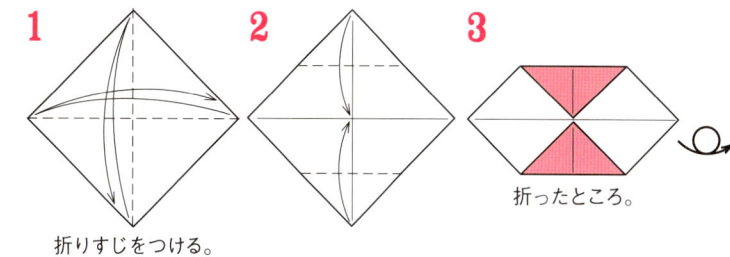

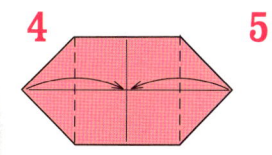

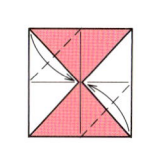

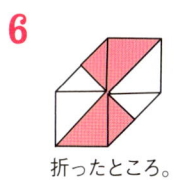

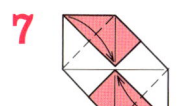

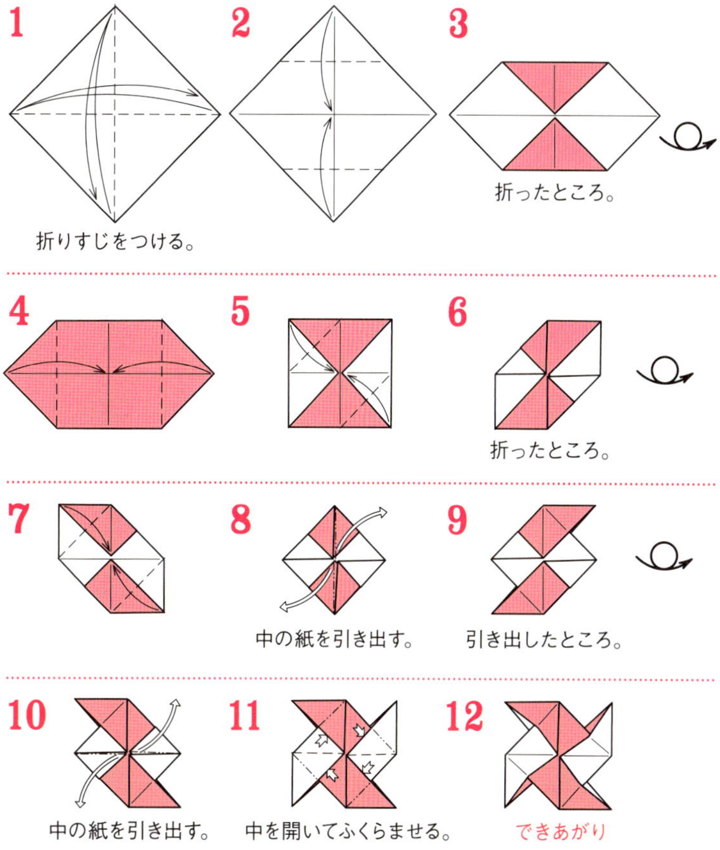

1 折りすじをつける。

2

3 折ったところ。

4

5

6 折ったところ。

7

8 中の紙を引き出す。

9 引き出したところ。

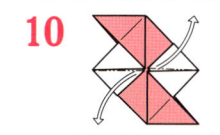

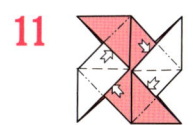

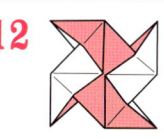

10 中の紙を引き出す。

11 中を開いてふくらませる。

12 できあがり

おうち

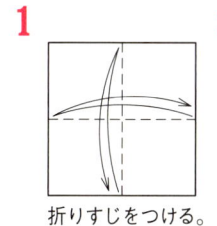

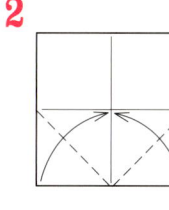

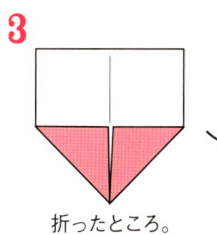

立体的に立てて飾れるのが魅力のおうちです。
ドアや窓などを描いても楽しめます。

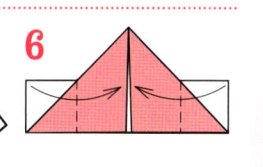

1 折りすじをつける。

2

3 折ったところ。

4

5

6

7 折ったところ。

8 6で折ったところを開いて立てる。

9 できあがり

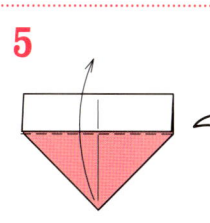

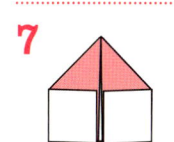

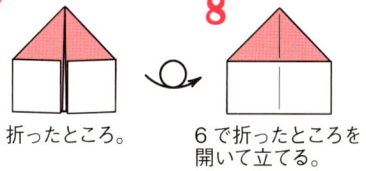

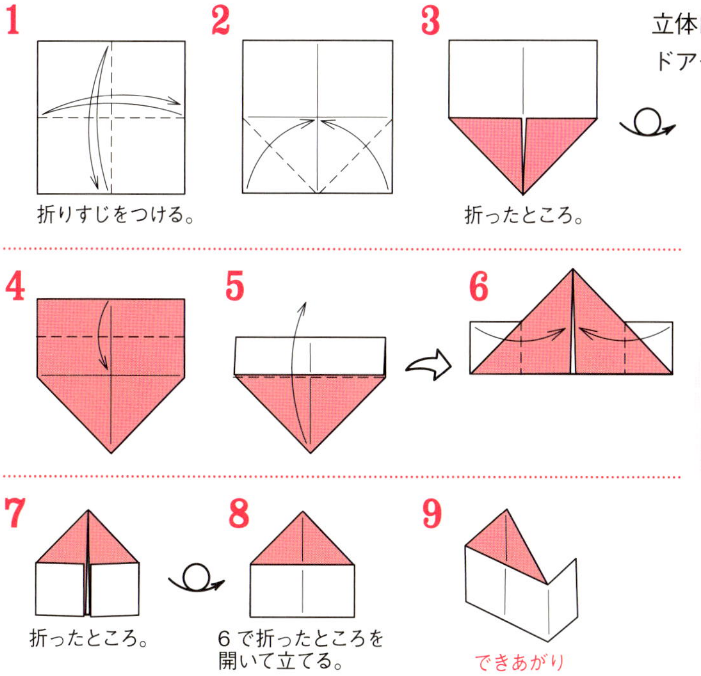

第5章 ♣ 折り紙

207

6月 アジサイ

花びらが重なったアジサイです。
丸い台紙にみんなの作品を貼って大きなアジサイにしても。

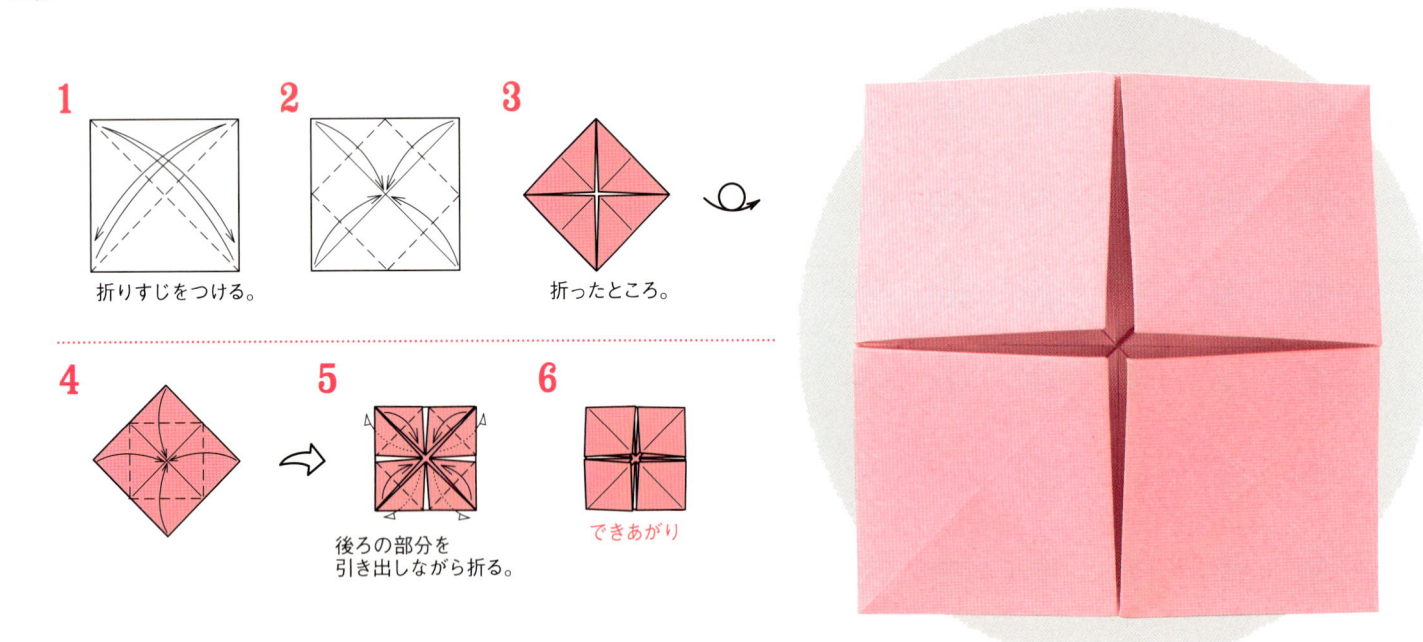

1. 折りすじをつける。
2.
3. 折ったところ。
4.
5. 後ろの部分を引き出しながら折る。
6. できあがり

長ぐつ

7の中割り折りに注意して折りましょう。
できあがりを裏返すと、左右逆の作品になります。

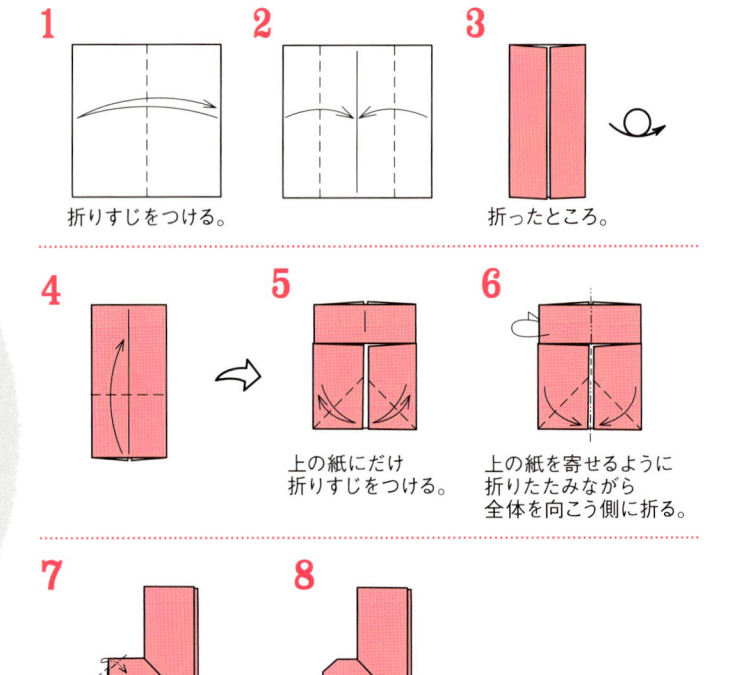

1. 折りすじをつける。
2.
3. 折ったところ。
4.
5. 上の紙にだけ折りすじをつける。
6. 上の紙を寄せるように折りたたみながら全体を向こう側に折る。
7. 上を中割り折り。下をそれぞれ内側に折る。
8. できあがり

カタツムリ

切り込みを入れた頭がかわいいカタツムリ。
渦巻き模様を描いても楽しいですね。

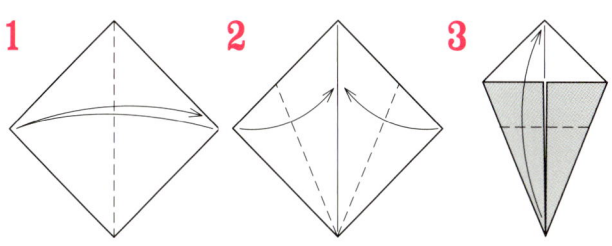

1
2
3
折りすじをつける。

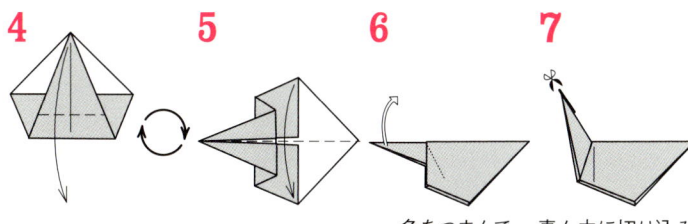

4
5
6
7
角をつまんで引き上げる。
真ん中に切り込みを入れる。

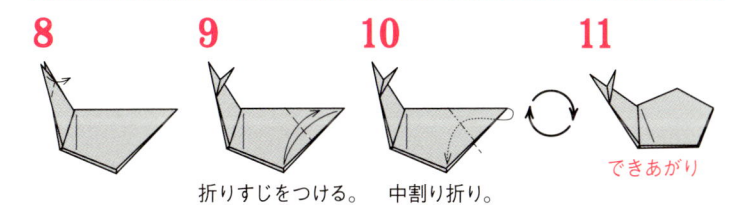

8
9
10
11
折りすじをつける。
中割り折り。
できあがり

雨つぶ

7を折る角度で形に違いが出ます。
かわいい顔を描いて仕上げましょう。

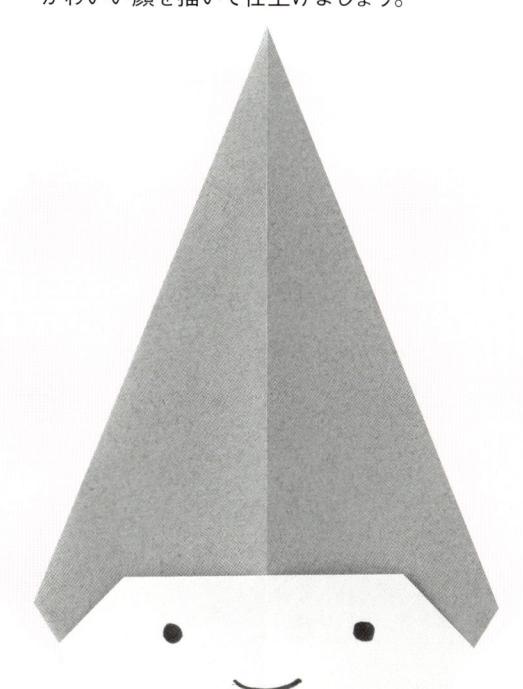

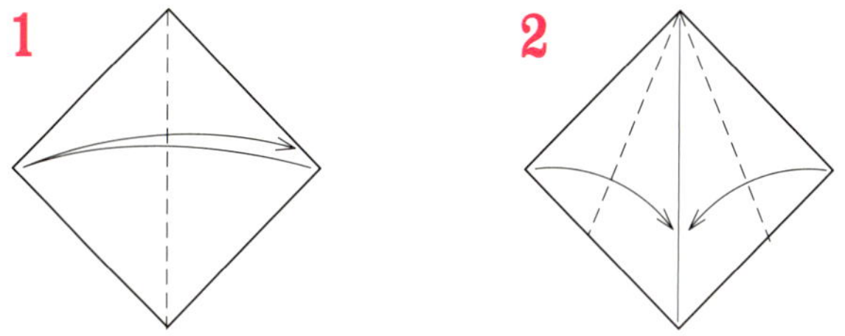

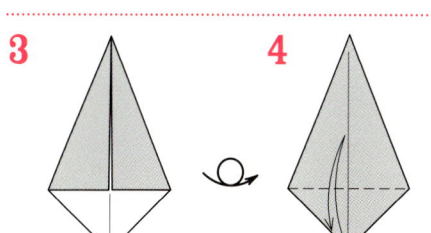

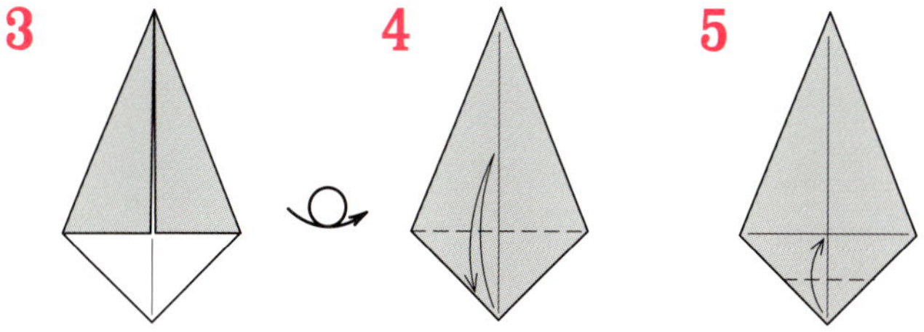

1
2
折りすじをつける。

3
4
5
折ったところ。
折りすじをつける。

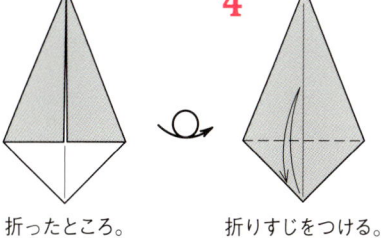

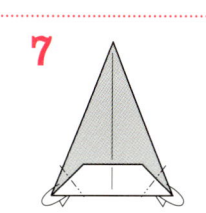

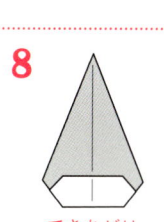

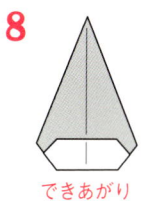

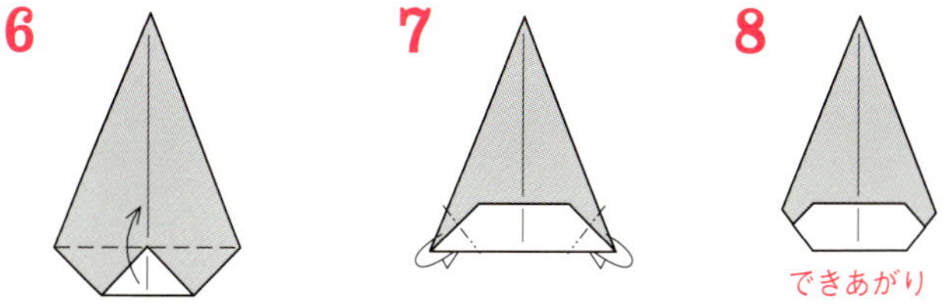

6
7
8
できあがり

7月

織り姫・彦星

違う色の折り紙でペアを折りましょう。
七夕の笹飾りにしてもいいですね。

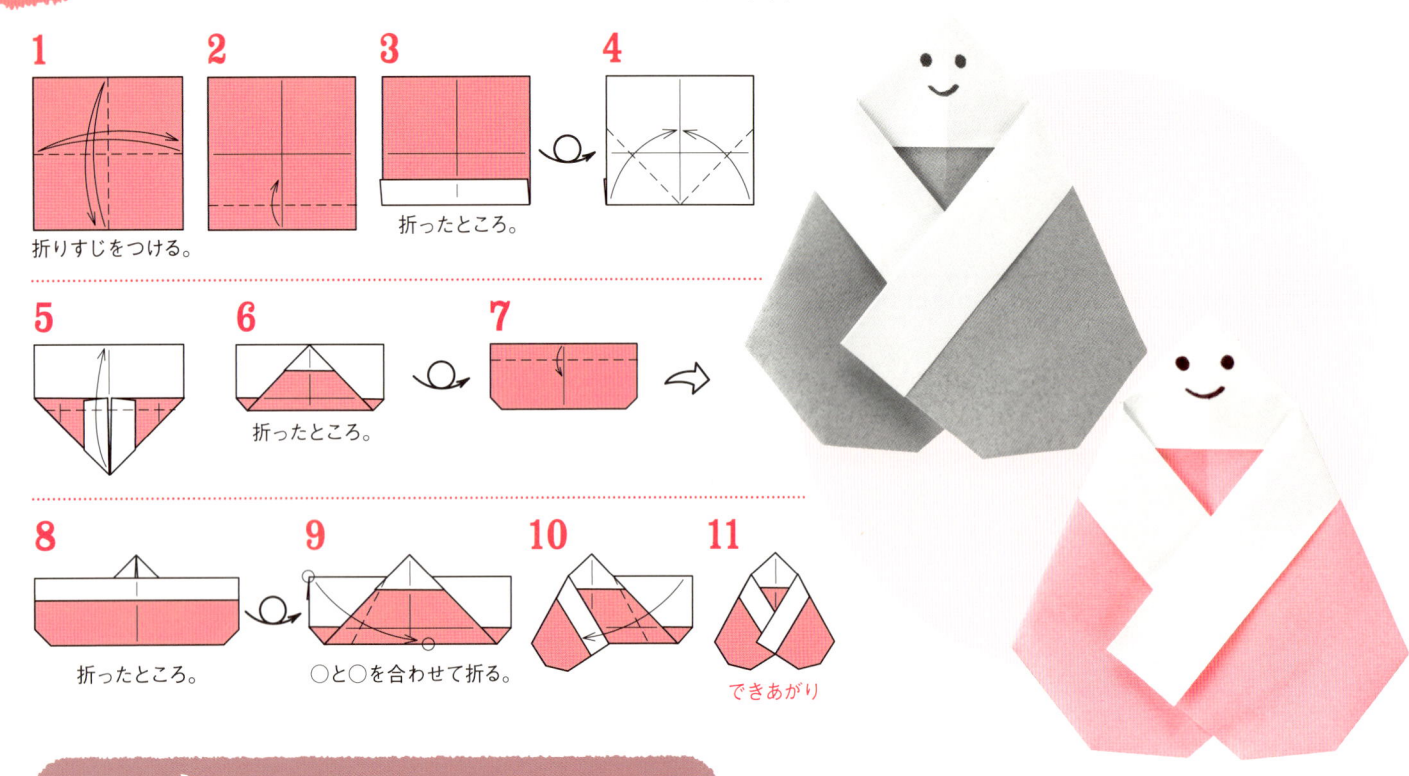

1. 折りすじをつける。
2.
3. 折ったところ。
4.
5.
6. 折ったところ。
7.
8. 折ったところ。
9. ○と○を合わせて折る。
10.
11. できあがり

ヨット

斜めになったへさきがかっこいいヨットです。
2と**4**の折り方で帆の大きさがかえられます。

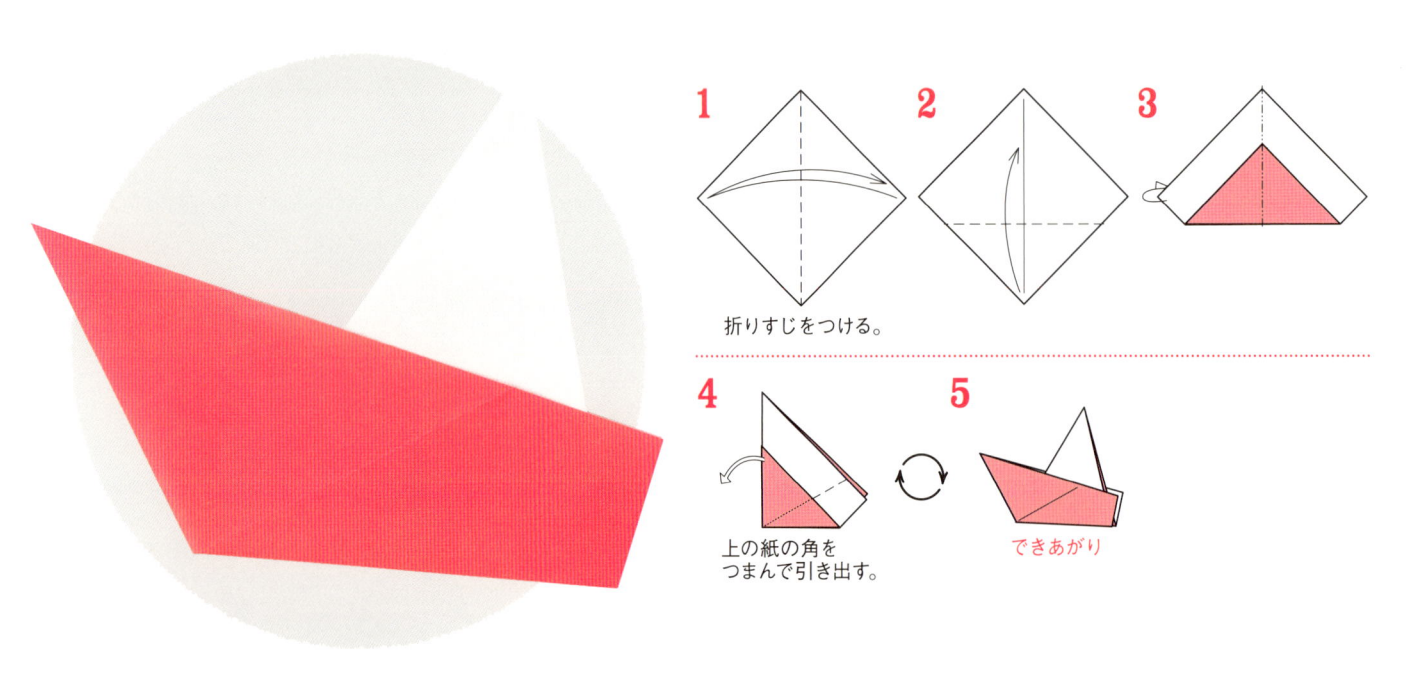

1. 折りすじをつける。
2.
3.
4. 上の紙の角をつまんで引き出す。
5. できあがり

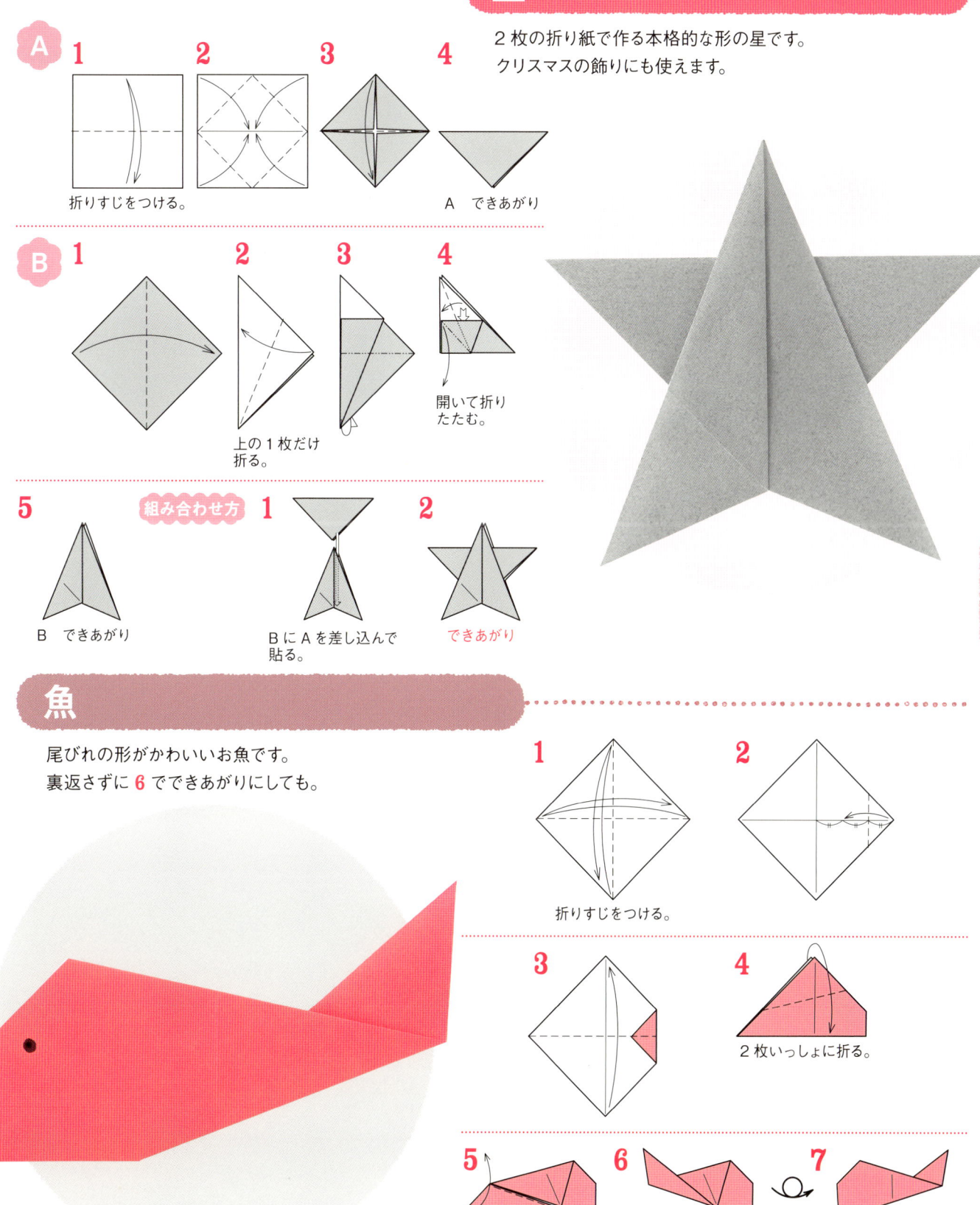

星

2枚の折り紙で作る本格的な形の星です。
クリスマスの飾りにも使えます。

A

1. 折りすじをつける。
2.
3.
4. A できあがり

B

1.
2. 上の1枚だけ折る。
3.
4. 開いて折りたたむ。
5. B できあがり

組み合わせ方

1. BにAを差し込んで貼る。
2. できあがり

魚

尾びれの形がかわいいお魚です。
裏返さずに 6 でできあがりにしても。

1. 折りすじをつける。
2.
3.
4. 2枚いっしょに折る。
5.
6. 折ったところ。
7. できあがり

第5章 折り紙

アサガオ

最後に花びらを折るのが楽しい作品です。
いろいろな色で折って楽しみましょう。

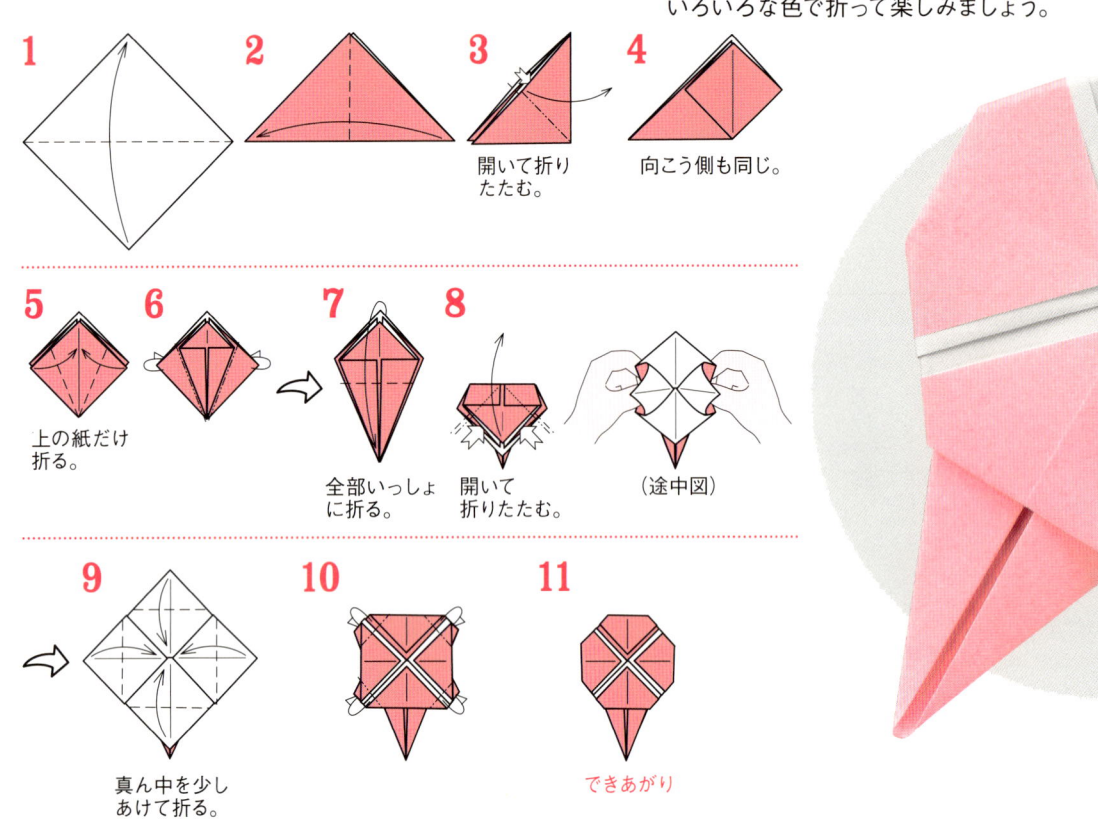

1
2
3 開いて折り
たたむ。
4 向こう側も同じ。
5 上の紙だけ
折る。
6
7 全部いっしょ
に折る。
8 開いて
折りたたむ。
（途中図）
9 真ん中を少し
あけて折る。
10
11 できあがり

アイスクリーム

子どもたちが大好きなアイスクリーム。
トッピングやコーンの模様なども描いてみましょう。

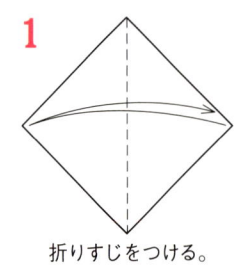

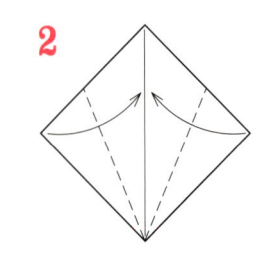

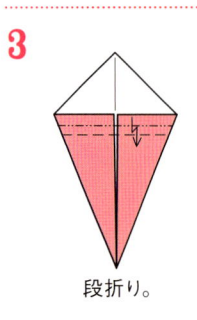

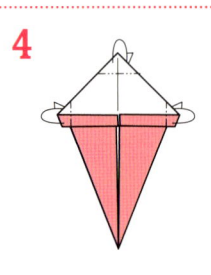

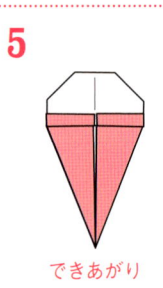

1 折りすじをつける。
2
3 段折り。
4
5 できあがり

8月

おばけ

おなじみの「やっこさん」からおばけが折れます。細かい部分は、ていねいに折り進めましょう。

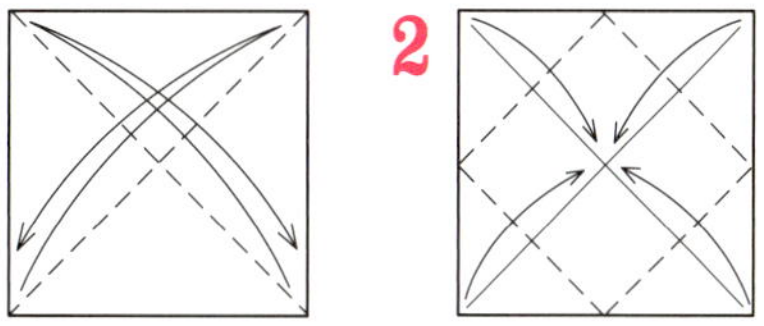

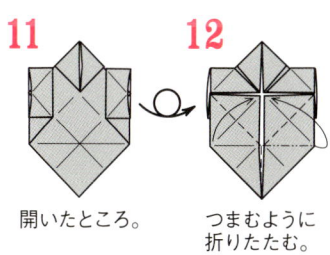

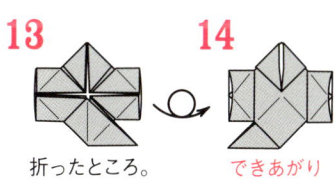

1. 折りすじをつける。
2. 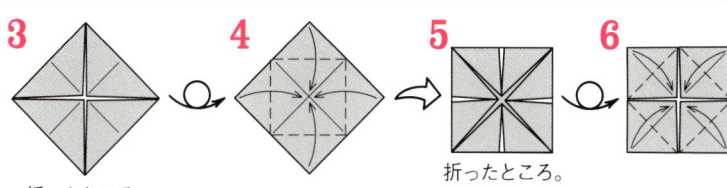 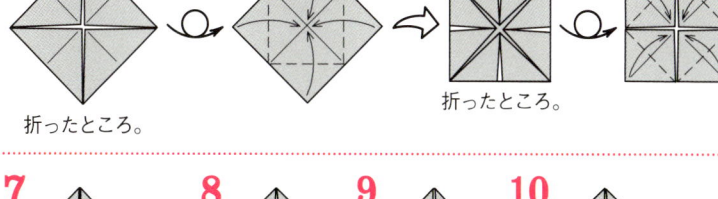
3. 折ったところ。
4.
5. 折ったところ。
6. 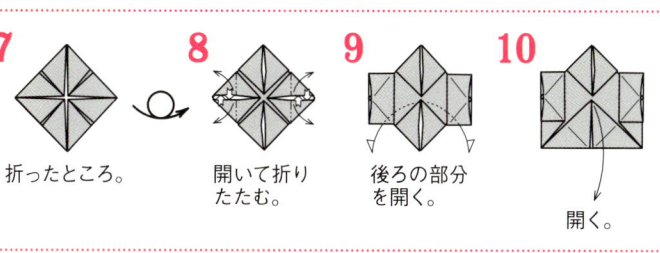
7. 折ったところ。
8. 開いて折りたたむ。
9. 後ろの部分を開く。
10. 開く。
11. 開いたところ。
12. つまむように折りたたむ。
13. 折ったところ。
14. できあがり

モモ

葉っぱの形までリアルなモモが折れます。葉っぱは緑に塗ってもいいですね。

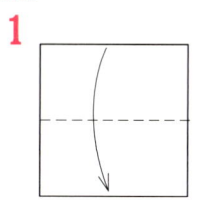

1.
2.
3. 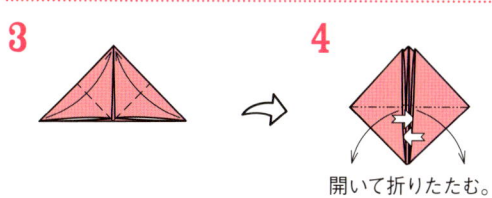
4. 開いて折りたたむ。
5. 折りすじをつける。 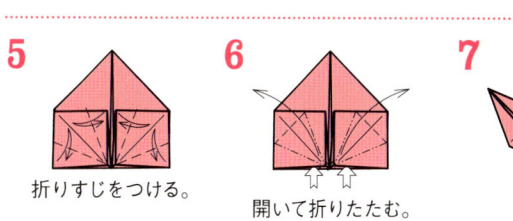
6. 開いて折りたたむ。
7. できあがり

第5章 折り紙

ボート

立体的な形が魅力のボートです。
10 の折りすじできれいな形が保てます。

1

2 2枚いっしょに折りすじをつける。

3 上の部分は、上の1枚だけ折る。

4

5 折ったところ。

6

7

8 中を開いて折りたたむ。

9 角を押さえながら開く。

10 底に折りすじをつけて形を整える。

11 できあがり

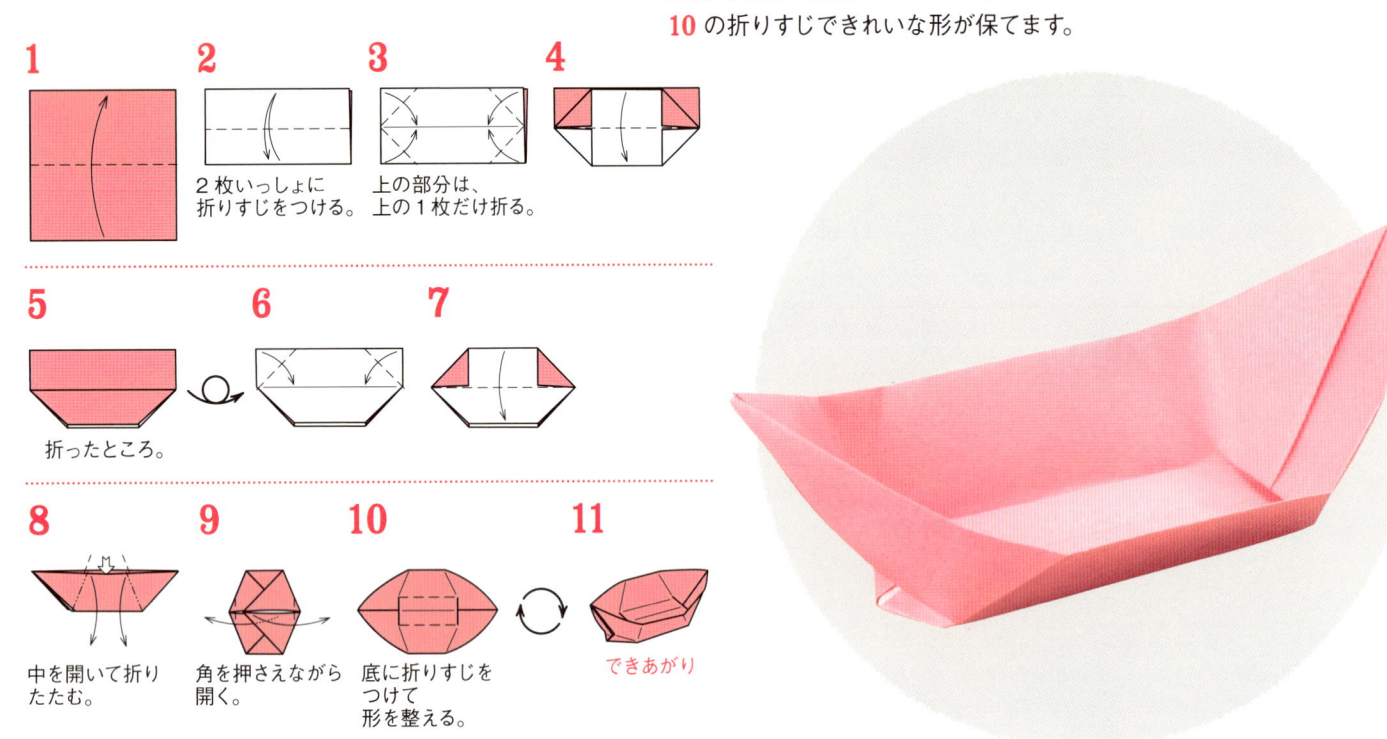

セミ

白いラインがポイントのセミです。
羽の角度を意識してかっこよく仕上げましょう。

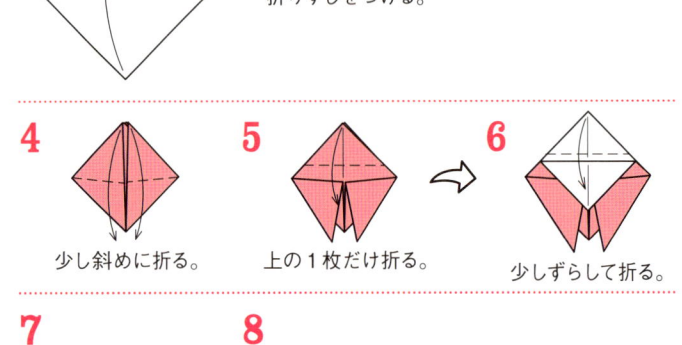

1

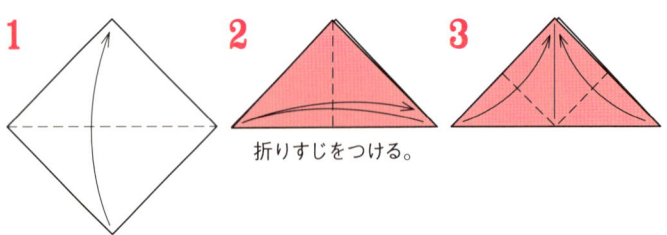

2 折りすじをつける。

3

4 少し斜めに折る。

5 上の1枚だけ折る。

6 少しずらして折る。

7

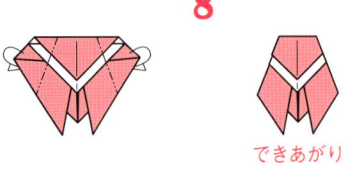

8 できあがり

金魚

胸びれのついた本格的な金魚。
仕上がりに達成感のある作品です。

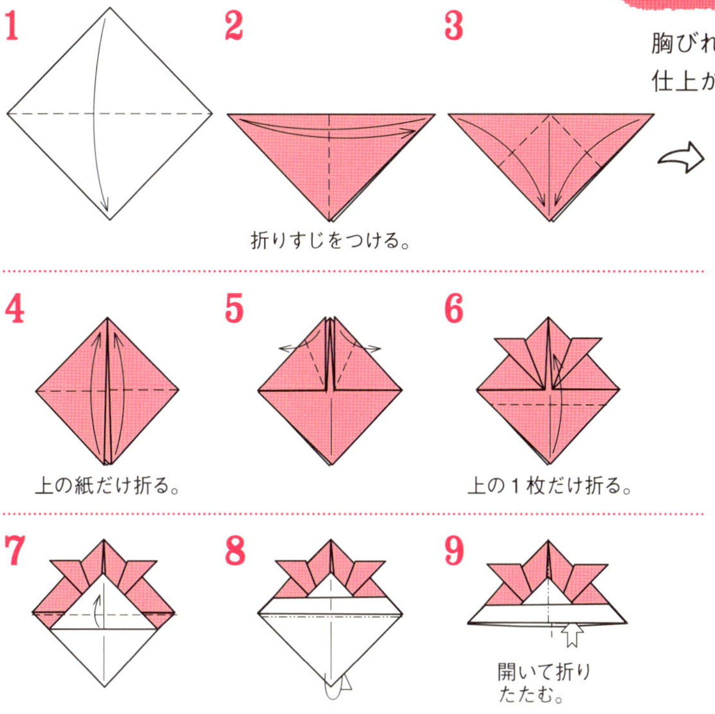

1

2 折りすじをつける。

3

4 上の紙だけ折る。

5

6 上の1枚だけ折る。

7

8

9 開いて折りたたむ。

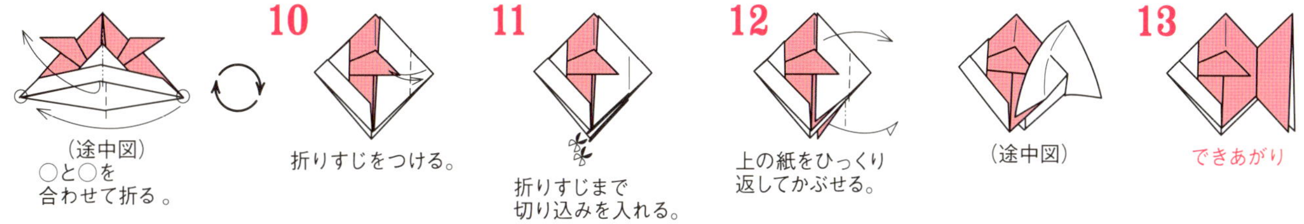

（途中図）
○と○を
合わせて折る。

10 折りすじをつける。

11 折りすじまで
切り込みを入れる。

12 上の紙をひっくり
返してかぶせる。

（途中図）

13 できあがり

クジラ

シンプルで小さい子にも折りやすいクジラです。
最後に中割り折りで尾びれを作るのがポイント。

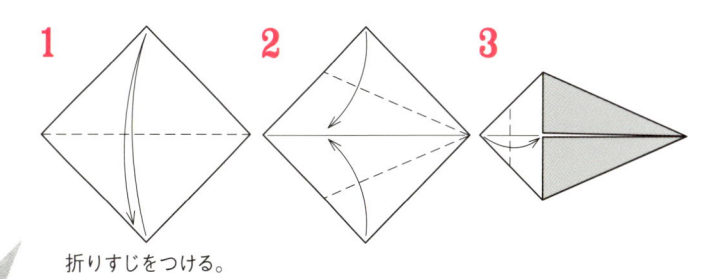

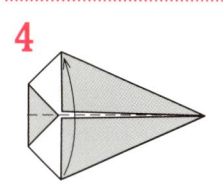

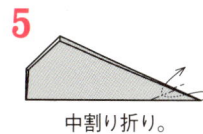

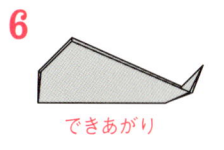

1

2

3 折りすじをつける。

4

5 中割り折り。

6 できあがり

第5章 ◆ 折り紙

9月

キツネ

頭と体の2枚を組み合わせて作るキツネ。
大きな作品なので、棒をつけてペープサートにしても。

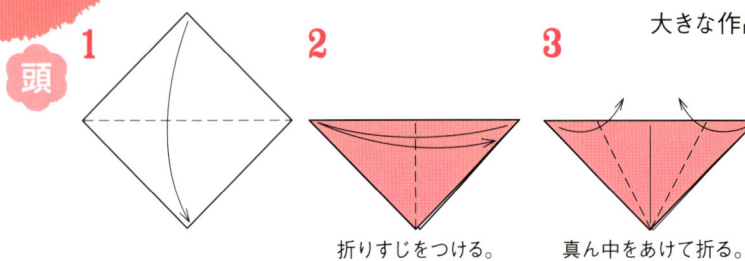

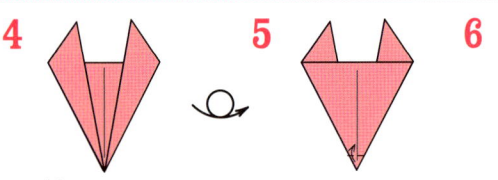

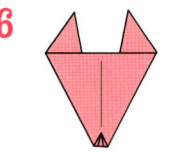

頭

1.
2. 折りすじをつける。
3. 真ん中をあけて折る。
4. 折ったところ。
5.
6. 頭　できあがり

体

1.
2.
3. 体　できあがり

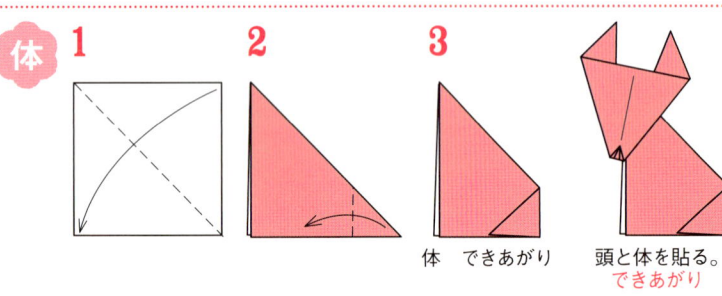

頭と体を貼る。
できあがり

タヌキ

口元の折り返しがユニークなタヌキです。
体は上のキツネと共通です。

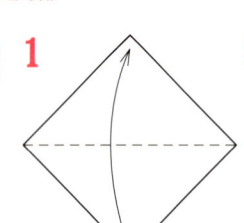

頭

1.
2. 折りすじをつける。
3.
4. 2枚いっしょに折る。
5. 折ったところ。
6.
7.
8. 頭　できあがり

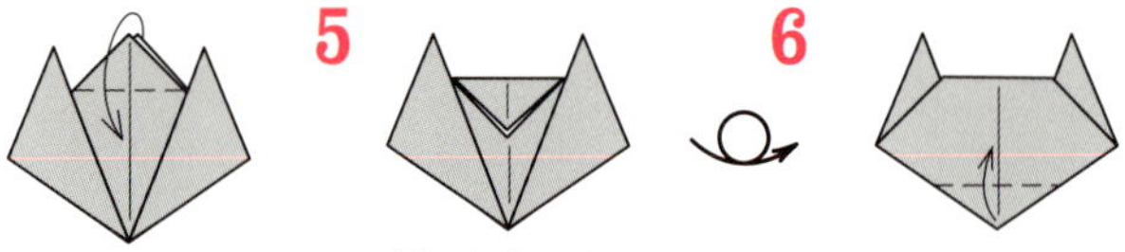

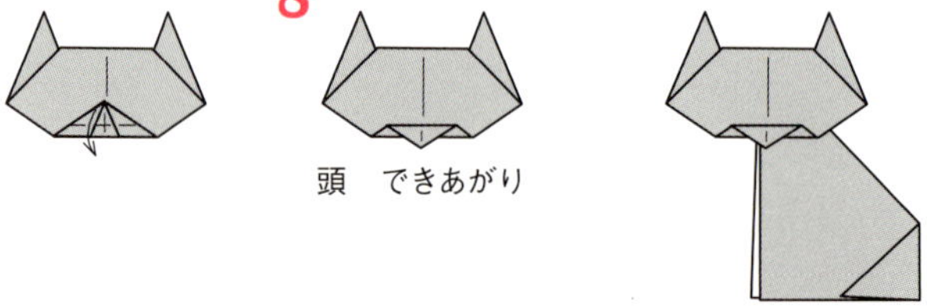

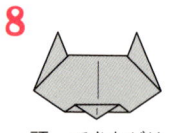

頭と体を貼る。
できあがり

ウサギ

色面がのぞく耳がきれいな本格的なウサギです。
9の切り込みは慎重に入れましょう。

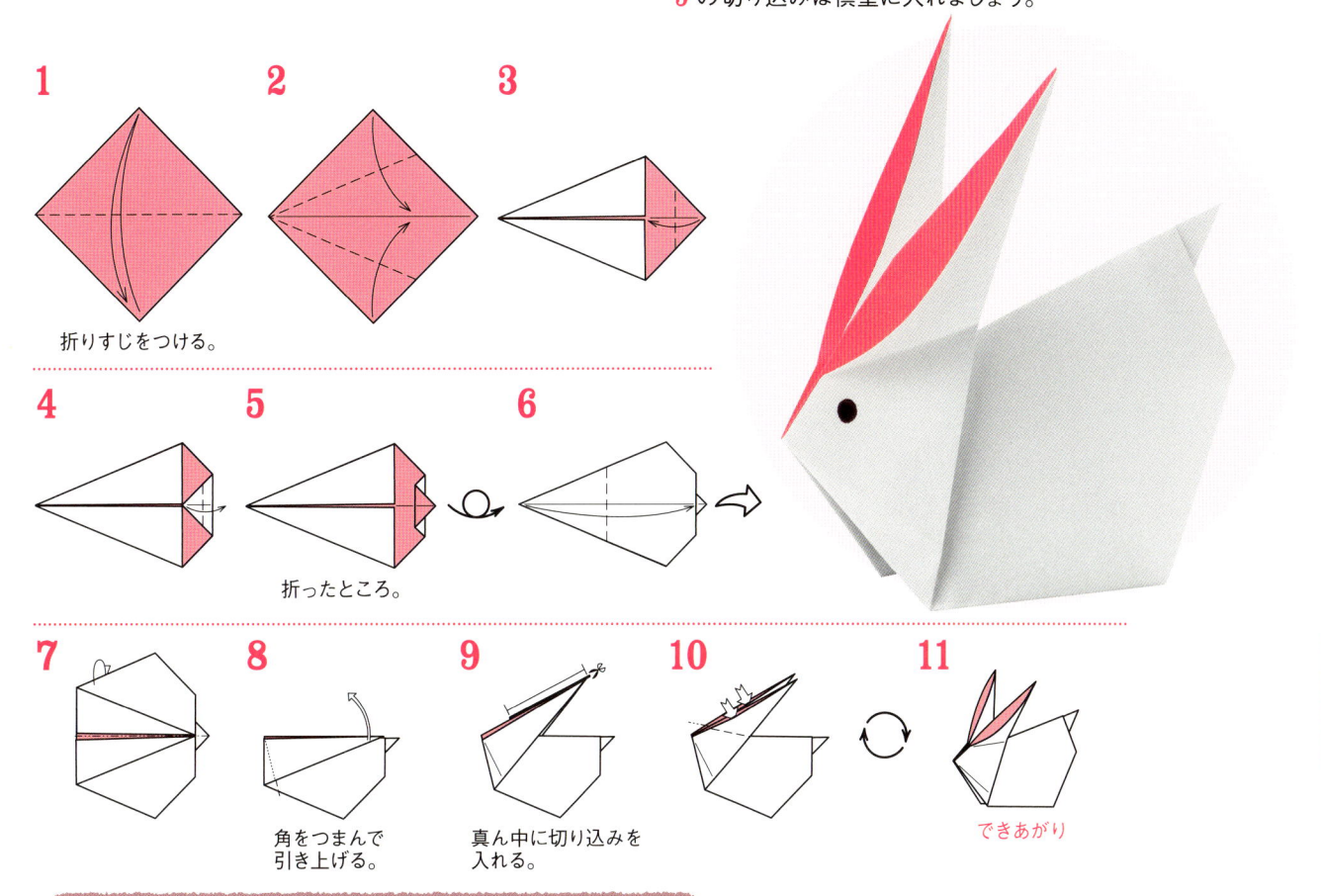

1 折りすじをつける。

2

3

4

5 折ったところ。

6

7

8 角をつまんで引き上げる。

9 真ん中に切り込みを入れる。

10

11 できあがり

ウサギ

みんなが大好きな耳がキュートなウサギ。
十五夜に欠かせないウサギを飾ってみましょう。

1

2 折りすじをつける。

3

4

5 折ったところ。

6

7 できあがり

第5章 折り紙

217

リンゴ

リンゴの形や軸の大きさに個性が出ます。
丸みを出す細かい折りは、慎重に折りましょう。

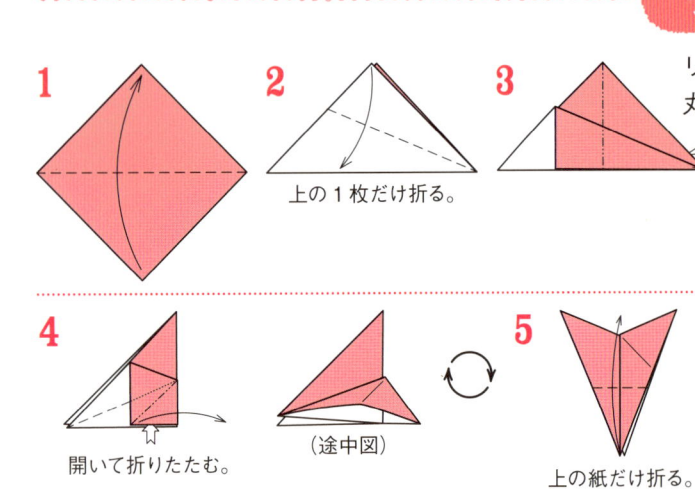

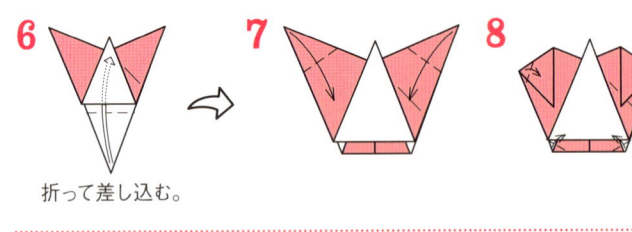

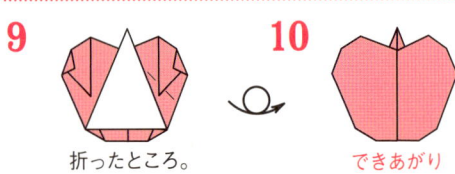

1

2
上の1枚だけ折る。

3

4
開いて折りたたむ。
（途中図）

5
上の紙だけ折る。

6
折って差し込む。

7

8

9
折ったところ。

10
できあがり

カキ

ヘタの形が特徴的なカキです。
ヘタは緑色に塗ってもいいですね。

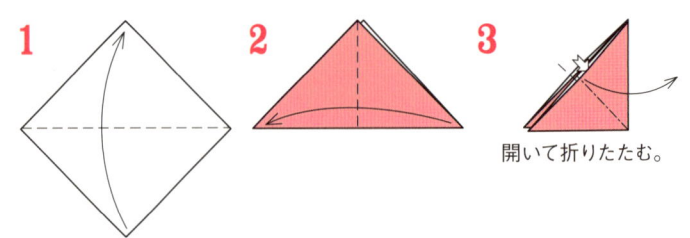

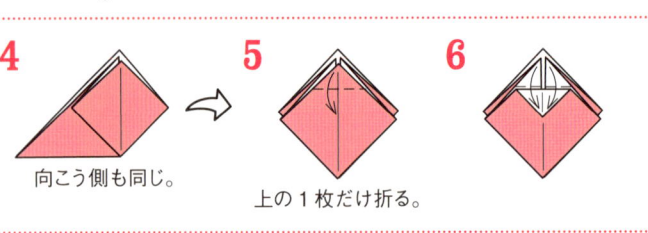

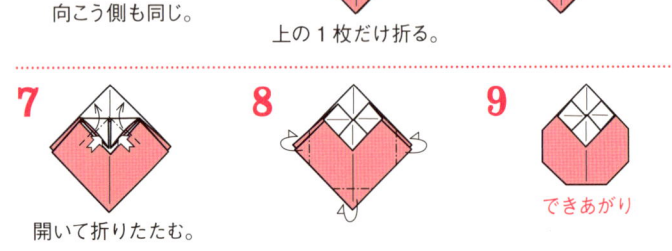

1

2

3
開いて折りたたむ。

4
向こう側も同じ。

5
上の1枚だけ折る。

6

7
開いて折りたたむ。

8

9
できあがり

10月

どんぐり

子どもたちもなじみ深いどんぐり。
顔を描いても楽しいですね。

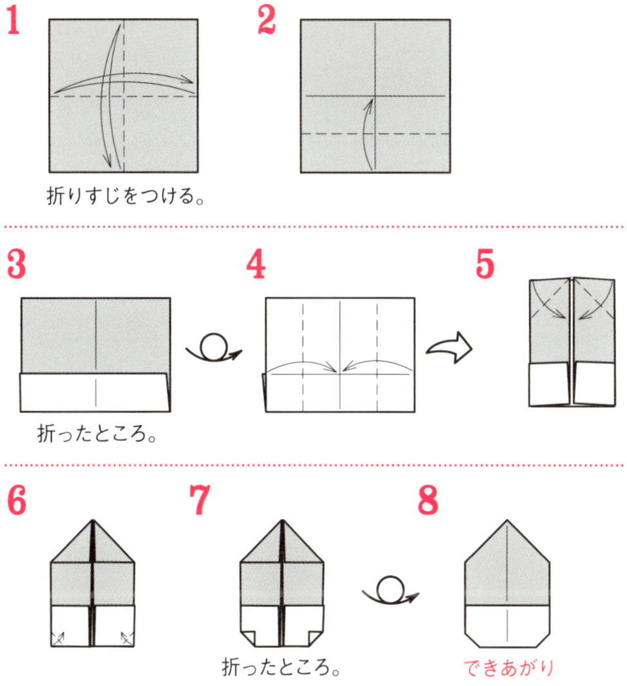

1　折りすじをつける。
2
3　折ったところ。
4
5
6
7　折ったところ。
8　できあがり

クリ

とがった頭がクリらしい作品。
秋の実りを折り紙で味わってみましょう。

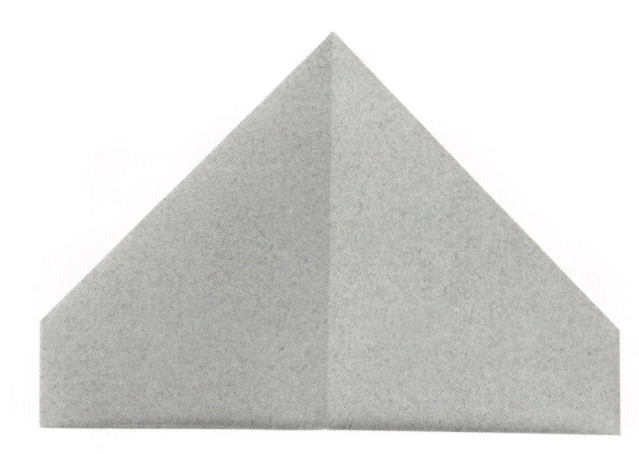

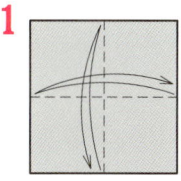

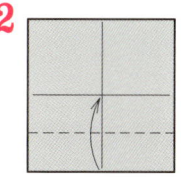

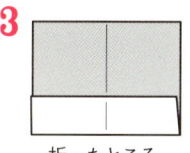

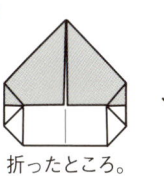

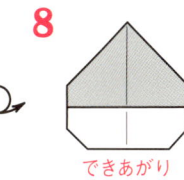

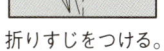

1　折りすじをつける。
2
3　折ったところ。
4
5
6
7　折ったところ。
8　できあがり

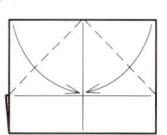

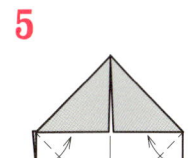

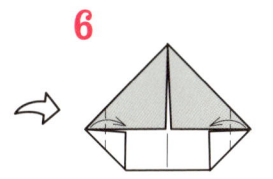

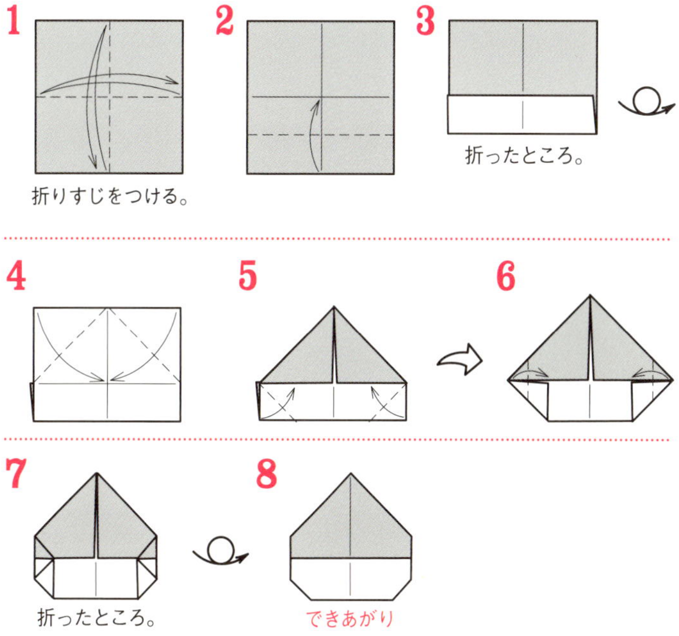

第5章　折り紙

落ち葉

葉っぱの軸まで折れるのがポイントの落ち葉。
秋らしい色で折り、紅葉を楽しみましょう。

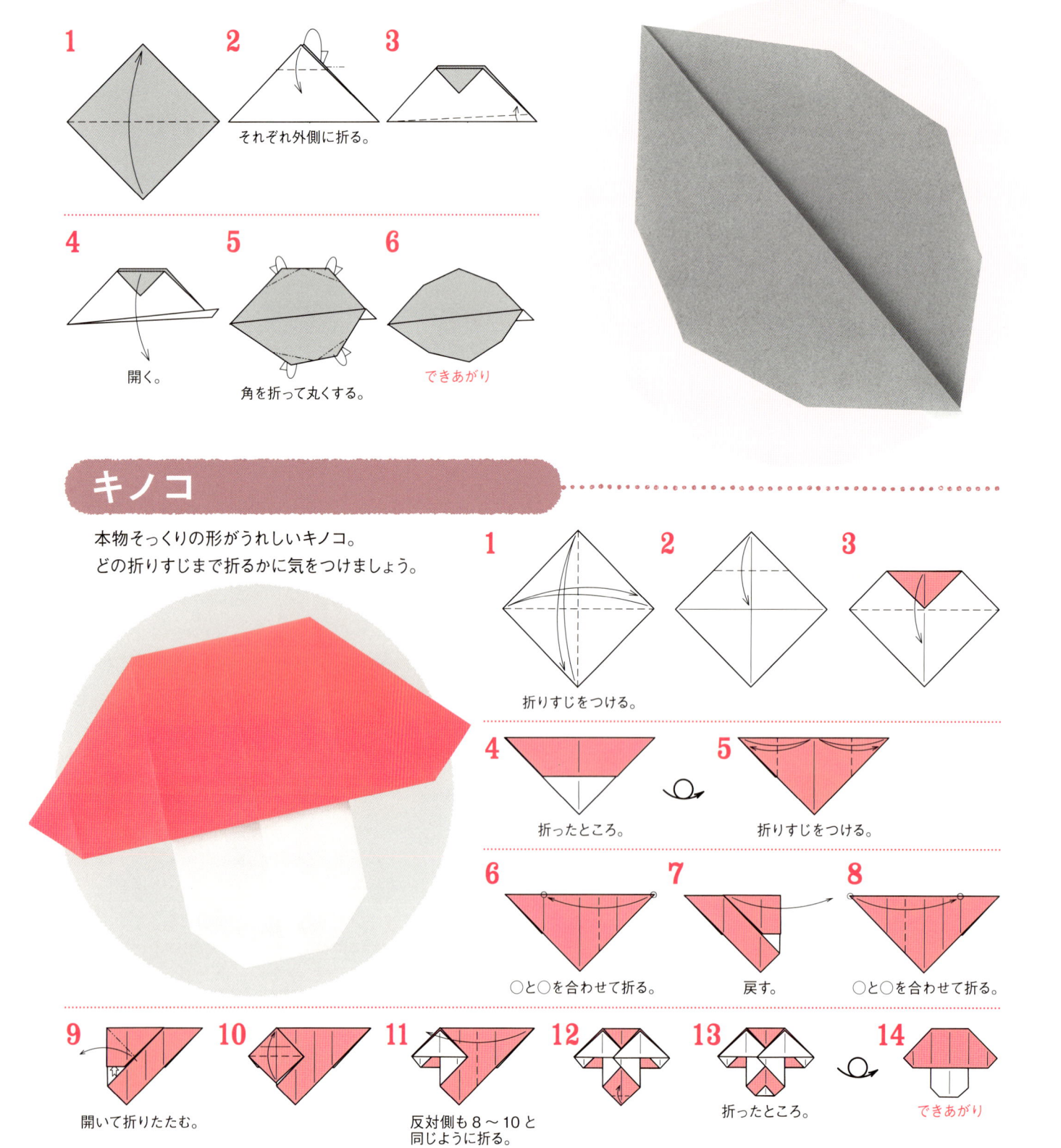

1
2 それぞれ外側に折る。
3
4 開く。
5 角を折って丸くする。
6 できあがり

キノコ

本物そっくりの形がうれしいキノコ。
どの折りすじまで折るかに気をつけましょう。

1 折りすじをつける。
2
3
4 折ったところ。
5 折りすじをつける。
6 ○と○を合わせて折る。
7 戻す。
8 ○と○を合わせて折る。
9 開いて折りたたむ。
10
11 反対側も8〜10と同じように折る。
12
13 折ったところ。
14 できあがり

カボチャ

ハロウィンにぴったりの本格的なカボチャです。
折る数が多いので、ていねいに折っていきましょう。

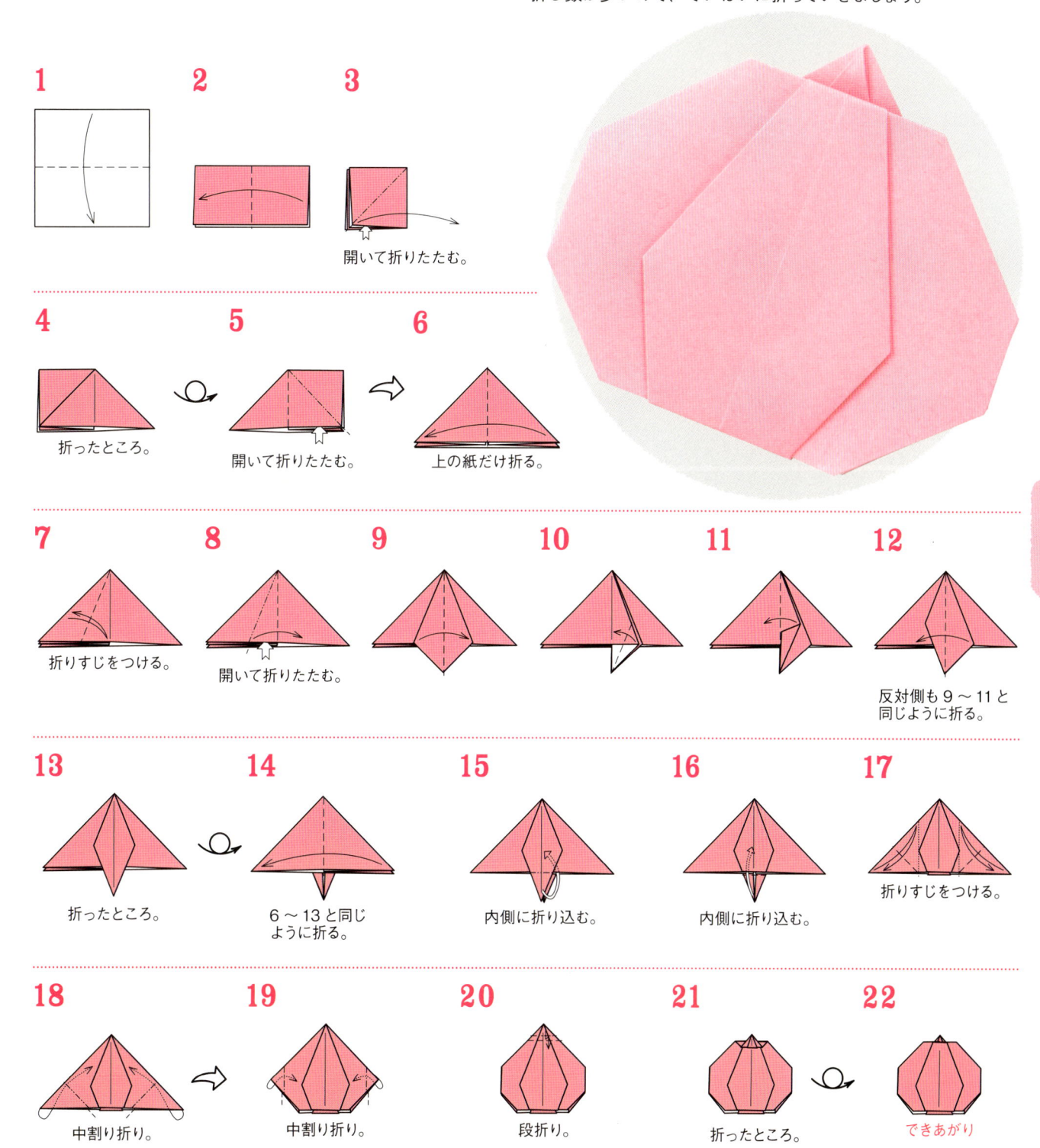

1

2

3
開いて折りたたむ。

4
折ったところ。

5
開いて折りたたむ。

6
上の紙だけ折る。

7
折りすじをつける。

8
開いて折りたたむ。

9

10

11

12
反対側も9～11と同じように折る。

13
折ったところ。

14
6～13と同じように折る。

15
内側に折り込む。

16
内側に折り込む。

17
折りすじをつける。

18
中割り折り。

19
中割り折り。

20
段折り。

21
折ったところ。

22
できあがり

第5章 ♣ 折り紙

11月

ハクチョウ

くちばしの角度で表情がかわります。
8・9でつまんで引き上げて折るのがポイントです。

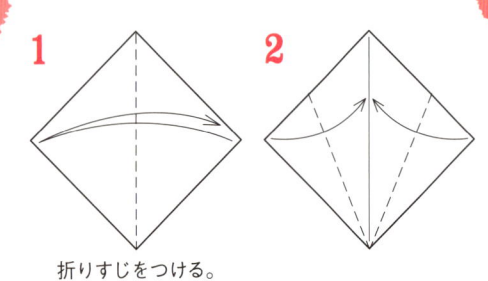

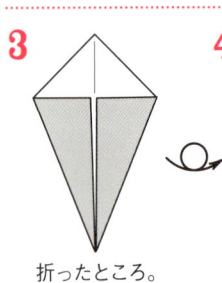

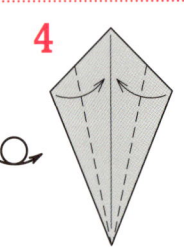

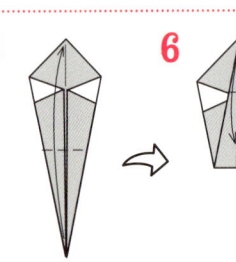

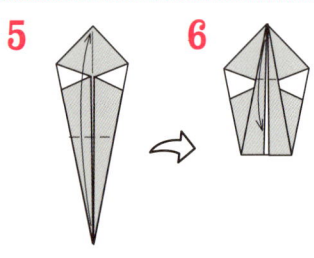

1 折りすじをつける。
2
3 折ったところ。
4
5
6
7
8 5・6で折ったところをつまんで引き上げる。
9 6で折ったところをつまんで引き上げる。
10 できあがり

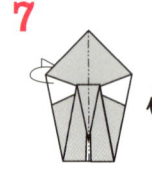

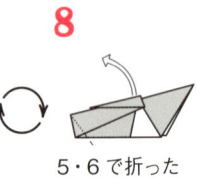

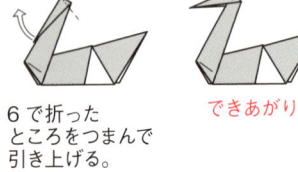

とり

羽ばたくような羽の形がかっこいい作品です。
8の仕上げの中割り折りで個性が出ます。

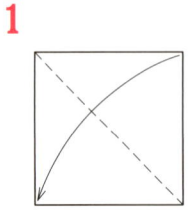

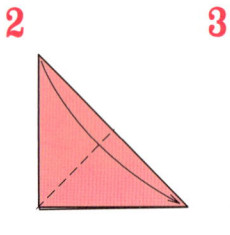

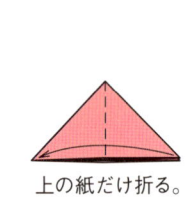

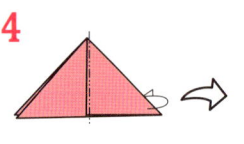

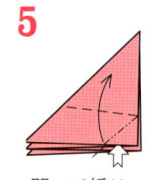

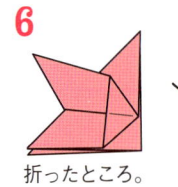

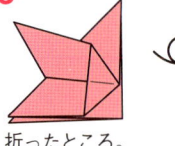

1
2
3 上の紙だけ折る。
4
5 開いて折りたたむ。
6 折ったところ。
7 開いて折りたたむ。
8 中割り折り。
9 できあがり

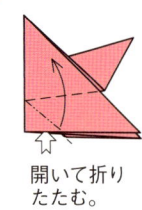

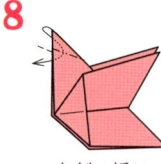

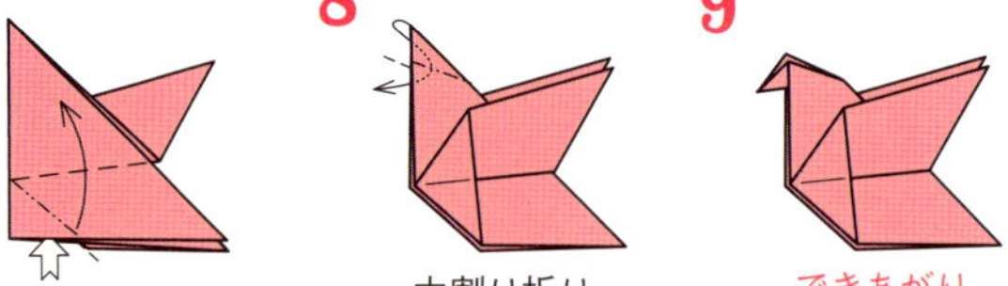

野菜

いろいろな形の野菜を折ってみましょう。
葉は、2 からを左右逆に折ったものを組み合わせても。

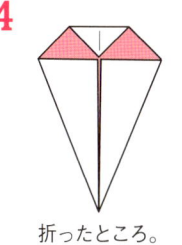

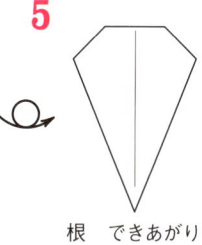

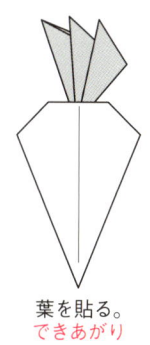

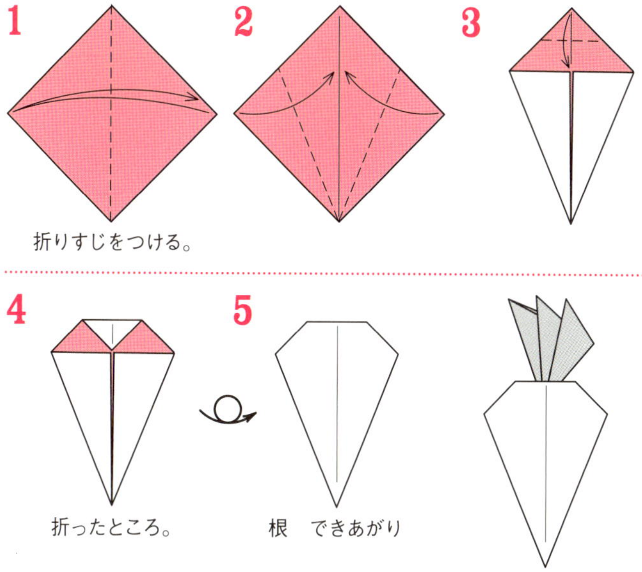

ダイコン

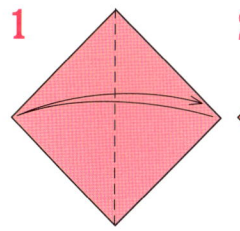

1. 折りすじをつける。
2.
3.
4. 折ったところ。
5. 根 できあがり

葉を貼る。
できあがり

カブ

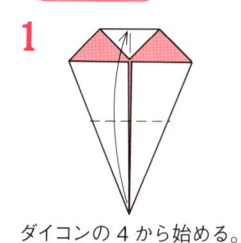

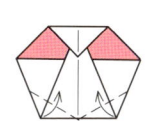

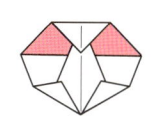

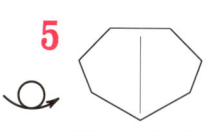

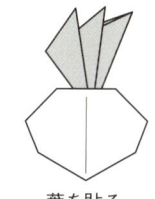

1. ダイコンの 4 から始める。
2. 下に入れる。
3.
4. 折ったところ。
5. 根 できあがり

葉を貼る。
できあがり

ニンジン

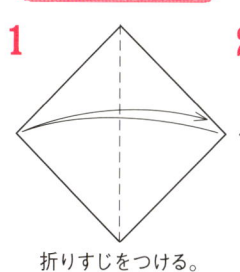

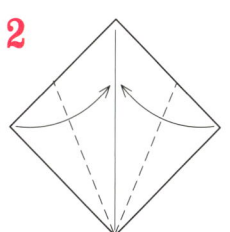

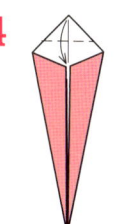

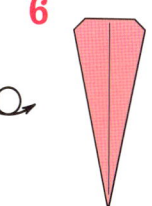

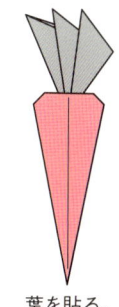

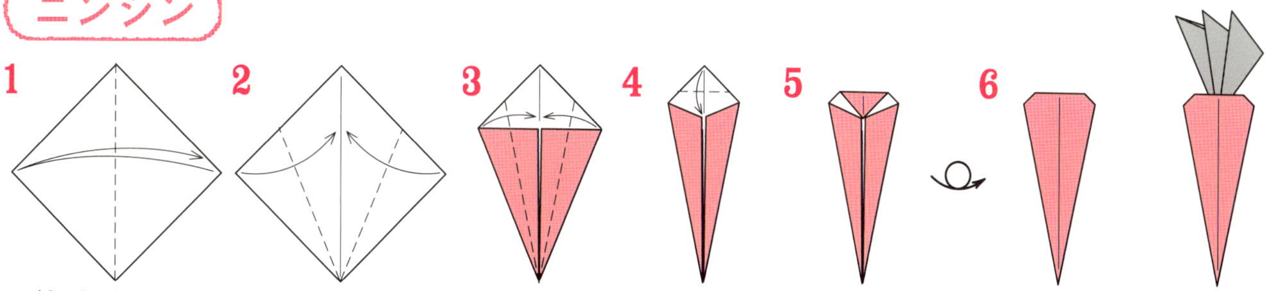

1. 折りすじをつける。
2.
3.
4.
5. 折ったところ。
6. 根 できあがり

葉を貼る。
できあがり

葉

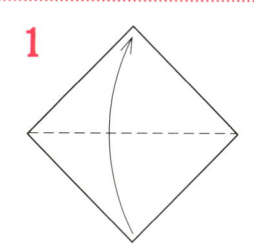

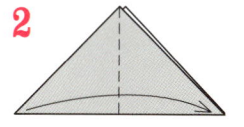

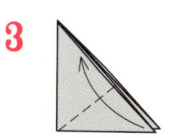

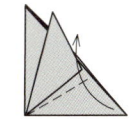

1.
2.
3. 上の紙だけ少しずらして折る。
4. 少しずらして折る。
5. 葉 できあがり

第5章 折り紙

12月

サンタクロース

オーナメントとしてツリーに飾ってもすてきです。
表情を描いて仕上げましょう。

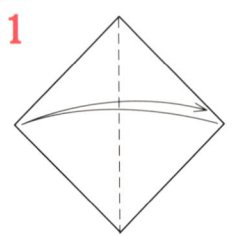

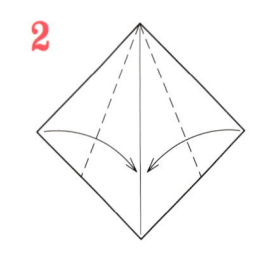

1
折りすじをつける。

2

3

4

5

6

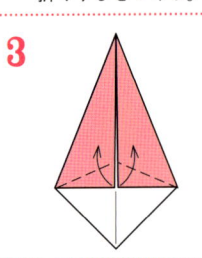

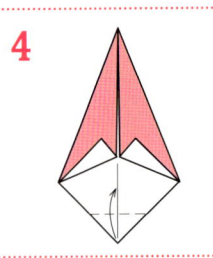

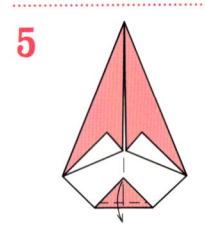

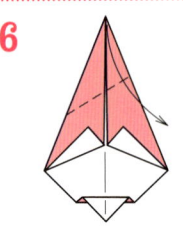

7
できあがり

クリスマスリース

2色の折り紙をそれぞれ4等分に切ったもので作ります。
差し込む位置に気をつけて、組み合わせましょう。

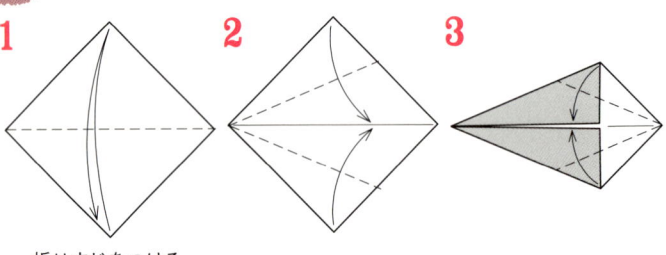

1
折りすじをつける。

2

3

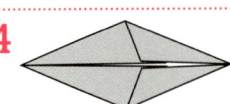

4
1ピース できあがり
同じように8枚折る。

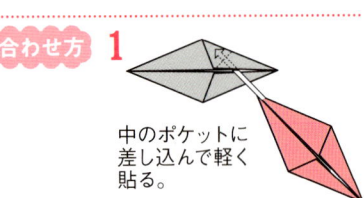

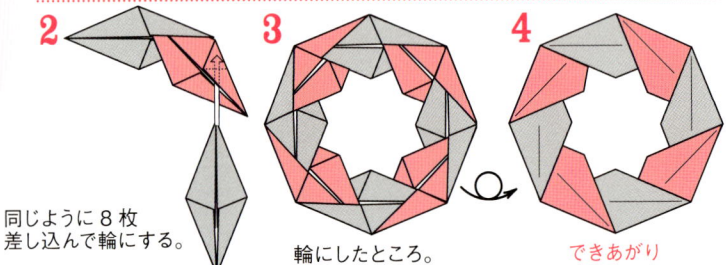

組み合わせ方

1
中のポケットに
差し込んで軽く
貼る。

2
同じように8枚
差し込んで輪にする。

3
輪にしたところ。

4
できあがり

ブーツ

白いラインが印象的なクリスマスブーツです。
どんなプレゼントが入っているかな？

1
2 折ったところ。
3 折りすじをつける。
4
5 折りすじをつける。
6 中割り折り。
7 折ったところ。
8 ○と○を合わせて折りすじをつける。
9 ○と○を合わせて折る。
10
11 開いて折りたたむ。
12 中の紙を引き出す。
13 中割り折り。
14 できあがり

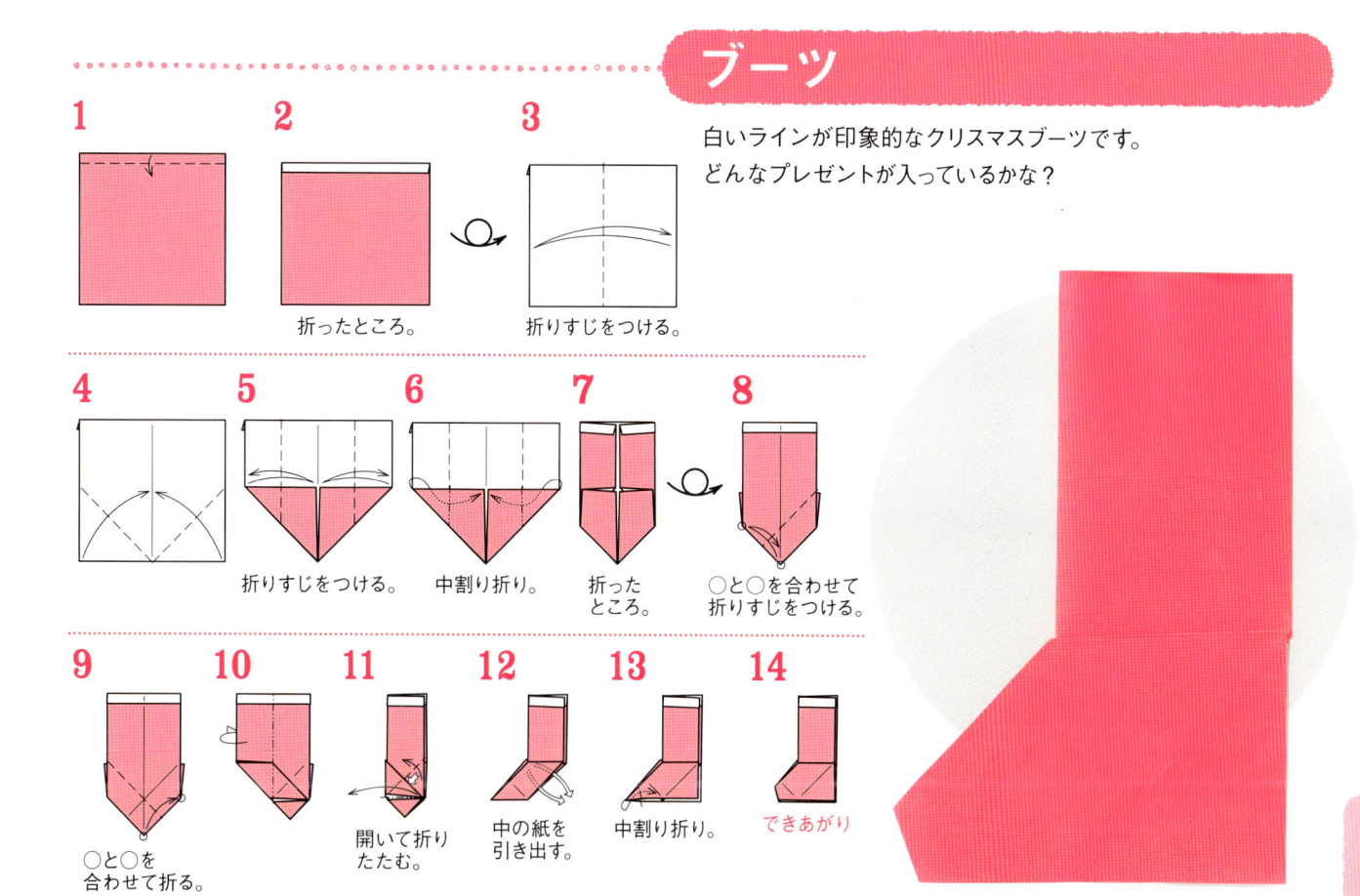

車

子どもたちが大好きな車を折り紙で作ってみましょう。
本物みたいな形に仕上がるタイヤがかっこいい！

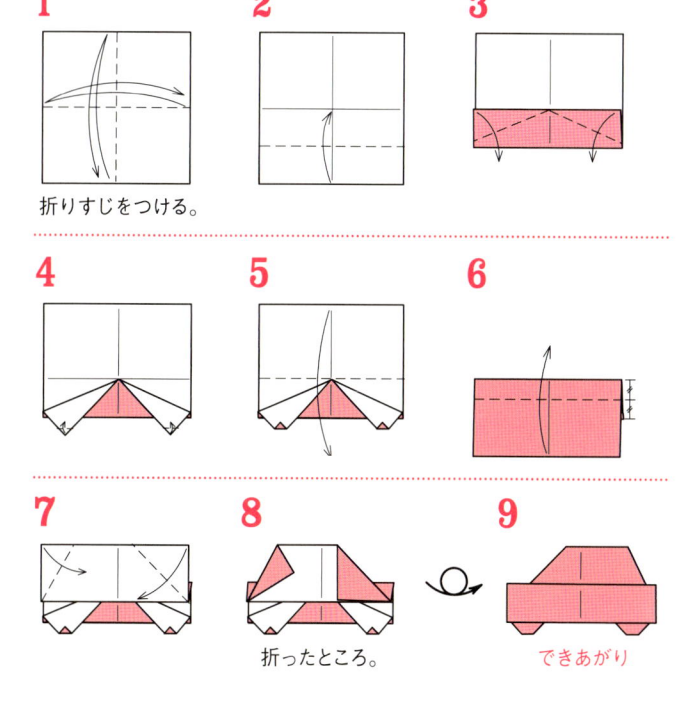

1 折りすじをつける。
2
3
4
5
6
7
8 折ったところ。
9 できあがり

1月 ♣

めんこ

表裏で模様が違うめんこは、実際に使ってあそべます。
2枚の折り紙の色の組み合わせを楽しみましょう。

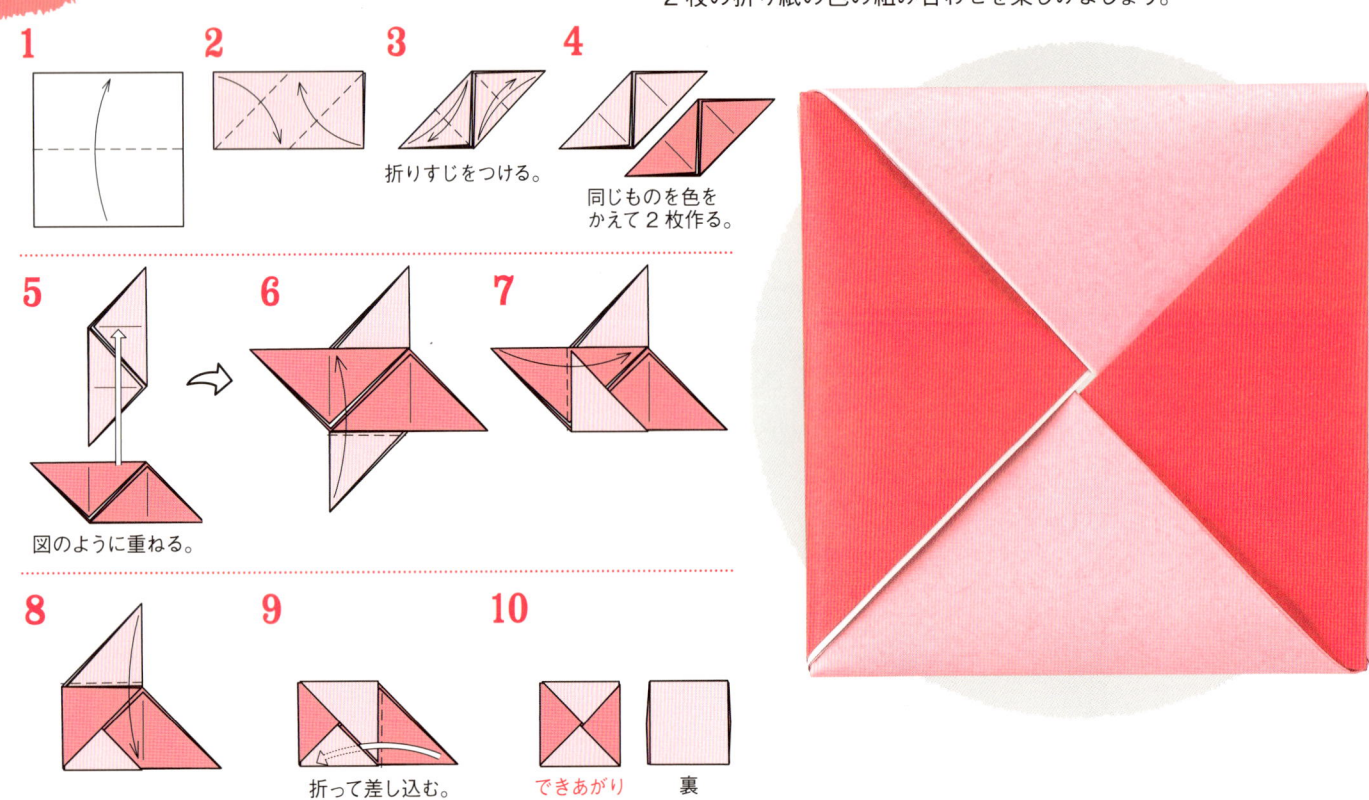

1
2
3 折りすじをつける。
4 同じものを色をかえて2枚作る。
5 図のように重ねる。
6
7
8
9 折って差し込む。
10 できあがり　裏

鏡もち

1枚の折り紙が2段の鏡もちに変身します。
7からの細かい部分は、ていねいに折り進めましょう。

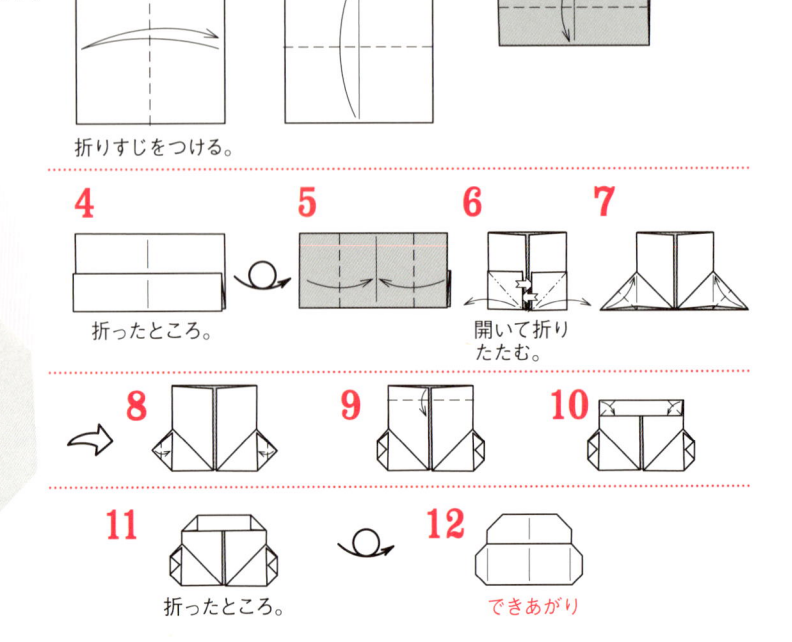

1 折りすじをつける。
2
3
4 折ったところ。
5
6 開いて折りたたむ。
7
8
9
10
11 折ったところ。
12 できあがり

ししまい

歯の形がユニークなししまいです。
体を千代紙で折ると、お正月らしくなります。

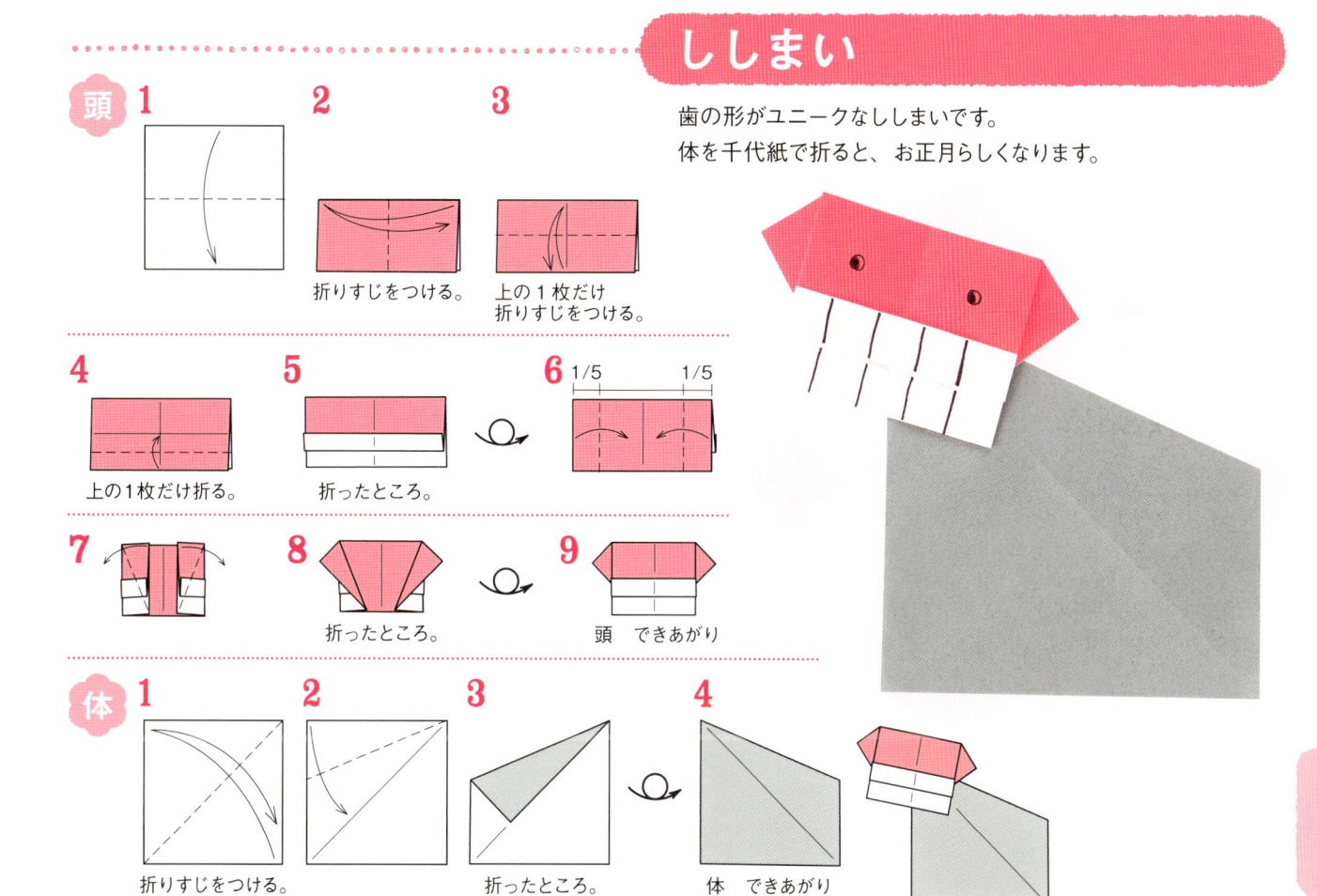

頭

1.
2. 折りすじをつける。
3. 上の1枚だけ折りすじをつける。
4. 上の1枚だけ折る。
5. 折ったところ。
6. 1/5　1/5
7.
8. 折ったところ。
9. 頭　できあがり

体

1. 折りすじをつける。
2.
3. 折ったところ。
4. 体　できあがり

頭を貼る。
できあがり

ミカン

冬を代表する果物、ミカンを折り紙で作りましょう。
コロンと丸い形やヘタがポイントです。

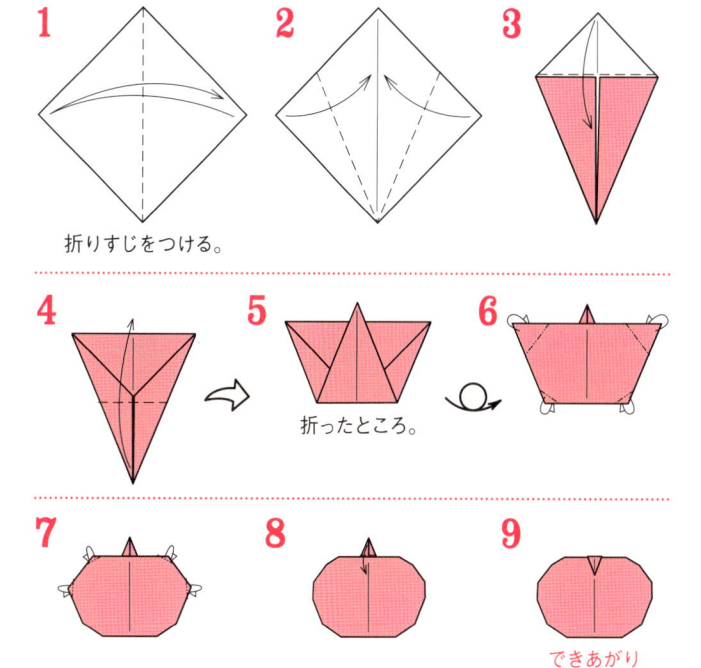

1. 折りすじをつける。
2.
3.
4.
5. 折ったところ。
6.
7.
8.
9. できあがり

第5章　折り紙

2月

ハート

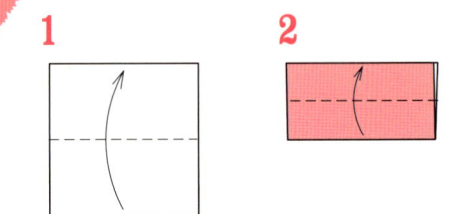

模様のある折り紙や包装紙で折ってもかわいいハート。
手作りカードやプレゼントに添えてもいいですね。

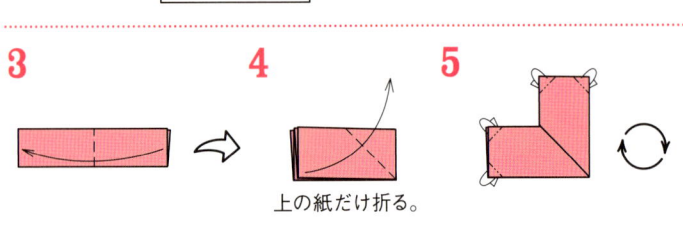

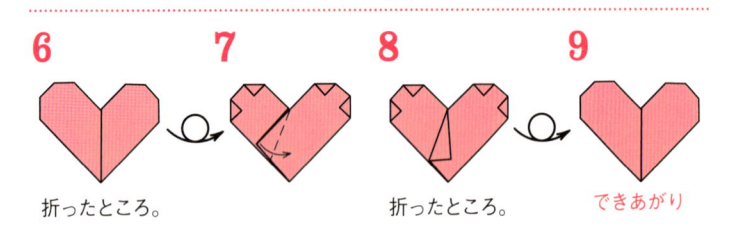

1
2
3
4 上の紙だけ折る。
5
6 折ったところ。
7
8 折ったところ。
9 できあがり

雪だるま

5 をていねいに折るのがポイントです。
表情や模様を描いて楽しい雪だるまにしましょう。

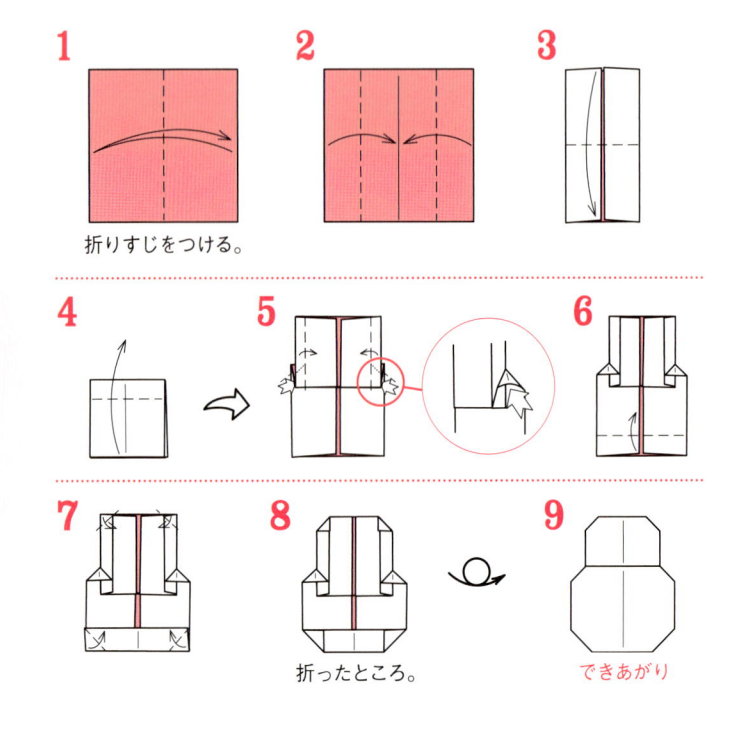

1 折りすじをつける。
2
3
4
5
6
7
8 折ったところ。
9 できあがり

ペンギン

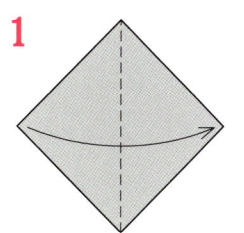

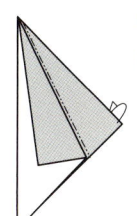

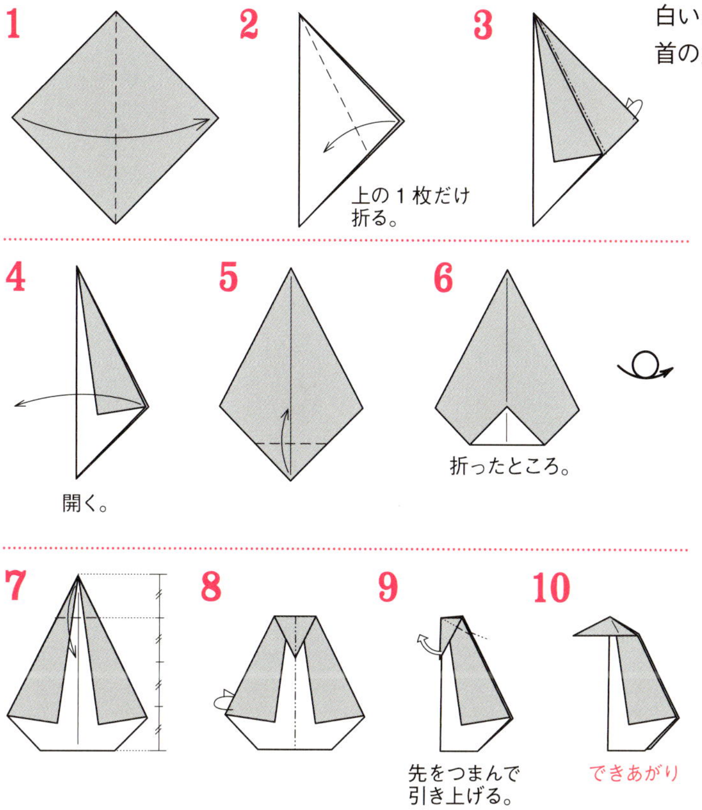

白いおなかがかわいいペンギン。
首の角度で表情に違いが出ます。

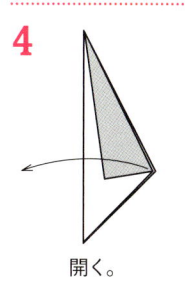

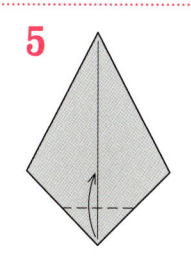

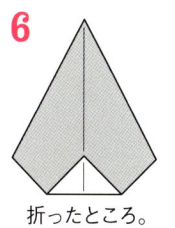

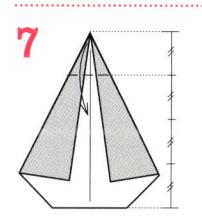

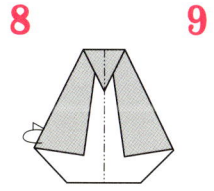

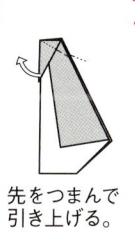

1
2 上の1枚だけ折る。
3
4 開く。
5
6 折ったところ。
7
8
9 先をつまんで引き上げる。
10 できあがり

鬼

2本のつのがとっても強そうな鬼。
袋の部分に指を入れれば、指人形として楽しめます。

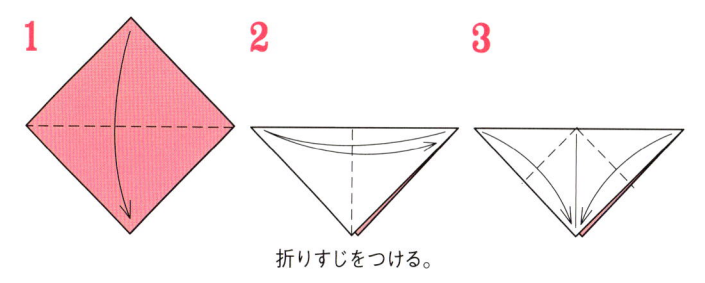

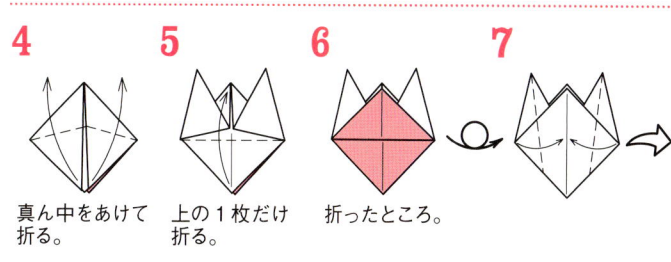

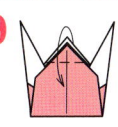

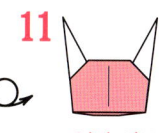

1
2 折りすじをつける。
3
4 真ん中をあけて折る。
5 上の1枚だけ折る。
6 折ったところ。
7
8
9
10 折ったところ。
11 できあがり

第5章 折り紙

3月

ヒヨコ

羽とくちばしが愛らしいヒヨコです。
立てて飾れるのも魅力です。

1 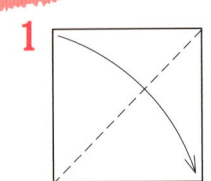
2 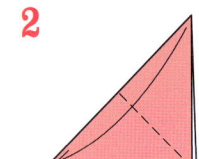
3 上の紙だけ折る。
4 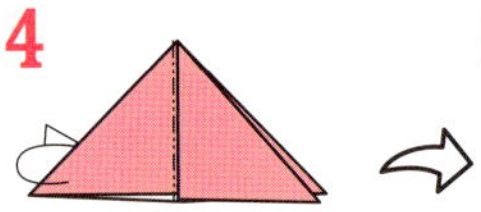
5 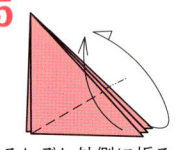 それぞれ外側に折る。
6 折りすじをつける。
7 中割り折り。
8 できあがり

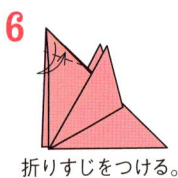

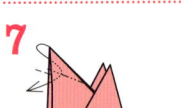

おひなさま

本物みたいな着物の形が印象的なおひなさま。
色違いの千代紙でペアを作って飾っても。

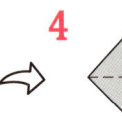

1 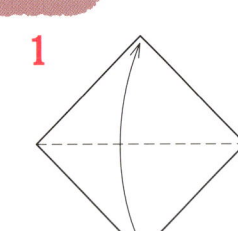
2 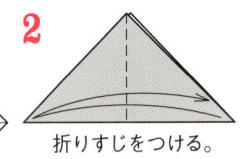 折りすじをつける。
3 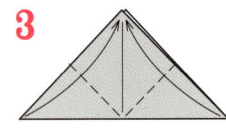
4 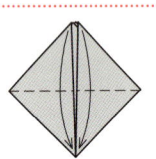
5 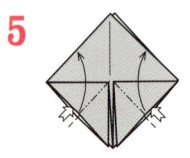 開いて折りたたむ。
6 上の1枚だけ折りすじをつける。
7 内側に折る。
8 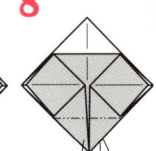
おびな
9 できあがり

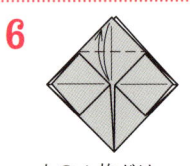

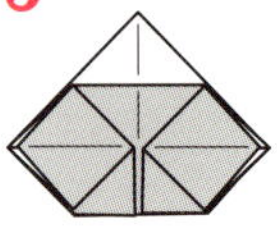

めびな
9 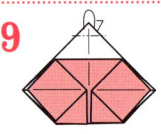
10 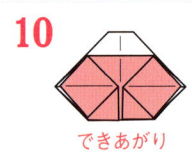 できあがり

箱

ひな祭りにあられ入れにしたり、大きな紙で折って製作材料を入れたり、あそびに使ったりできます。

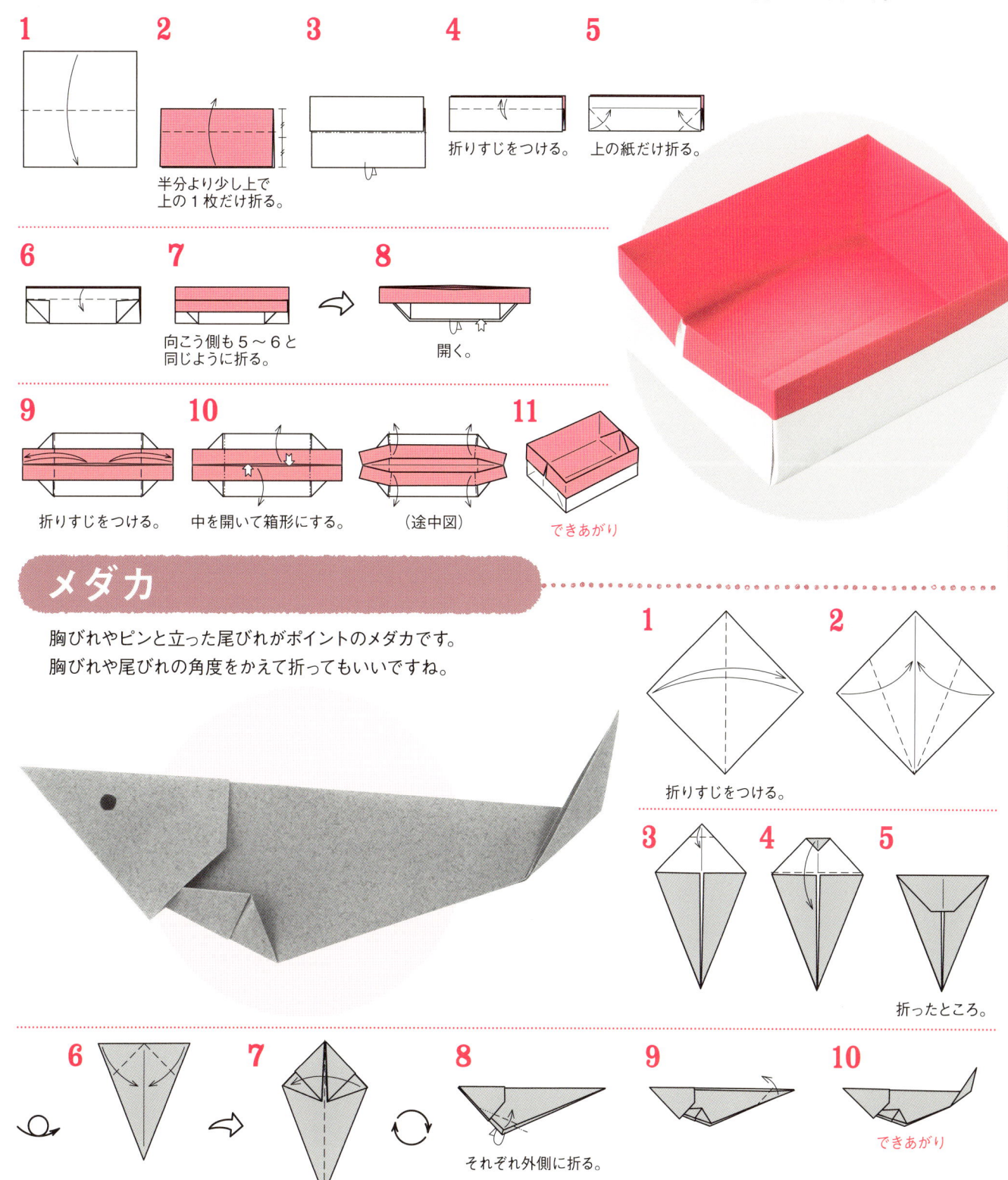

1.
2. 半分より少し上で上の1枚だけ折る。
3.
4. 折りすじをつける。
5. 上の紙だけ折る。
6.
7. 向こう側も5～6と同じように折る。
8. 開く。
9. 折りすじをつける。
10. 中を開いて箱形にする。
    （途中図）
11. できあがり

メダカ

胸びれやピンと立った尾びれがポイントのメダカです。胸びれや尾びれの角度をかえて折ってもいいですね。

1.
2.
   折りすじをつける。
3.
4.
5. 折ったところ。
6.
7.
8. それぞれ外側に折る。
9.
10. できあがり

第5章 ＋ 折り紙

あそべる ······ おうち→手紙入れ→王冠

次々に違う作品に変身していくユニークな折り紙です。
形の変化に折り紙の楽しさが感じられます。

①おうち

屋根の形がポイントのおうち。
いろいろな色で折って楽しみましょう。

1
2 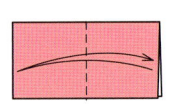 折りすじをつける。 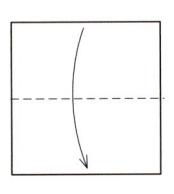
3
4 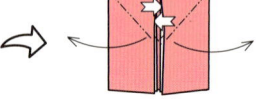 開いて折りたたむ。 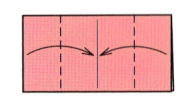
5 できあがり

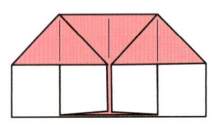

②手紙入れ

大きな紙で折ると、ポケット部分に物が入れられます。
ごっこあそびなどにも活躍する折り紙です。

1 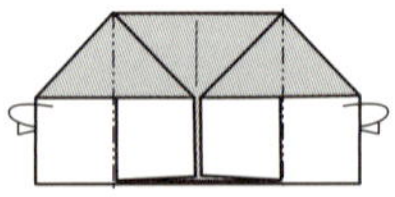 「おうち」のできあがりから始める。
2 上の紙だけ折る。
3 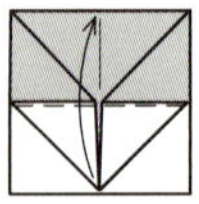
4 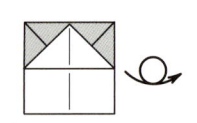 折ったところ。
5 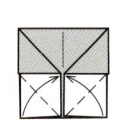
6 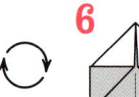
7 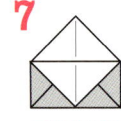 できあがり

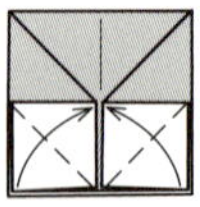

③王冠

新聞紙など大きな紙で折ると、かぶってあそべます。
3で形を整えて立体的にするのがポイントです。

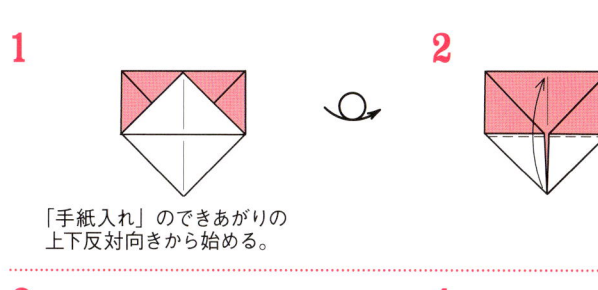

1
「手紙入れ」のできあがりの上下反対向きから始める。

2

3
中を開き上の角をつぶして丸く形を整える。 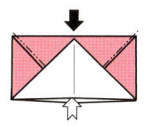

4 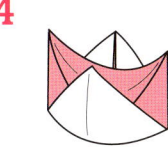 
できあがり

上から見ると…

コップ

物を入れられるのが楽しい作品です。
大きな紙で折ってもいいですね。

1

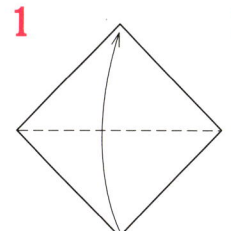

2
上の1枚だけ折りすじをつける。 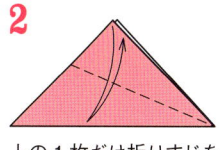

3 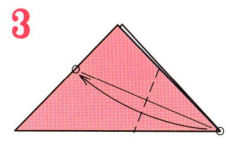
○と○を合わせて折る。

4 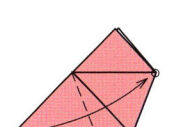
○と○を合わせて折る。

5
それぞれ外側に折る。 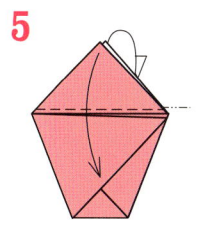

6 
できあがり

第5章 折り紙

山登り

動かすと、紙が登っていく不思議なしくみの作品です。
子どもたちもびっくりすること間違いなし。

1 **2** **3** 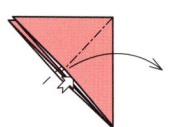
開いて折りたたむ。

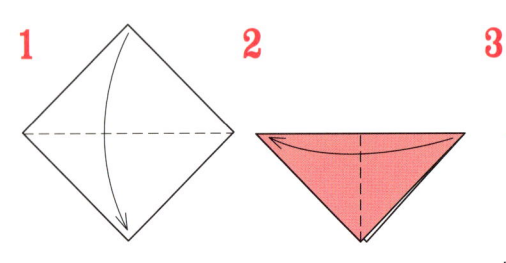

4 向こう側も同じ。 **5** 切り取る。 **6** 上の1枚だけ折る。

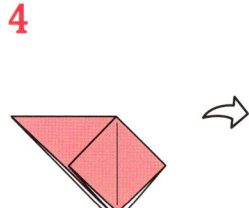

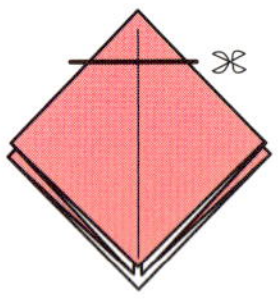

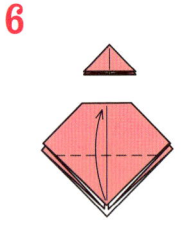

7 後ろの1枚だけ折る。 **8** 5で切り取った部分を差し込む。 **9** 少し中に入れる。 **10** できあがり

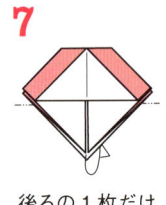

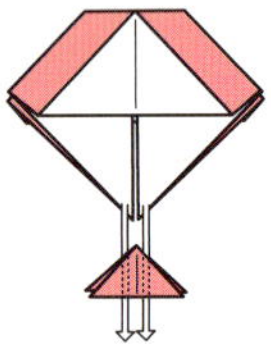

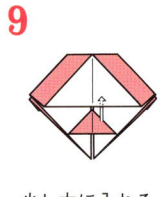

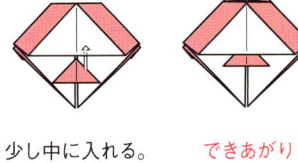

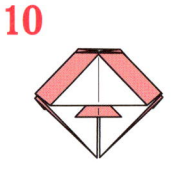

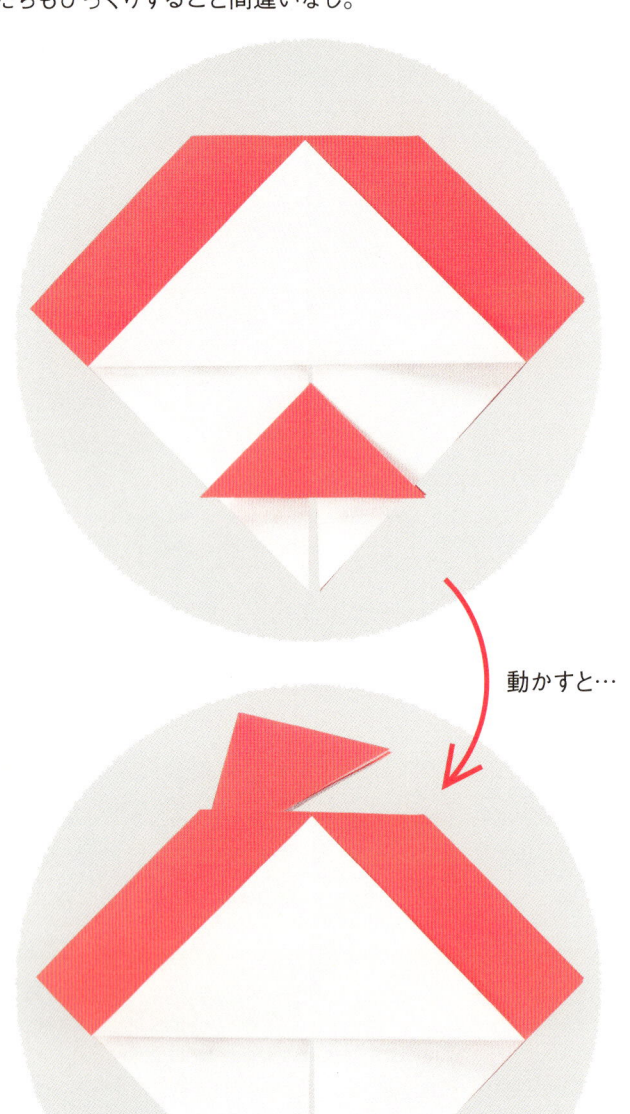

動かすと…

あそび方

図のように持ち、上下にすり合わせるように動かすと中の部分が上がっていく。

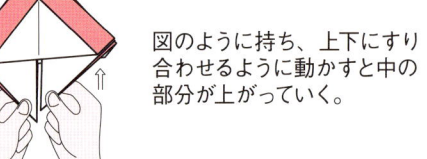

飛行機

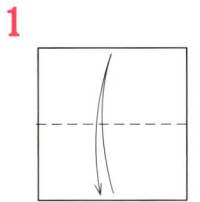

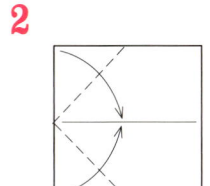

飛ばしてあそべる飛行機は、子どもたちみんなが大好き！
羽をしっかり水平にするのがよく飛ぶコツです。

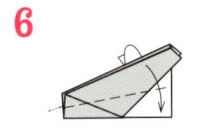

1
折りすじをつける。

2

3

4

5

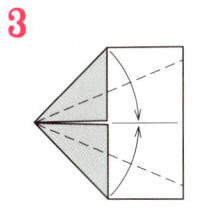

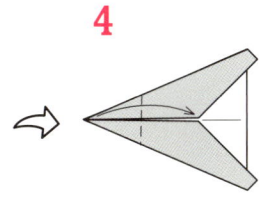

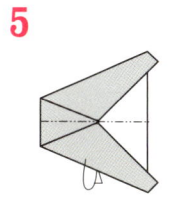

6
それぞれ外側に折る。

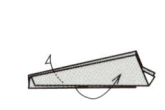

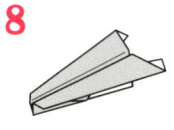

7
羽を開いて水平にする。

8
できあがり

ぱくぱく

指を入れて動かせるおなじみの折り紙です。
好きな色で作ってみんなであそびましょう。

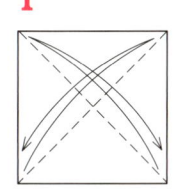

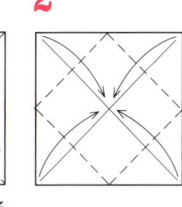

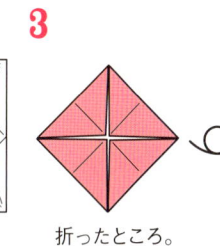

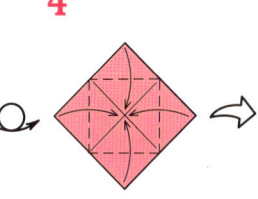

1
折りすじをつける。

2

3
折ったところ。

4

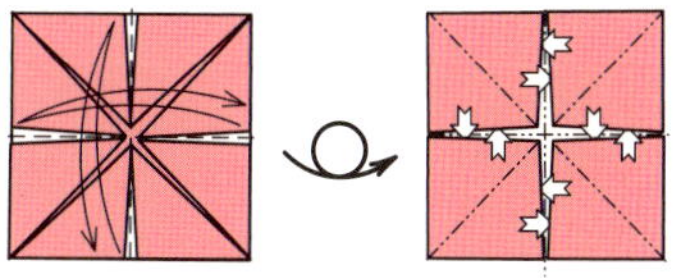

5
折りすじをつける。

6
それぞれ指を入れて立体にする。

7

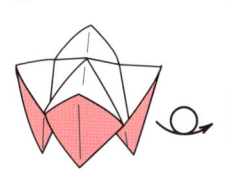

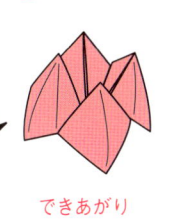

8
できあがり

パクパク…

第5章 折り紙

くるくるチョウ

くるくる落ちる動きがユニークな作品。
3で角を少し出して折るのがポイントです。

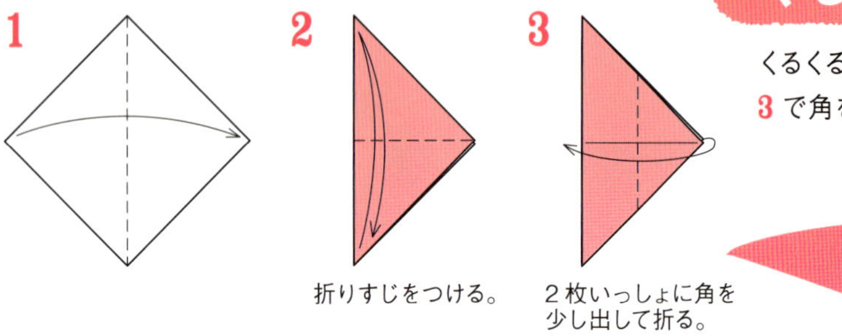

1

2
折りすじをつける。

3
2枚いっしょに角を少し出して折る。

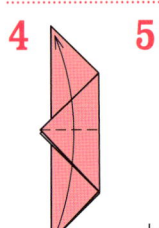

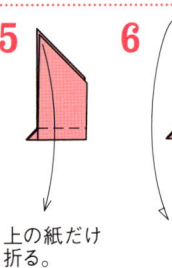

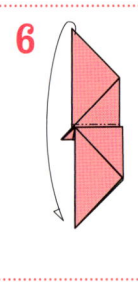

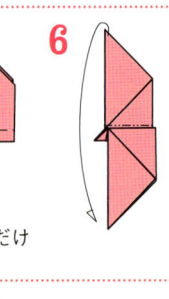

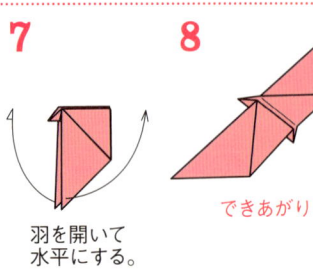

4

5
上の紙だけ折る。

6

7
羽を開いて水平にする。

8
できあがり

あそび方

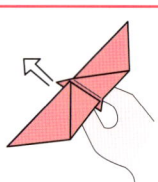

図のように持って軽く斜め上に押し出すように飛ばすと、宙返りしながら舞い降りてくる。

帆かけ船

帆を立ててスイスイ進むかっこいい船。
息を吹きかけてみんなで競争してみましょう。

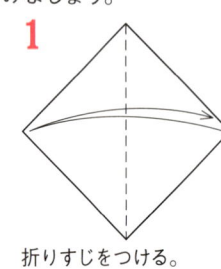

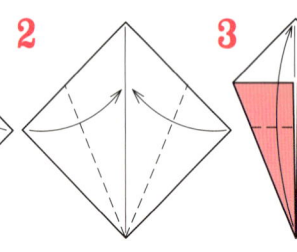

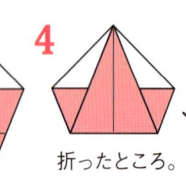

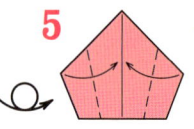

1
折りすじをつける。

2

3

4
折ったところ。

5

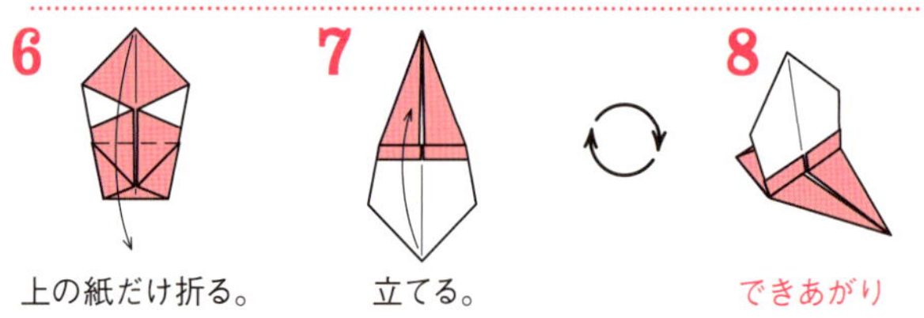

6
上の紙だけ折る。

7
立てる。

8
できあがり

あそび方

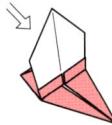

帆の後ろから息を吹きかけると前に進む。

第6章
お絵描きワーク

コピーして何度でも使えるお絵描きワークのプランです。
シャボン玉やチョウなど、身近なテーマでイメージしやすく
「描く」「色をつける」「貼る」「切る」と盛りだくさん。
描く道具や使う材料をかえれば、楽しみ方が広がります。

【描く】線を描く
雨が降ってきたよ！

- クレヨンで描く
- 絵の具で描く

＊コピーをする際には、この文字が見えるように開くと、きれいにコピーをすることができます。

【描く】点を描く
イチゴの粒をつけよう

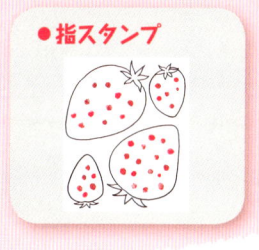

- クレヨンで描く
- 指スタンプ

＊コピーをする際には、この文字が見えるように開くと、きれいにコピーをすることができます。

第6章 お絵描きワーク

【描く】丸を描く
シャボン玉を飛ばそう

●クレヨンで描く ●絵の具で描く

＊コピーをする際には、この文字が見えるように開くと、きれいにコピーをすることができます。

【描く】渦巻きを描く
何味のキャンディかな？

●クレヨンで描く　●ペンで描く

＊コピーをする際には、この文字が見えるように開くと、きれいにコピーをすることができます。

第6章　お絵描きワーク

【描く】放射状に描く
夜空に上がる花火

●クレヨンで描く

●ペンで描く

＊コピーをする際には、この文字が見えるように開くと、きれいにコピーをすることができます。

【描く】模様をつける
おしゃれなチョウ

- クレヨンで描く
- シールを貼る

＊コピーをする際には、この文字が見えるように開くと、きれいにコピーをすることができます。

第6章 お絵描きワーク

【色をつける】自由に描く
お花畑を作ろう

●クレヨンで描く

●絵の具で描く

＊コピーをする際には、この文字が見えるように開くと、きれいにコピーをすることができます。

【色をつける】スタンプを押す
すてきなバッグにしよう

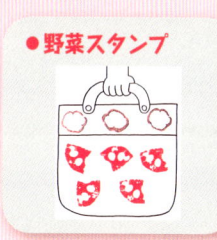

●野菜スタンプ

●段ボールスタンプ

＊コピーをする際には、この文字が見えるように開くと、きれいにコピーをすることができます。

第6章 お絵描きワーク

【色をつける】色を塗り分ける
いろいろな味にしよう

●クレヨンで塗る　●絵の具で塗る

＊コピーをする際には、この文字が見えるように開くと、きれいにコピーをすることができます。

【色をつける】点つなぎ・色を塗り分ける
カメのこうらを描こう

● 六角形につなぐ

● 自由につなぐ

＊コピーをする際には、この文字が見えるように開くと、きれいにコピーをすることができます。

第6章 お絵描きワーク

【切る】線に沿って切る
おいしそうなピザ

● 4等分に切る

● 8等分に切る

＊コピーをする際には、この文字が見えるように開くと、きれいにコピーをすることができます。

【切る】切り込みを入れる
タコの足を切ろう

● 切る

● 塗って切り、丸める

*コピーをする際には、この文字が見えるように開くと、きれいにコピーをすることができます。

第6章 お絵描きワーク

【貼る】シールを貼る
ケーキにトッピング

- シールを貼る
- シール・クレヨン

＊コピーをする際には、この文字が見えるように開くと、きれいにコピーをすることができます。

【貼る】紙を貼る
たてがみをつけよう

● 切った紙を貼る

● 破った紙を貼る

＊コピーをする際には、この文字が見えるように開くと、きれいにコピーをすることができます。

第6章 お絵描きワーク

年齢別 製作・造形あそびインデックス

1〜5歳児の対象年齢別あそび一覧です。　●：メインの年齢のあそび　○：サブの年齢のあそび

1歳児

分類	印	あそび名	ページ
季節	●	シースルーこいのぼり	14
季節	○	カタカタ描きこいのぼり	15
季節	●	タンポの魚と星	32
季節	○	ゆらゆらスイカ	40
季節	●	シール&タンポのツリー	56
季節	●	エアパッキンのつの	66
季節	●	デカルコマニーのおひなさま	72
技法	●	アジサイ（フィンガーペイント）	119
素材	○	色混ぜあそび	158
素材	○	はらぺこ怪獣	172
素材	○	ふわふわバルーン	179
素材	●	シール貼り	182

2歳児

分類	印	あそび名	ページ
季節	●	花とテントウムシ	10
季節	○	シースルーこいのぼり	14
季節	●	カタカタ描きこいのぼり	15
季節	○	にじみこいのぼり	16
季節	●	折り紙のミニフレーム	20
季節	●	カップの小物入れ	28
季節	○	発泡トレーのフレーム	29
季節	○	タンポの魚と星	32
季節	●	つなぎ飾り	33
季節	●	ゆらゆらスイカ	40
季節	○	ヒマワリのレリーフ	41
季節	●	指スタンプのブドウ	44
季節	●	はじき絵のキノコ	48
季節	●	どんぐりケース	52
季節	○	シール&タンポのツリー	56
季節	●	キラキラオーナメント	57
季節	○	エアパッキンのつの	66
季節	●	ひらひら鬼のお面	67
季節	○	毛糸コラージュのお面	68
季節	○	デカルコマニーのおひなさま	72
季節	●	芯材のおひなさま	73
通年	●	スケルトンバッグ	78
通年	●	かくれんぼ	79
通年	●	段ボールのピザ	95
通年	○	プラカップのパフェ	96
技法	●	レーズンパン（綿棒で描く）	115
技法	●	スパゲティ（綿棒で描く）	115
技法	●	アジサイ（フィンガーペイント）	119
技法	●	綿あめ（フィンガーペイント）	119
技法	●	サクランボ（タンポ）	125
技法	●	グミ（スタンプ）	127
技法	●	コースター（にじみ絵）	139
素材	●	色混ぜあそび	158
素材	○	透明素材に描こう	170
素材	●	はらぺこ怪獣	172
素材	●	ふわふわバルーン	179
素材	●	シール貼り	182
素材	○	トンネルくぐり	188
素材	●	積み上げブロック	190
素材	●	キラキラウォーター	192
素材	●	色のぞき	200

3歳児

分類	印	あそび名	ページ
季節	○	花とテントウムシ	10
季節	●	スタンプのイチゴ	11
季節	○	カタカタ描きこいのぼり	15
季節	●	にじみこいのぼり	16
季節	○	貼り合わせこいのぼり	17
季節	○	折り紙のミニフレーム	20
季節	●	色つき粘土のペンダント	21
季節	●	紙皿のフレーム	22
季節	●	ちぎり貼りのアジサイ	24
季節	○	カップの小物入れ	28
季節	●	発泡トレーのフレーム	29
季節	○	つなぎ飾り	33
季節	●	紙テープの吹き流し	34
季節	●	発泡トレーの魚	38
季節	○	ゆらゆらスイカ	40
季節	●	ヒマワリのレリーフ	41
季節	○	指スタンプのブドウ	44
季節	●	お月見の絵	45
季節	●	写真立てカード	46
季節	○	はじき絵のキノコ	48
季節	●	コラージュの赤トンボ	49
季節	○	どんぐりケース	52
季節	●	松ぼっくり人形	53
季節	○	キラキラオーナメント	57
季節	●	かさ袋のリース	58
季節	●	タンポの雪だるま	62
季節	○	ひらひら鬼のお面	67
季節	●	毛糸コラージュのお面	68
季節	●	貼り絵の鬼のお面	69
季節	○	芯材のおひなさま	73
季節	●	野菜スタンプおひなさま	74
季節	○	ちぎり貼りのおひなさま	75
通年	○	スケルトンバッグ	78
通年	●	かくれんぼ	79
通年	●	起き上がりこぼし	80
通年	●	でんでんだいこ	81
通年	●	封筒パペット	82
通年	●	発泡トレーの船	83
通年	●	牛乳パックのトラック	84
通年	○	輪ゴムギター	85
通年	○	時計&ブレスレット	86
通年	○	コロコロめいろ	87
通年	●	段ボールのピザ	95
通年	●	プラカップのパフェ	96
通年	●	紙皿のスパゲティ	97
技法	●	レーズンパン（綿棒で描く）	115
技法	●	顔（綿棒で描く）	115
技法	●	スパゲティ（綿棒で描く）	115

252

※ 季節：第1章 季節の製作、通年：第2章 通年の製作、技法：第3章 製作技法、素材：第4章 素材あそびを示しています。

技法 ●	動物（割りばしペン）	117
技法 ●	アジサイ（フィンガーペイント）	119
技法 ●	綿あめ（フィンガーペイント）	119
技法 ●	どんぐり（フィンガーペイント）	119
技法 ●	サツマイモ（フィンガーペイント）	119
技法 ●	ジュース（はじき絵）	121
技法 ●	キノコ（デカルコマニー）	123
技法 ●	サクランボ（タンポ）	125
技法 ●	ブドウ（タンポ）	125
技法 ●	雪景色（タンポ）	125
技法 ●	グミ（スタンプ）	127
技法 ●	タンポポ（スタンプ）	127
技法 ●	ブレスレット（色つき粘土）	131
技法 ●	コースター（にじみ絵）	139
技法 ●	人形（たくさん切る）	141
技法 ●	ポテトチップス（たくさん切る）	141
技法 ●	キャンディ（たくさん切る）	141
技法 ●	クリスマスツリー（立体物のコラージュ）	145
技法 ●	クッキー（紙粘土）	149
素材 ●	色混ぜあそび	158
素材 ○	コックさんごっこ	159
素材 ○	ペンキやさん	160
素材 ●	お水がジャー	167
素材 ●	透明素材に描こう	170
素材 ●	はらぺこ怪獣	172
素材 ●	ニョロニョロ大蛇	173
素材 ○	宝探し	174
素材 ●	ふわふわバルーン	179
素材 ○	シール貼り	182
素材 ●	トンネルくぐり	188
素材 ●	秘密基地	189
素材 ●	積み上げブロック	190
素材 ●	ロボットあそび	191
素材 ●	キラキラウォーター	192
素材 ●	水中飛び出しあそび	193
素材 ●	水に浮かぶおもちゃ	194
素材 ○	ひらひらステッキ	196
素材 ●	粘土を作ろう	198
素材 ●	色つき粘土を作ろう	199
素材 ●	色のぞき	200

4歳児

季節 ○	スタンプのイチゴ	11
季節 ●	貼り絵の花	12
季節 ○	デカルコマニーのチョウ	13
季節 ○	にじみこいのぼり	16
季節 ●	貼り合わせこいのぼり	17
季節 ○	スクラッチこいのぼり	18
季節 ○	色つき粘土のペンダント	21
季節 ●	紙皿のフレーム	22
季節 ○	ちぎり貼りのアジサイ	24
季節 ○	スタンプのアジサイ	25
季節 ●	モールの針の時計	26
季節 ○	発泡トレーのフレーム	29
季節 ●	粘土レリーフの肖像	30
季節 ○	紙テープの吹き流し	34
季節 ○	たたみ染めの短冊	35
季節 ○	ちょうちん飾り	36
季節 ○	スポンジで描く天の川	37
季節 ○	発泡トレーの魚	38
季節 ●	スズランテープのプール	39
季節 ●	ヒマワリのレリーフ	41
季節 ●	はじき絵の花火	42
季節 ○	芯で作る夏の虫	43
季節 ○	お月見の絵	45
季節 ○	写真立てカード	46
季節 ○	牛乳パックの小物入れ	47
季節 ●	コラージュの赤トンボ	49
季節 ●	グラデーション落ち葉	50
季節 ○	松ぼっくり人形	53
季節 ●	ゆらゆらミノムシ	54
季節 ○	かさ袋のリース	58
季節 ●	ステンドグラスツリー	59
季節 ○	足形サンタとトナカイ	60
季節 ○	クラフト紙のリース	61
季節 ○	タンポの雪だるま	62
季節 ○	色合わせカルタ	63
季節 ○	毛糸コラージュのお面	68
季節 ○	貼り絵の鬼のお面	69
季節 ○	フリンジの鬼のお面	70
季節 ○	野菜スタンプおひなさま	74
季節 ●	ちぎり貼りのおひなさま	75

季節 ○	たたみ染めびな	76
通年 ○	スケルトンバッグ	78
通年 ○	かくれんぼ	79
通年 ○	起き上がりこぼし	80
通年 ○	でんでんだいこ	81
通年 ○	封筒パペット	82
通年 ○	発泡トレーの船	83
通年 ○	牛乳パックのトラック	84
通年 ●	輪ゴムギター	85
通年 ●	時計＆ブレスレット	86
通年 ●	コロコロめいろ	87
通年 ○	ダンス人形	88
通年 ○	ジャンプ台	89
通年 ○	おしゃれベルト	90
通年 ○	いないいないばぁ	91
通年 ●	封筒のぬいぐるみ	92
通年 ○	プラカップのパフェ	96
通年 ○	紙皿のスパゲティ	97
通年 ●	牛乳パックのおにぎり	98
通年 ○	粘土で作るお寿司	99
通年 ○	観察画	102
通年 ○	自画像	106
技法 ●	雨降り（筆で描く）	113
技法 ●	大きな木（筆で描く）	113
技法 ●	レーズンパン（綿棒で描く）	115
技法 ●	顔（綿棒で描く）	115
技法 ●	花火（綿棒で描く）	115
技法 ●	クリ（歯ブラシで描く）	116
技法 ●	波（歯ブラシで描く）	116
技法 ●	動物（割りばしペン）	117
技法 ●	人（割りばしペン）	117
技法 ●	アジサイ（フィンガーペイント）	119
技法 ●	綿あめ（フィンガーペイント）	119
技法 ●	どんぐり（フィンガーペイント）	119
技法 ●	サツマイモ（フィンガーペイント）	119
技法 ●	ジュース（はじき絵）	121
技法 ●	雨とカタツムリ（はじき絵）	121
技法 ●	キノコ（デカルコマニー）	123
技法 ●	サクランボ（タンポ）	125
技法 ●	ブドウ（タンポ）	125
技法 ●	雪景色（タンポ）	125
技法 ●	あんパン（タンポ）	125

253

年齢別 製作・造形あそびインデックス

技法	●	ドーナツ（タンポ）	125
技法	●	グミ（スタンプ）	127
技法	●	タンポポ（スタンプ）	127
技法	●	ロボット（スタンプ）	127
技法	●	赤トンボ（スタンプ）	127
技法	●	レンガの家（スタンプ）	128
技法	●	トウモロコシ（スタンプ）	128
技法	●	シャボン玉（スタンプ）	128
技法	●	しおり（たたみ染め）	129
技法	●	小物入れ（マーブリング）	130
技法	●	コラージュ（マーブリング）	130
技法	●	ブレスレット（色つき粘土）	131
技法	●	車（紙版画）	133
技法	●	動物（紙版画）	133
技法	●	花（紙版画）	133
技法	●	ロケット（スクラッチ）	135
技法	●	模様（スクラッチ）	135
技法	●	花（スクラッチ）	135
技法	●	チョウ（スクラッチ）	135
技法	●	花（こすり出し）	137
技法	●	クジャク（にじみ絵）	139
技法	●	コースター（にじみ絵）	139
技法	●	人形（たくさん切る）	141
技法	●	青虫（たくさん切る）	141
技法	●	チョコレート菓子（たくさん切る）	141
技法	●	ポテトチップス（たくさん切る）	141
技法	●	キャンディ（たくさん切る）	141
技法	●	サツマイモ（紙をもむ）	143
技法	●	船（紙のコラージュ）	144
技法	●	おうち（紙のコラージュ）	144
技法	●	クリスマスツリー（立体物のコラージュ）	145
技法	●	動物（立体物のコラージュ）	145
技法	●	動物園（紙を折る）	147
技法	●	カタツムリ（紙を丸める）	147
技法	●	花（紙を丸める）	147
技法	●	クッキー（紙粘土）	149
技法	●	動物（つなげる）	151
技法	●	せんす（つなげる）	151

技法	●	絵がわり（回転させる）	152
素材	●	コックさんごっこ	159
素材	●	ペンキやさん	160
素材	○	色水あそび	161
素材	●	スプレーで色あそび	162
素材	●	ビー玉転がし	163
素材	●	たらし絵	164
素材	●	ろうそくで吹き絵	165
素材	●	お水がジャー	167
素材	○	パズルあそび	168
素材	○	回し描き＆まとめ描き	169
素材	●	透明素材に描こう	170
素材	●	ティッシュアート	171
素材	●	はらぺこ怪獣	172
素材	●	ニョロニョロ大蛇	173
素材	●	宝探し	174
素材	●	大きな新聞紙	175
素材	●	輪投げ	176
素材	○	ボーリング	177
素材	●	共同コラージュ	180
素材	●	みんなの町作り	181
素材	○	空気でっぽう	186
素材	●	トンネルくぐり	188
素材	●	秘密基地	189
素材	●	積み上げブロック	190
素材	●	ロボットあそび	191
素材	●	水中飛び出しあそび	193
素材	●	水に浮かぶおもちゃ	194
素材	●	あおぎっこ競争	195
素材	●	ひらひらステッキ	196
素材	●	粘土を作ろう	198
素材	●	色つき粘土を作ろう	199
素材	●	色のぞき	200

5歳児

季節	○	貼り絵の花	12
季節	●	デカルコマニーのチョウ	13
季節	○	貼り合わせこいのぼり	17

季節	●	スクラッチこいのぼり	18
季節	●	こすり出しこいのぼり	19
季節	○	紙皿のフレーム	22
季節	○	歯ブラシカーネーション	23
季節	○	スタンプのアジサイ	25
季節	○	モールの針の時計	26
季節	○	割りピンで作る時計	27
季節	○	粘土レリーフの肖像	30
季節	○	しましまフレーム	31
季節	●	たたみ染めの短冊	35
季節	●	ちょうちん飾り	36
季節	●	スポンジで描く天の川	37
季節	●	スズランテープのプール	39
季節	●	はじき絵の花火	42
季節	●	芯で作る夏の虫	43
季節	●	牛乳パックの小物入れ	47
季節	○	コラージュの赤トンボ	49
季節	○	グラデーション落ち葉	50
季節	○	クラフト紙のサツマイモ	51
季節	○	ゆらゆらミノムシ	54
季節	○	切り紙のあめ袋	55
季節	○	ステンドグラスツリー	59
季節	○	足形サンタとトナカイ	60
季節	○	クラフト紙のリース	61
季節	○	色合わせカルタ	63
季節	○	貼り絵のすごろく	64
季節	○	切り紙のこま	65
季節	○	貼り絵の鬼のお面	69
季節	●	フリンジの鬼のお面	70
季節	●	紙袋の鬼のお面	71
季節	○	ちぎり貼りのおひなさま	75
季節	●	たたみ染めびな	76
通年	●	輪ゴムギター	85
通年	●	時計＆ブレスレット	86
通年	○	コロコロめいろ	87
通年	●	ダンス人形	88
通年	○	ジャンプ台	89
通年	●	おしゃれベルト	90
通年	●	いないいないばぁ	91

※ 季節：第1章 季節の製作、通年：第2章 通年の製作、技法：第3章 製作技法、素材：第4章 素材あそびを示しています。

通年 ● 封筒のぬいぐるみ …………… 92	技法 ● 花（たたみ染め）……………… 129	技法 ● 動物（紙粘土）………………… 149
通年 ● 手足が動くトレー人形 ……… 93	技法 ● 小物入れ（マーブリング）……… 130	技法 ● ロボット（つなげる）…………… 151
通年 ● 空き箱の走る車 ……………… 94	技法 ● コラージュ（マーブリング）…… 130	技法 ● 動物（つなげる）………………… 151
通年 ○ 牛乳パックのおにぎり ……… 98	技法 ● ブレスレット（色つき粘土）…… 131	技法 ● ルーレット（つなげる）………… 151
通年 ● 粘土で作るお寿司 …………… 99	技法 ● レリーフ（色つき粘土）………… 131	技法 ● せんす（つなげる）……………… 151
通年 ● ハンバーガーセット ………… 100	技法 ● 車（紙版画）……………………… 133	技法 ● 絵がわり（回転させる）………… 152
通年 ● デコレーションケーキ ……… 101	技法 ● 動物（紙版画）…………………… 133	技法 ● 水車（回転させる）……………… 152
通年 ● 観察画 ………………………… 102	技法 ● 花（紙版画）……………………… 133	素材 ○ コックさんごっこ ……………… 159
通年 ● 自画像 ………………………… 106	技法 ● 魚（スチレン版画）……………… 134	素材 ● ペンキやさん …………………… 160
技法 ● 雨降り（筆で描く）…………… 113	技法 ● 雪（スチレン版画）……………… 134	素材 ● 色水あそび ……………………… 161
技法 ● 大きな木（筆で描く）………… 113	技法 ● ロケット（スクラッチ）………… 135	素材 ● スプレーで色あそび …………… 162
技法 ● 顔（綿棒で描く）……………… 115	技法 ● 模様（スクラッチ）……………… 135	素材 ● ビー玉転がし …………………… 163
技法 ● 花火（綿棒で描く）…………… 115	技法 ● 花（スクラッチ）………………… 135	素材 ● たらし絵 ………………………… 164
技法 ● クリ（歯ブラシで描く）……… 116	技法 ● チョウ（スクラッチ）…………… 135	素材 ● ろうそくで吹き絵 ……………… 165
技法 ● 波（歯ブラシで描く）………… 116	技法 ● おうち（こすり出し）…………… 137	素材 ● マーブリング …………………… 166
技法 ● 動物（割りばしペン）………… 117	技法 ● 魚（こすり出し）………………… 137	素材 ○ お水がジャー …………………… 167
技法 ● 人（割りばしペン）…………… 117	技法 ● 花（こすり出し）………………… 137	素材 ● パズルあそび …………………… 168
技法 ● どんぐり（フィンガーペイント）… 119	技法 ● 木（こすり出し）………………… 137	素材 ● 回し描き＆まとめ描き ………… 169
技法 ● サツマイモ（フィンガーペイント）… 119	技法 ● クジャク（にじみ絵）…………… 139	素材 ● 透明素材に描こう ……………… 170
技法 ● ジュース（はじき絵）………… 121	技法 ● コースター（にじみ絵）………… 139	素材 ● ティッシュアート ……………… 171
技法 ● 雨とカタツムリ（はじき絵）…… 121	技法 ● 雨（にじみ絵）…………………… 139	素材 ● 宝探し …………………………… 174
技法 ● シャボン玉（はじき絵）……… 121	技法 ● 青虫（たくさん切る）…………… 141	素材 ● 大きな新聞紙 …………………… 175
技法 ● 虹（スポンジグラデーション）… 122	技法 ● チョコレート菓子（たくさん切る）… 141	素材 ● 輪投げ …………………………… 176
技法 ● 魚（スポンジグラデーション）… 122	技法 ● ポテトチップス（たくさん切る）… 141	素材 ● ボーリング ……………………… 177
技法 ● キノコ（デカルコマニー）…… 123	技法 ● キャンディ（たくさん切る）…… 141	素材 ● コスチューム作り ……………… 178
技法 ● 王冠（デカルコマニー）……… 123	技法 ● 切り紙（切り紙）………………… 142	素材 ● 共同コラージュ ………………… 180
技法 ● サクランボ（タンポ）………… 125	技法 ● サツマイモ（紙をもむ）………… 143	素材 ● みんなの町作り ………………… 181
技法 ● ブドウ（タンポ）……………… 125	技法 ● カレーライス（紙をもむ）……… 143	素材 ● つなげて玉転がし ……………… 183
技法 ● 雪景色（タンポ）……………… 125	技法 ● 船（紙のコラージュ）…………… 144	素材 ● かみ合わせブロック …………… 184
技法 ● あんぱん（タンポ）…………… 125	技法 ● おうち（紙のコラージュ）……… 144	素材 ● くっつき的当て ………………… 185
技法 ● ドーナツ（タンポ）…………… 125	技法 ● クリスマスツリー 　　　　（立体物のコラージュ）…… 145	素材 ● 空気でっぽう …………………… 186
技法 ● タンポポ（スタンプ）………… 127		素材 ● ふんわり凧 ……………………… 187
技法 ● ロボット（スタンプ）………… 127	技法 ● 動物（立体物のコラージュ）…… 145	素材 ● 秘密基地 ………………………… 189
技法 ● 赤トンボ（スタンプ）………… 127	技法 ● 動物園（紙を折る）……………… 147	素材 ● ロボットあそび ………………… 191
技法 ● レンガの家（スタンプ）……… 128	技法 ● 水族館（紙を折る）……………… 147	素材 ● 水に浮かぶおもちゃ …………… 194
技法 ● トウモロコシ（スタンプ）…… 128	技法 ● カタツムリ（紙を丸める）……… 147	素材 ● あおぎっこ競争 ………………… 195
技法 ● シャボン玉（スタンプ）……… 128	技法 ● 花（紙を丸める）………………… 147	素材 ● ポンポン ………………………… 197
技法 ● 海の中（スタンプ）…………… 128	技法 ● クッキー（紙粘土）……………… 149	素材 ● 粘土を作ろう …………………… 198
技法 ● しおり（たたみ染め）………… 129	技法 ● 木（紙粘土）……………………… 149	素材 ● 色つき粘土を作ろう …………… 199

255

【著者】
くまがいゆか

神奈川県相模原市在住。1990年武蔵野美術大学油絵科卒。以後、絵画教室の講師として幼児・小学生を指導。保育者向け雑誌・書籍などで絵画や行事製作の提案・制作に携わるほか、幼児の美術指導について研修会の講師を務めるなど、多岐にわたって活躍中。

【5章 折り紙】
藤本祐子

日本折紙協会講師。月刊誌『おりがみ』や保育雑誌、単行本の折り図制作や編集協力などに携わるとともに、講師として、愛好者、高齢者、児童などの折り紙指導にあたり、幅広く折り紙の楽しさを伝えている。

藤本祐子：案
イチゴ(P.202)、テントウムシ(P.203)、こいのぼり(P.205)、おうち(P.207)、カタツムリ・雨つぶ(P.209)、織り姫・彦星(P.210)、リンゴ・カキ(P.218)、どんぐり・クリ(P.219)、キノコ(P.220)、カボチャ(P.221)、野菜(P.223)、クリスマスリース(P.224)、車(P.225)、鏡もち(P.226)、ししまい(P.227)、雪だるま(P.228)、メダカ(P.231)
※上記以外の作品は伝承またはその応用作品です。

【6章 お絵描きワーク】
宮地明子

子育てと子どもの美術教室主催経験を生かし、身近な材料での造形・工作プランを雑誌・書籍に提供している。著書に『かんたん！楽しい！12か月の製作あそびアイデアBOOK』（ナツメ社）ほか。

カバーデザイン＊安楽 豊
カバーイラスト＊市川彰子
本文デザイン＊行木志満、株式会社奏クリエイト
本文イラスト＊市川彰子、いとうみき、鹿渡いづみ、渡守武裕子、中小路ムツヨ、町田里美
撮影＊林 均
モデル＊有限会社クレヨン
編集協力＊株式会社スリーシーズン
企画編集＊速水智恵（株式会社ユーキャン）
プロデュース＊安達正博（株式会社ユーキャン）

正誤等の情報につきましては、下記「ユーキャンの本」ウェブサイトでご覧いただけます。
https://www.u-can.co.jp/book/information

U-CANの保育スマイルBOOKS
U-CANの製作・造形なんでも大百科

2012年5月25日	初版	第1刷発行
2012年7月23日	初版	第2刷発行
2013年10月18日	初版	第3刷発行
2014年10月10日	初版	第4刷発行
2015年4月8日	初版	第5刷発行
2016年1月28日	初版	第6刷発行
2017年3月8日	初版	第7刷発行
2018年1月19日	初版	第8刷発行
2022年1月7日	初版	第9刷発行

著者　くまがいゆか
編者　ユーキャン学び出版スマイル保育研究会
発行者　品川泰一
発行所　株式会社ユーキャン 学び出版
〒151-0053
東京都渋谷区代々木1-11-1
Tel.03-3378-2226

発売元　株式会社自由国民社
〒171-0033
東京都豊島区高田3-10-11
Tel. 03-6233-0781（営業部）

印刷・製本　望月印刷株式会社

※落丁・乱丁その他不良の品がありましたらお取り替えいたします。お買い求めの書店か自由国民社営業部(Tel. 03-6233-0781)へお申し出ください。

©Yuka Kumagai 2012 Printed in Japan
ISBN978-4-426-60343-4

本書の全部または一部を無断で複写複製（コピー）することは、著作権法上の例外を除き、禁じられています。